T0355872

Correspondencia

José Donoso
Carlos Fuentes

Correspondencia

Edición, introducción y notas de
Cecilia García-Huidobro McA. y
Augusto Wong Campos

ALFAGUARA

El papel utilizado para la impresión de este libro ha sido fabricado a partir de madera
procedente de bosques y plantaciones gestionadas con los más altos estándares ambientales,
garantizando una explotación de los recursos sostenible con el medio ambiente y beneficiosa para las personas.

Penguin
Random House
Grupo Editorial

Correspondencia

Primera edición en Chile: septiembre de 2024
Primera edición en México: septiembre de 2024

D. R. © 2024, Herederos de José Donoso
D. R. © 2024, Herederos de Carlos Fuentes
D. R. © 2024, Cecilia García-Huidobro McA. y Augusto Wong Campos,
de la edición, introducción y notas

D. R. © 2024, Penguin Random House Grupo Editorial, S. A.
Av. Andrés Bello 2299, of. 801, Providencia, Santiago de Chile

D. R. © 2024, derechos de edición mundiales en lengua castellana:
Penguin Random House Grupo Editorial, S. A. de C. V.
Blvd. Miguel de Cervantes Saavedra núm. 301, 1er piso,
colonia Granada, alcaldía Miguel Hidalgo, C. P. 11520,
Ciudad de México

penguinlibros.com

D. R. © diseño: Penguin Random House Grupo Editorial, inspirado en un diseño original de Enric Satué

Imagen de portada: fotografía de autor desconocido perteneciente a los papeles
de José Donoso, Firestone Library, Universidad de Princeton

ISBN: 978-607-384-898-5

Impreso en México – *Printed in Mexico*

Índice

Mallorca, 1968. José Donoso, Carlos Fuentes, Vicente Leñero y Estela Franco. Sin autor, publicada en *Historia de la literatura latinoamericana*, Fascículo n.° 16 de Oveja Negra, 1984.

Año Nuevo, 31 de diciembre 1972. Gabriel García Márquez, José Donoso y Carlos Fuentes. Fotografía perteneciente a los papeles de José Donoso, Firestone Library, Universidad de Princeton.

Introducción
La esperanza y el goce del correo

José Donoso y Carlos Fuentes reviven a través de este libro una conversación apasionante. En una primera instancia la reacción puede ser de sorpresa, ya que es difícil imaginar dos figuras más contrapuestas: uno tan mundano y el otro tan retraído. Mientras Fuentes recorría el mundo como un gran seductor intelectual y amoroso, el escritor chileno permanecía refugiado en la suspicacia y los temores; el seguro paso de Fuentes en la esfera pública y en el mundo político era en Donoso un vacilante trastabilleo. Donoso vive apegado a sus monstruos, escarbando en sus recurrentes miedos y apegado a sus fantasmas, mientras Fuentes en forma desbordada escribe, publica, da conferencias, hace teatro, cine, polemiza e interviene en el debate político. Son, para recurrir a Isaiah Berlin, un erizo y un zorro. Y sin embargo entablaron una entrañable relación. «¡Oye! ¡Cómo tenemos cosas que conversar», escribe Fuentes en 1966. «Te juro que eres la única persona con que quiero y puedo hablar», afirma Donoso en una carta de 1969. Vivieron, sobre todo durante la década del sesenta, en una cofradía de lecturas, una constante comunidad de colaboración y tráfico de chismes.

¿Fueron colegas? ¿Aliados? ¿Compadres? Una amalgama de todo eso, una relación fluida y compleja a la vez, problematizada más de parte del nocturno Donoso que del transparente Fuentes. En su notable crónica «El Boom doméstico», María Pilar Donoso dice con cierto pesar que su esposo y Fuentes «no vivieron nunca tanto tiempo cerca, en el mismo lugar ni en la misma ciudad», y eso la lleva a enfatizar que «verdadera amistad, con profundo cariño, reconocimiento y admiración era la que unía entonces a Mario Vargas Llosa y Gabriel García Márquez». La comparación omite añadir lo más importante de la relación Donoso-Fuentes: que nada logró enemistarlos a pesar de sus muchas diferencias, y la distancia geográfica que hubo entre ellos no impidió que se mantuvieran en contacto por más de treinta años (1962-1995), con una frecuencia dispar naturalmente, como se evidencia en esta correspondencia, acaso la más prolífica que se conozca entre dos novelistas de esa promoción, la del Boom de la novela latinoamericana.

Fuentes puede ser considerado uno de los fundadores del Boom con la extraordinaria y a veces escandalosa recepción de sus novelas entre 1958 y 1962 —de *La región más transparente* a *La muerte de Artemio Cruz* y *Aura*—. Dos años después, él mismo identificó sus novelas como parte de un fenómeno, un conjunto mayor de libros y autores latinoamericanos que bautizó en un ensayo como «la nueva novela latinoamericana» (nombre alterno que tuvo el Boom hasta que el propio Fuentes lo olvidó). La introducción de *Las cartas del Boom*[1] recurre a un símil musical planteando que se trató de una orquesta de solistas, dentro de la cual casi al mismo tiempo se formó un cuarteto extraoficial por afinidades de temperamento, ideas y ambiciones, integrado por Julio Cortázar, Gabriel García Márquez, Mario Vargas Llosa y Fuentes, que luego Ángel Rama satirizaría como los miembros «en propiedad» del más exclusivo club literario de nuestro continente. Esto, que puede comprobarse de modo flagrante en dicho epistolario, fue anunciado por primera vez sin eufemismos ni reservas —de un modo a ratos provocador— en un libro capital de José Donoso, *Historia personal del «boom»*.

---

[1] Alfaguara, 2023, p. 15.

Allí, Donoso identificó al cuarteto como «el cogollito», el *gratin*, que «como supuestos capos de mafia eran y siguen siendo los más exageradamente alabados y los más exageradamente criticados». El señalar con el dedo lo que hasta entonces era evidente pero que no había sido pormenorizado convirtió automáticamente a Donoso en el «quinto miembro» —a la manera en que, durante la misma década, se jugaba a identificar quién era el «quinto Beatle»—, cuando la realidad era simplemente que el Boom constaba de diversos autores *junto a* —no *después de*— ese cuarteto, ordenados por cada quien desde entonces según preferencias de cercanía geográfica, gusto literario, tendencia ideológica, intereses académicos, entre otros. La lista es larga y, como ocurre cuando los buenos libros conquistan lectores, con el paso del tiempo —las décadas— ha habido más de una ampliación retrospectiva de quiénes formaron parte del Boom. Estuviesen a favor o en contra en su momento, hay autores que hoy están *dentro* indudablemente —como un «vampiro multinacional» (Cortázar *dixit*) que lo asimila todo, o como se decía del PRI en México, que no necesitaba atacar a sus enemigos porque era más provechoso pasarlos a sus filas—: la mexicana Elena Garro, que publicó en México durante los primeros años del Boom, y la colombiana Albalucía Ángel, que publicó durante los últimos en Barcelona; el cubano Guillermo Cabrera Infante, el mayor impugnador de la Revolución cubana, y el uruguayo Mario Benedetti, defensor de esta en las verdes y las maduras; el *bestseller* y candidato al Nobel Jorge Amado y la afamada de manera póstuma y estratosférica Clarice Lispector; el paraguayo Augusto Roa Bastos, que escribió una obra maestra «antes» del Boom (*Hijo de hombre*, en 1960) y otra «después» (*Yo el Supremo*, 1974); el poeta José Emilio Pacheco, que incursionó en la novela con genio (*Morirás lejos*, 1967); Alfredo Bryce Echenique, que con *Un mundo para Julius* compitió con *El obsceno pájaro de la noche* por el malogrado Premio

Seix Barral en 1970, y la crítica de arte Marta Traba, cuya novela *Las ceremonias del verano* mereció el premio mayor de Casa de las Américas. Podría continuarse con Lezama Lima, Guimaráes Rosa... Estos nombres son, apenas, un botón de muestra de aquella época de una fecundidad incomparable. Unos más y unos menos, todos tuvieron una presencia en la década de los sesenta y son apreciados hoy como autores de la época del Boom. En vida, la reunión física de unos autores con otros se tornaba a menudo imposible; más allá de sus vidas, sus libros dialogan entre ellos, a veces con ferocidad pero siempre con provecho. En algunos casos, como en el de Donoso y Fuentes, nos queda además una variante singular, la complejidad de su amistad narrada en esta correspondencia.

Si ahondamos en la idea del Boom como una orquesta, Donoso se convirtió en el solista *freelance* por antonomasia, capaz de tocar con los demás pero, de preferencia, por su cuenta. Es verdad que, tras *Historia personal del «boom»*, su interés en los demás siguió manifestándose en artículos periodísticos y, sobre todo, en las líneas argumentales de sus novelas: en *El jardín de al lado* (1981), donde un exiliado chileno desea alcanzar con una primera novela la posición de éxito de los escritores del Boom, en especial la del ficticio Marcelo Chiriboga; en *Donde van a morir los elefantes* (1995), con un profesor chileno que hace carrera en la academia estadounidense como especialista en la obra de Chiriboga, convertido en epítome del Boom. Pero como prefería a menudo andar por su cuenta, podríamos empezar con el asombro de que haya hecho su obra fundamentalmente desde los alrededores de los epicentros culturales: Santiago no era la Ciudad de México de Fuentes, Iowa no era Nueva York, y sus sucesivas residencias en España (Mallorca, Calaceite, Sitges) eran sitios vacacionales sin movimiento cultural alguno; la asociación misma que se hace de él con Barcelona mantiene esa constante: a diferencia de los otros protagonistas del Boom, vivió en la periferia de la Ciudad Condal, en el barrio de Vallvidrera. «El chileno es, en muchos sentidos, el personaje más trágico del boom [...] fue el único de los grandes de la época que vivió en el extrarradio [...] Un gigante incómodo en la soledad de no llegar nunca al lugar adecuado», comenta Xavi Ayén.[2] En apariencia, esas decisiones obedecían a razones económicas, pero hay que tener presente sus frecuentes declaraciones sobre la soledad buscada tanto como aborrecida, expresadas en público como en la más recóndita privacidad de sus *Diarios tempranos* (2016) y, sobre todo, sus *Diarios centrales* (2023).

Durante la etapa en que escribe *Historia personal del «boom»* (1972), apunta en los *Diarios centrales* una fascinante categorización de «marginales» y «marginados» que no llegó a aparecer en aquel libro (6 de agosto de 1971). Entre los que considera marginados de la época crucifica a Sabato y Cabrera Infante; entre los marginales, a Onetti y Juan Rulfo. En una categoría aparte coloca a «los viejos» como Borges y Carpentier. ¿En qué parte del mapa situar a Donoso? Sus diarios y correspondencia lo muestran capaz de reclamar una triple corona, compleja como las que adornan la figura del bibliotecario de Arcimboldo: 1) en la década del sesenta, padecía como un marginado de las circunstancias; 2) en la del setenta, obtuvo plaza como miembro clave del Boom; y 3) entrando y saliendo del centro, durante toda su vida, fue por vocación un marginal. Esas facetas se desenvuelven a plenitud en sus cartas con Fuentes, donde este ejerce de consejero para hacerse traducir, pararrayos contra sus críticos, Virgilio en el mundo literario internacional, paño de lágrimas ante los reveses, propagandista empeñoso de sus triunfos... Los roles de Fuentes se

---

[2] *Aquellos años del boom* (Debate, 2019), p. 287.

13

entienden con facilidad: fue protagonista indiscutido del Boom y naturalmente de *Historia personal del «boom»*, así como una de las presencias más recurrentes de los *Diarios centrales* de Donoso. El caso del chileno, en cambio, fue menos fácil y triunfal.

Se podría echar mano a Borges como punto de comparación: un solitario que se permitió un único dueto de modo constante, el que tuvo con Adolfo Bioy Casares. Donoso no se lo permitió en realidad con nadie, salvo por experiencias puntuales de cine y teatro, pero podríamos aventurar que su relación con Fuentes fue lo más cerca que estuvo de una comunión literaria parecida. Se lo dicen entre ellos de modo explícito, así no fuese al mismo tiempo. Donoso, cuando acaba de conocerlo: «María Pilar dice que haberte conocido es lo mejor que me ha pasado después de haberla conocido a ella. Me inclino a estar de acuerdo».[3] Fuentes, cuando está por cumplir cincuenta años y llevan quince años de intercambios: «No necesito decirte a cada rato que considero nuestra amistad como una de las relaciones más valiosas de mi vida».[4]

Cuando Donoso publicó *El obsceno pájaro de la noche* (1970), se le consideró de inmediato su novela canónica, la más ambiciosa en visión y en volumen de cuantas había hecho. Se integraba, en resumen, a otras novelas representativas del Boom de años anteriores (las publicadas entre 1962 y el clímax de 1967 con *Cien años de soledad*). Son esos años de distancia entre estas y la de Donoso lo que ayuda a explicar su ausencia en algunas publicaciones clave del periodo: *Los nuestros* (1966), de Luis Harss, lo descartó —Harss escribió a Fuentes para agradecerle de todos modos esa recomendación—; *La nueva novela hispanoamericana* (1969), de Fuentes, lo redujo a una mención al

---

[3] Carta del 9 de noviembre de 1962.
[4] Carta del 11 de octubre de 1977.

paso, privilegiando una novela de 1966 de Juan Goytisolo —*Señas de identidad*—, y aun otra por aparecer de este mismo —*Don Julián*—; y *Retratos y autorretratos* (1973), de Sara Facio y Alicia D'Amico, no lo encontró en ninguna de las metrópolis por donde pescaron a sus fotografiados —este último libro, menos difundido y reeditado que los otros, es llamado por Fuentes «el libro integral de los novelistas latinoamericanos»,[5] sin saber que su amigo no sería incluido—. Fuentes era fácil de ubicar porque estuvo donde había que estar si se quería participar del movimiento cultural de los años sesenta: México, París, Londres, Roma, Nueva York.

Esa tardanza de Donoso en publicar su novela clave en el momento justo, su destiempo, propició que Fuentes lo felicitara al terminar *El obsceno pájaro* de un modo revelador, como si iniciara un *nuevo* Boom: «Según todos los rumores, tú inauguras, *and how! wow!* el Boom de los setenta. *So you have written a blockbuster, Magister?*».[6] La novela fue un *blockbuster*, en efecto, pero puesto que el pronosticado «nuevo» Boom no existió, Donoso se mantuvo apegado a los últimos coletazos del fenómeno de los sesenta. Si la tesis explícita de *Historia personal del «boom»* era que Fuentes ejerció de profeta y agonista del Boom, la implícita dejaba claro que Donoso era su heraldo, cada uno en las dos puntas, uno en el comienzo y el otro en el posible final.[7] Nadie como Donoso se esforzó tanto por pertenecer a la élite de la narrativa latinoamericana, con éxito tan rotundo que *El obsceno pájaro de la noche* e *Historia personal del*

---

[5] Carta del 1 de noviembre de 1968.

[6] Carta del 21 de abril de 1970.

[7] Algunos críticos como Donald Shaw intentaron definir un posboom, y otro tantos quisieron convertir el posboom en sinónimo de novela posmodernista. Como fuese, cronológicamente está claro que Donoso llegó tarde al clímax del Boom y su obra era demasiado grande y antigua para insertarse en un posboom.

«*boom*» siguen siendo libros de cabecera en la bibliografía de este fenómeno. Al mismo tiempo, nadie como Donoso se esforzó tanto, después de esos libros, en separarse del Boom. La correspondencia entre él y Fuentes cuenta esos dos momentos de cercanía y distancia: acompaña a la *Historia personal...* como una historia *interpersonal* del Boom, se vuelve su media naranja sin los baches de la memoria —las cartas fueron escritas «en tiempo real»—, y el resto de la historia cuando ambos autores son ya generales sobrevivientes, veteranos del fenómeno.

Una broma frecuente sobre el inicio del Boom dice que este empezó con una llamada telefónica de Fuentes a Donoso. El primero anunció al segundo que su novela *Coronación* iba a ser traducida al inglés y con el «boom» que hizo Donoso al caer desmayado al piso de la impresión empezó el fenómeno.

La realidad es menos espontánea y más tributaria al trabajo constante de ambos. Carlos Franz ha contado que Donoso citaba una frase atribuida a Pierre Curie: «La asimetría crea el fenómeno». En este caso, la asimetría aporta mucho del atractivo dramático a las cartas de Donoso y Fuentes entre 1962 y 1970, ocasionada por la disparidad en el éxito literario de uno y otro cuando empiezan sus intercambios en 1962. En ese momento, Fuentes ya tenía por lo menos tres libros capitales que, en sus cartas, Donoso admira (*La región más transparente*), critica (*La muerte de Artemio Cruz*) y subestima (*Aura*). Lo que Fuentes le comparte a Donoso es la historia del día después de ese triunfo que el autor chileno tanto codiciaba. Para conseguirlo, Donoso pasa una memorable estadía en México en 1964-1965, alojado en casa de Fuentes, y escribe en ese país dos novelas, *Este domingo* y *El lugar sin límites*, publicadas en 1966. Luchaba por terminar *El obsceno pájaro* desde comienzos de la década pero no era un solo libro —un *one-hit wonder*— lo que podía insertarlo en la cresta del Boom sino un conjunto de libros valiosos como el que ahora construía —una *oeuvre*—. Así se lo dice a Fuentes al enviarle las novelas: «Me he liberado de esta horrible sensación de que el *Pájaro* es lo único mío que puede valer».[8]

En sus cartas, Fuentes va en línea recta como un héroe de la épica, capaz de proponer diez proyectos a la vez (literatura, cine, periodismo), sabiendo bien, sin embargo, que muchos de esos proyectos, si no todos, podían frustrarse en el camino, dudando él mismo si novelas como *Zona sagrada* o *Cambio de piel* eran comparables a su obra previa. Donoso se aferraba a unos cuantos planes y cada decepción la padecía como la mayor catástrofe (traducciones canceladas, adaptaciones al cine postergadas, anhelos de premios que jamás llegaban). Fiel a su personalidad y pese a que la fama era un objeto de deseo, se negó a transar con todos los «requerimientos» que lo hubieran integrado mejor al Boom: no pretendió tener una presencia política —ni pretendió el poder: «No tengo vocación de mártir político, como tú», le dice a Fuentes—[9] en tanto sus relaciones personales con Cortázar fueron apenas cordiales, y hasta más cerca de la hostilidad, pues «no es santo de mi devoción».[10] Sí tenía, en cambio, vocación de corresponsal epistolar: son numerosas las ocasiones en que anota en sus diarios su espera con ansias de la correspondencia, o bien alista la que tiene por escribir o se pregunta «¿habrá llegado el cartero?». Una pulsión a la que Fuentes no era ajeno, según cuenta Donoso: «En México, recuerdo, Carlos Fuentes y yo salíamos a la esquina de Galeana para esperar al cartero, y enloquecía esperando a cada rato, a cierta hora, escuchar el silbido con

---

[8] Carta del 5 de febrero de 1967.
[9] Carta del 6 de noviembre de 1968.
[10] Carta del 28 de enero de 1974.

que se anunciaba en las calles próximas» (*Diarios centrales*, 20 de febrero de 1974).

En 1971, Fuentes se mostraba contrario a pertenecer a algo que se llamase Boom: «Rechazo esa espantosa palabra onomatopéyica; parece un pozo petrolero que estalla. Me recuerda horribles películas de Clark Gable. No sé por qué se utiliza. Lo que indica el Boom es un fenómeno comercial. Libreros y editores lo han creado».[11] Esa visión iba a cambiar sobre todo a partir de la publicación de *Historia personal...*, ya que el Boom se convertiría en un punto de referencia en sus cartas a Donoso (Fuentes le endilga al nombre todos los prefijos y sufijos imaginables: maxi, mini, proto, infra, *wake*, etcétera), santo y seña de cuanto los unía, casi un título nobiliario compartido, una procedencia tan identitaria como sus años escolares en The Grange School, donde estudiaron, o la Universidad de Princeton, donde enseñaron y a la que legaron sus papeles. Una vez abrazado en privado el término, en entrevistas y en ensayos de las décadas siguientes Fuentes lo utilizaría sin reservas: creó el término «Boomerang» para las generaciones posteriores e incluso dio nombre a lo que identificaba como una nueva encarnación de la suya propia, el «Bio Boom», es decir la escritura de autobiografías y crónicas, «las verdades de nuestras vidas, nuestras sociedades, nuestro tiempo, tal y como fueron».[12] Ese ejercicio de la memoria que consideraba crucial para la narrativa latinoamericana lo practicó en la escritura de una novela —*Diana o la cazadora solitaria*— y en libros de ensayos como *Myself with Others*, *Retratos en el tiempo*, *En esto creo* y *Personas*. En cuanto a Donoso, el último libro que

---

[11] Fuentes en entrevista con Elsa Arana Freire, «La libertad de los demás y el lector comprometido», *Visión*, 27 de febrero de 1971.

[12] Carlos Fuentes, en *Territorios del tiempo. Antología de entrevistas* (Fondo de Cultura Económica, 1999). Jorge F. Hernández (compilador), p. 169.

publicó en vida, *Conjeturas sobre la memoria de mi tribu*, fue anuncio de una importante obra autorreferencial que habría de aparecer en los años siguientes: sus artículos periodísticos reunidos en *Artículos de incierta necesidad*, *El escribidor intruso* y *Diarios, ensayos, crónicas: la cocina de la escritura*; la memoria familiar de su hija Pilar Donoso *Correr el tupido velo*; y los tomos de *Diarios tempranos* y *Diarios centrales*.

En cierto momento después de 1972 dejaron de leerse con la puntualidad maniática con que lo hacían en la década anterior. Se había terminado la búsqueda, el ascenso, la siembra, y cada cual evitaba, por su cuenta y ya no de la mano, el descenso.[13] Su epistolario se torna a ratos una mesa de partes en que se notifican mudanzas, se dan algunas noticias y se envían parabienes. Los años otoñales los enfrentaba a un desafío común: ¿qué hacer después de la serie de libros cruciales, culmen de su talento, de los años del Boom? Se lo preguntaba Fuentes de otro modo a Donoso: «¿Qué es lo que no se puede decir, qué es lo que solo se puede decir? Te leo y creo que vamos a llegar a un despojo creativo final, como el de Milan Kundera en *El libro de la risa y el olvido*: lo huelo en ti, lo espero».[14]

Pese a la efervescencia política de los sesenta y los trágicos sucesos de los setenta en Latinoamérica, la política asoma poco en estas cartas, es más bien un ruido de fondo. Donoso no es un animal político, y acaso en sus diarios y cartas prefirió no dejar mensajes a la posteridad, ajenos a su

---

[13] La publicación de los *Diarios centrales* de Donoso ha permitido perfilar sus depresiones y paranoias infernales, que pueden llegar a manifestarse con fiereza como ocurre en estos años: «No tengo amigos con quienes hablar de mis cosas, no tengo amigos de ninguna clase». Pasa de inmediato revista a «todas las insatisfactorias "grandes amistades" de mi vida», que incluyen a Sergio Pitol, Augusto Monterroso, Vargas Llosa... y Carlos Fuentes, «todos tan terriblemente insatisfactorios, todo tan "a medio camino"» (19 de noviembre de 1974).

[14] Carta del 14 de diciembre de 1984.

carácter. Tiene claro, en cambio, que Fuentes se desenvuel-
ve en la arena política con soltura e inteligencia. Le escribe
en un momento: «Ya te había dicho que algún día llegarías
a presidente de México. Eso fue antaño, cuando te conocí
en Concepción, y lo sigo pensando: te doy dos elecciones
más, a lo sumo tres».[15] Sus conversaciones, por tanto, no
eran discusiones ideológicas ni históricas, sino eminente-
mente personales y literarias. Donoso fue siempre el primero en reconocer su «tibieza política», algo que marcó una de
las diferencias determinantes con «el cogollito» del Boom,
como se ha dicho.

Durante los setenta, Luis Buñuel aparece con frecuencia en el epistolario. Sufriendo lo indecible ante la esperanza
de que el cineasta haga la tantas veces anunciada y poster-
gada adaptación de *El lugar sin límites*, Donoso le pide a
Fuentes ayuda y consejos majaderamente. Lo cierto es que
el español es protagonista en la vida de ambos corresponsales en esta época y, de hecho, hizo promesas a los dos
más de una vez, pero lo que para Fuentes fue otro día en la
oficina, para Donoso fue «la mayor desilusión de mi vida»,
como dramatizó en la crónica que escribió al morir Buñuel
en 1983.[16]

Una presencia apaciguadora en la vida de ambos es la
de Carmen Balcells, aunque su relativa ausencia de las cartas
se explica porque en estos años ya no hablaban de negocios
como en los años sesenta, cuando tenían a otro agente, Carl
Brandt. Es cierto que otra historia cuentan los diarios de
Donoso, que a veces parecen un libro de contabilidad, con
rezos a Papá Noel alias Mamá Grande Balcells; ni siquiera financieramente dejó en esos diarios de compararse con
Fuentes, como en la entrada en la que cuenta que su agente

---

[15] Carta del 6 de enero de 1972.
[16] José Donoso, «Buñuel», en *Artículos de incierta necesidad* (Alfaguara,
1998), p. 201.

Balcells le dice que está de alza: «Soy EL nombre que sube y sube, así como el de Carlos Fuentes, por ejemplo, baja y baja» (11 de noviembre de 1975). La reputación de Fuentes no bajó exactamente: en esa misma fecha publicó *Terra nostra*, que dos años después iba a recibir el Premio Rómulo Gallegos antes otorgado a *La casa verde* y *Cien años de soledad*. Fuentes pronostica por su parte a su amigo Pepe que «el romulazo del 82» sería luego para *Casa de campo*... pero eso no fue más que *wishful thinking*.[17]

Desde los años ochenta tendrían parientes comunes en su literatura: Donoso incorporó a Fuentes como parte del mundo de referencias de *El jardín de al lado* y en *Donde van a morir los elefantes* aparece el mexicano para más señas acompañado de «su preciosa mujer Silvia Lemus». Por su parte, Fuentes se apropió de un personaje de esa novela, el ecuatoriano Marcelo Chiriboga, como referencia en *Cristóbal Nonato* y *Diana*. Fuentes exageró el préstamo de este modo: «Sentimos que a la República del Ecuador le hacía falta un miembro del Boom, de manera que inventamos este escritor, Marcelo Chiriboga, que aparece en novelas de Pepe, novelas en que lo mata; luego en novelas mías donde lo resucito».[18]

Pero quienes verdaderamente resucitan o al menos cobran una asombrosa vitalidad son los «padres» de Chiriboga en esta conversación epistolar hasta ahora inédita. Sus lectores encontrarán rasgos característicos de la personalidad de cada uno así como aspectos, hechos, reacciones, confesiones totalmente desconocidos. En este carteo discuten tanto como se estiman, dejando la impresión de que un hilván los hizo cercanos siempre («la angustia, la esperanza y el goce del correo», lo llamó Donoso alguna vez). Y si bien

---

[17] Carta del 11 de octubre de 1977.
[18] Carlos Fuentes, «José Donoso a dos años de distancia», incluido en el apéndice de este libro.

el epistolario está concebido de modo natural para quienes les interesan estos autores y el Boom en general, presumir que solo es para este tipo de lector sería quedarse corto, porque también dará en la yema del gusto a quienes los han leído con escepticismo, con disgusto y aun con odio cerval (no hay que olvidar que su éxito conllevó —y conlleva: son todavía nuestros contemporáneos— envidias, resentimientos, cegueras, sobre todo en sus respectivos países, asunto sobre el que abundan perlas en estas páginas). Donoso y Fuentes se dirigen más de un comentario suspicaz y malévolo, se hacen promesas que luego se saltan a la torera, se desesperan al escribir, se sacian de triunfo y al día siguiente se fijan nuevos propósitos, a veces imposibles de alcanzar. Pero lo cierto es que al fin hay una reconciliación de los contrarios, y la historia concluye con los dos mirando hacia atrás, hacia su tiempo juntos, como aquellos amigos de *La educación sentimental* o *Grandes esperanzas*. Un maduro Donoso con casi medio siglo de vida le pide a Fuentes que siempre le escriba cartas: «Recuerda la posible y futura publicación de nuestra correspondencia; ya estamos en edad de pensar en esas cosas».[19] Ha tomado otro medio siglo hacer del pronóstico una realidad, pues Fuentes le hizo caso y depositó también sus papeles en Princeton, pero con esta prevención: «Solo he abierto a los ojos curiosos las notas y cuadernos de los libros, no las cartas personales [...] Ten cuidado de que los abejorros caigan sobre tus cartas y las prodiguen a los cuatro vientos».[20] El veto de Fuentes estuvo vigente hasta dos años después de su muerte, en 2012. Hoy la comprensión de la obra y la vida de ambos se enriquece gracias al archivo que con tanto esfuerzo preservaron. El día en que falleció, Fuentes se disponía a empezar a escribir una novela sobre las celebraciones de Porfirio Díaz por la

---

[19] Carta del 29 de marzo de 1974.
[20] Carta del 6 de febrero de 1981.

Independencia de México, titulada «El baile del Centenario». Tomémoslo como una señal de que hubiera aprobado con entusiasmo esta participación suya en el festejo de otro centenario, el de su amigo Pepe Donoso en 2024.

CECILIA GARCÍA-HUIDOBRO McA
AUGUSTO WONG CAMPOS

Nota a la edición

«Las cartas nos demuestran lo que una vez nos importó. Son los fósiles de los sentimientos», sostuvo Janet Malcolm.[1] No es exagerado afirmar, entonces, que cada uno de los 119 mensajes reproducidos en la *Correspondencia* —61 escritos por José Donoso y 58 por Carlos Fuentes— son piezas fundamentales que conforman el panorama literario del siglo XX en sus distintas capas geológicas. Reproducirlos tiene significaciones en múltiples planos donde el primero lo constituye la importancia del rescate por tratarse de un género escaso, minoritario, frágil y en riesgo de desaparecer, con la pérdida que ello significa. «Los epistolarios, al margen de su valor de creación, completan biografías, matizan cosas, descubren intimidades y en conjunto nos dan la medida de la calidad espiritual y humana de quien los escribe».[2]

Este es el primer epistolario de Donoso, pero en el caso de Fuentes continúa una estela empezada por sus *Cartas cruzadas* (Siglo XXI, 2013) con el editor Arnaldo Orfila, y seguida por *Las cartas del Boom* (Alfaguara, 2023) y sus intercambios con Octavio Paz (Alfaguara, 2024).

El conjunto ha sido obtenido de los archivos de ambos conservados en la Firestone Library de la Universidad de Princeton. Al reproducirlo en este libro no pretendemos una fijación filológica sino transmitirlo en su sentido más inmediato, como medio privado de comunicación, con un

---

[1] Janet Malcolm, *La mujer en silencio* (Gedisa, 2003), pág 119.
[2] Albert Manent: «Epistolarios», *La Vanguardia*, Barcelona, 12 de noviembre de 1990.

aparato mínimo que contribuya a otorgar a sus lectores de hoy lo que a sus corresponsales originales.

En las notas al pie hemos procurado que se brinde información pertinente para entender referencias que los corresponsales daban por descontadas. En ocasiones, se han contrapuesto en las notas otras versiones de una misma anécdota. No hemos ido «en busca de la verdad» sino de los distintos puntos de vista existentes; aunque en el caso de Donoso es mucho más notoria la disparidad de versiones sobre un mismo hecho, la capacidad fabuladora de Fuentes tampoco queda en desventaja. En sus memorias *Los de entonces* (Seix Barral, 1987), María Pilar Donoso hace un descargo a favor de las «versiones novelescas» que contaban tanto su esposo como Fuentes: «Con el tiempo he llegado a comprender que esas verdades tienen una realidad más profunda, al proyectar una esencia poética que perdura y las universaliza» (p. 197). Otras cartas citadas en las notas han sido tomadas fundamentalmente de los archivos de los autores en la Universidad de Princeton, muchas de ellas inéditas.

En la cronología hemos procurado incluir, aparte de sus hitos individuales, sus destinos de patrias cruzadas: las varias visitas de Donoso a México y las de Fuentes a Chile. Es de lamentar que en esa lista no exista uno de los proyectos novelescos de Fuentes con personajes y escenario chilenos, «Prometeo o el precio de la libertad», varias veces anunciado en la prensa y nunca escrito, pero el mexicano consideró a Chile, más de una vez, su segunda patria (véase en especial su extenso artículo «¡Viva Chile, mierda!» en *El País*, Madrid, 25 de noviembre de 1998).

Al editar esta correspondencia nos ha animado el interés por enriquecer la estela que la obra y biografía de estos dos autores han dejado en la cultura latinoamericana. Y, muy especialmente, resignificar el género epistolar como ha empezado a ocurrir en los últimos años en nuestro continente, con una nueva mirada y una significativa valorización de los géneros autorreferenciales, los archivos y de la memoria que, por siglos, había tendido a ser barrida bajo la alfombra. Desde esta perspectiva, las cartas se tornan engranajes claves para nuevas lecturas. En palabras de Aurora Bernárdez: «imposible excluirlas del cuerpo de la "obra"; pese a su espontaneidad y, a veces, a su carácter circunstancial, forman el revés de la trama de la vida y la escritura del autor».[3]

Agradecimientos

Somos deudores de la extraordinaria labor que realiza la Firestone Library de la Universidad de Princeton. Su continuo fomento al desarrollo del trabajo de archivo a través de las becas de investigación nos ha permitido realizar buena parte de este trabajo de rescate. Agradecemos a PLAS (Programa de Estudios Latinoamericanos de la Universidad de Princeton) por el apoyo constante y muy especialmente a Gabriela Nouzeilles y Javier Guerrero.

Nuestra gratitud sin fronteras a Carlos Aguirre, Gerald Martin, Javier Munguía.

Apreciamos, asimismo, la colaboración del repositorio digital Memoria Chilena y del Centro de Investigación y Documentación de la Universidad Finis Terrae (en particular a Sebastián Valdebenito Torres).

Este libro no habría sido posible sin la confianza y asistencia incondicional de Penguin Random House en Chile: Melanie Jösch, Aldo Perán y nuestra editora Paz Balmaceda. Y en México, la de de Mayra González y Nayeli García.

---

[3] Julio Cortázar, *Cartas 1937-1954* (Alfaguara, 2012), p. 15.

Correspondencia
(1962-1995)

1962

DE CARLOS FUENTES A JOSÉ DONOSO[1]

México DF, 9 de marzo de 1962

Querido Pepe:

Por fin aterricé en el reino de la tuna, después de pasar diez días en el siniestro mundo peruano, donde fui agredido por la policía durante una conferencia sobre Cuba que Salazar Bondy NO pudo dar (nos mancharon a todos con una especie de tinta roja para la identificación *a posteriori* y nos arrojaron bombas lacrimógenas); vi a los indios de Chancay criando ratas para la comida, a los niños con el labio embarrado de coca, a las mujeres tísicas y luego las playas privadas de esa increíble oligarquía que aún vive en la época de la conquista.[2]

Sentí muchísimo que no nos volviéramos a ver; te busqué y esperé en Los Cerrillos para traerme el cuento perverso a México. Espero que me lo mandes a vuelta de correo para publicarlo aquí en la *Revista de la Universidad*.

---

[1] José Donoso (1924-1996, en adelante JD) y Carlos Fuentes (1928-2012, en adelante CF) coincidieron en enero de 1962 en el Encuentro de Escritores de Concepción, evento que para JD sería su primer atisbo de lo que luego se conocería como el Boom latinoamericano.

[2] CF había visitado Montevideo, Buenos Aires y Lima. Fue corresponsal del congreso de Punta del Este para las publicaciones periódicas *Política* de México y *The Nation* de Nueva York.

Leí dos veces *Coronación*; es, sin duda, una de las novelas más perfectas e importantes que se han escrito últimamente en español.[3] Tienes una seguridad de trazo, una exactitud de lenguaje y una firmeza de construcción que te acreditan —*blow, trumpets! hail, Caesar!*— como el Thomas Mann latinoamericano.[4] Me parece fascinante la creación y contrapunto de los dos ambientes, sobre todo porque DICEN implícitamente, literariamente, todo el drama que se juega y otorgan toda la tragedia de esos dos mundos vecinos pero sin comunicación alguna. La escena de la coronación y muerte de Misiá Elisita es una obra maestra de ternura macabra, ¡y el viaje de René a Valparaíso![5] Pero precisamente porque todo está hecho y dicho de esta manera implícita, me molesta el largo diálogo explicativo entre Andrés y Carlos, que para mí es el único lunar de la obra; creo que no hacía falta; creo que cuanto dice realmente Andrés —dice no como explicación para el lector, sino en su vida real—, cuanto lo rodea y cuanto hace comunican con más fuerza su drama que esas páginas del diálogo con Gros.[6] Me encantan el peso, la presencia de los objetos —esas COSAS que parecen durar más que las PERSONAS en la mansión de los Abalos—. Y me parece que en pocas novelas latinoamericanas he encontrado una exactitud mayor entre el material empleado y el lenguaje que lo expresa.

Me parece GROTESCO que tu novela no esté traducida al inglés y al francés. Por favor envíame dos o tres ejemplares para que trabaje esto con mi agente en Nueva York y

---

[3] *Coronación* fue la primera novela de JD, editada por Nascimento en 1957.

[4] Acaso galvanizado por este elogio, en sus *Diarios tempranos. Donoso in progress* (Ediciones UDP, 2016) JD registra en 1962 lecturas de *Los Buddenbrook* (mayo, p. 85) y *José y sus hermanos* (septiembre, p. 86).

[5] CF confunde a René con Mario, quien en la tercera parte de la novela viaja a Valparaíso a encontrarse con su hermano René.

[6] Este diálogo ocurre hacia el final de la segunda parte de la novela.

con la gente de Gallimard en París. Tengo la seguridad de que mi gestión no será en vano.[7]

Mil, mil gracias, Pepe, a ti y la encantadora María Pilar, por todas sus atenciones conmigo.[8] Nunca olvidaré los momentos que pasamos juntos. Espero verlos pronto en esta meseta de los sacrificios. Mientras tanto, saludos para los amigos y, para ustedes, toda la amistad y el afecto, inmensos, de

Carlos Fuentes
2a. Cerrada de Frontera 14
San Ángel
México 20, DF.

DE JOSÉ DONOSO A CARLOS FUENTES

Santiago, 20 de marzo de 1962

Querido Carlos:

Para qué te digo el placer que me produjo tu carta. Te confieso, no la esperaba, o por lo menos no en términos de tanta alabanza y sinceridad. Me gustó y te la agradezco infinitamente. María del Pilar anda con ella en el bolsillo y se la muestra hasta a los choferes de los autobuses —si yo tuviera

---

[7] JD parafrasea esta solicitud, muy significativa para él, en *Historia personal del «boom»* (Anagrama, 1972): «recibí una generosa carta de Carlos Fuentes en que manifestó su entusiasmo por mi novela: "Encuentro absurdo que esta novela no se conozca más y que no se haya traducido. Mándasela a mi agente literario en Nueva York, Carl D. Brandt, y yo le escribiré para ver qué puede hacer por ella».

[8] En el epistolario, CF y JD se refieren indistintamente a la esposa de JD como Pilar o María Pilar o María del Pilar. El libro de memorias de esta, *Los de entonces* (Seix Barral, 1987), está firmado como María Pilar Donoso.

su personalidad, haría lo mismo porque es lo que me nace hacer, pero me conoces y sabes que no soy capaz.

Estoy plenamente de acuerdo contigo que el diálogo entre Gros y Abalos es la parte más débil del libro. Me harán en Chile una nueva edición este año y me preguntan si la quiero modificar y revisar.[9] La tentación es decir que sí y extirpar ese diálogo pretencioso. Pero de alguna manera no puedo. *Coronación* nació así, y así tiene que quedar: ese libro ya no es mío. Siento mucho sus defectos, que ahora veo claros. Pero ahora son responsabilidad del libro, no míos, y cualquiera modificación sería para mí falsear lo hecho. Prefiero corregirme en obras posteriores y venideras.

Esta carta va en un paquete en que encontrarás tres *Coronación*. Hablas de Gallimard y de tu agente en New York. Tu promesa de preocuparte de enviárselo me parece extraordinaria y te la agradezco. Hazlo. Me harías un servicio muy grande, por lo menos intentar algo con esa gente cuyo solo nombre es absolutamente *awe-inspiring*. No sé si *Coronación* se lo merece. Pero a estas alturas son otros los que pueden juzgar eso mejor que uno.[10]

También te mandé una copia de «Santelices» para que lo hagas publicar donde te parezca más acertado. No sé si el cuento va a tener todo su sabor para un público no chileno. Pero en fin, algo. Me gustaría que lo entregaras a la *Revista de la Universidad*, siempre que no sea un organismo fosilizado como son las revistas universitarias de esta parte

---

[9] *Coronación* tuvo dos reediciones con Zig-Zag de Chile en 1962 y 1966, antes de pasar a Seix Barral en 1968.

[10] JD da una versión distinta en *Historia personal del «boom»*: «A pesar de que mi mujer me urgía, no hice lo que Fuentes me pidió: que mandara ejemplares a Carl D. Brandt, de Nueva York, y a críticos ingleses, polacos, rusos. No hice nada: Lo que Fuentes pretendía era imposible. Pero sin que yo lo supiera, mi mujer, que entonces trabajaba en la sección cultural de la Embajada del Brasil, hizo por su cuenta y escondida de mí los paquetes con los gruesos volúmenes amarillos, y gastándose el presupuesto de una semana de calefacción en el franqueo aéreo, expidió no sé cuántos ejemplares».

del mundo.[11] Lo mismo, si encuentras entre los cuentos de *El charleston* o de *Veraneo* cualquiera que sea digno de publicarse en diarios o revistas de Méjico, tienes toda libertad para hacerlo. Me gustaría mucho. Los derechos son todavía todos míos.[12]

Me prometiste mandar tu novela apenas apareciera.[13] Espero que no lo olvides, que la aguardamos con la boca hecha agua con María del Pilar. La estela de amigos y admiradores que dejaste por acá te recuerda, pero nadie tanto como nosotros. Ven de nuevo. Nos haces falta. En Santiago sigue todo igual, una simpática lentitud, una sonrisa de castrados que ahoga. Tu amigo Thiago de Mello se casa con Anamaría Vergara dentro de poco —han tomado la casa de Neruda que conociste— para instalarse allí en la ausencia del poeta durante su viaje a URSS por un año. La simbiosis Thiago-Neruda seguirá, entonces, a la distancia.

No te olvides de tus amigos que te quieren. Escribe cualquier noticia tuya, buena o mala, para acompañarte. Escribe, también, si hay noticias de la publicación de «Santelices» u otra cosa mía por esas tierras —como asimismo lo que te comunique tu agente de New York o Gallimard. Tal vez sería conveniente que les dieras mi dirección.

María del Pilar me encarga que te dé un gran beso de parte de ella, y que te recuerde que en noviembre nuestra casa de campo estará lista, cerca de Santiago.[14] Habrá una

---

[11] «Santelices» se publicó en la *Revista de la Universidad de México*, n.º 11, julio de 1962.

[12] *Veraneo y otros cuentos* (1955) fue publicado por la Editorial Universitaria y *El charleston* (1960) por Editorial Nascimento.

[13] *La muerte de Artemio Cruz* (FCE, 1962), impresa en el mismo mes de mayo que su novela breve *Aura* (Era, 1962). En sus *Diarios tempranos* (febrero de 1962, p. 81), JD consigna que solo en esas fechas había podido leer dos libros previos de CF, *La región más transparente* y *Las buenas conciencias*.

[14] JD vivía con sus suegros en un departamento en la calle Ismael Valdés Vergara en Santiago. Un escape a esa situación fue conseguir una pequeña casa de campo en Santa Ana, localidad a 35 kilómetros al suroeste

cama para ti, para que vengas a quedarte todo lo que quieras. Como buena mujer, está infinitamente preocupada de tus relaciones con la misteriosa Rita, que se ha transformado en una especie de Rebeca de Winter en nuestras conversaciones.[15] Escríbenos de vez en cuando... *just because*...

Un fuerte abrazo de
Pepe Donoso

Un abrazo,
María Pilar

José Donoso
Ismael Valdés Vergara 436
5° piso Dep. 51
Santiago de Chile

DE CARLOS FUENTES A JOSÉ DONOSO

México DF, 23 de marzo de 1962

Querido Pepe:

Te envío las notas de viaje que te prometí. *I hope I'm not misquoting you!*[16] Por favor mándame la dirección de Neruda; le

---

de la capital, donde pasaba parte de la semana, sobre todo volcado a escribir. De hecho, en 1969, cuando terminó *El obsceno pájaro de la noche*, en la última línea consignó los lugares donde la había escrito, siendo Santa Ana el primero de ellos.

[15] Según un acta guardada en sus papeles de Princeton, CF estaba casado por vía civil con la actriz mexicana Rita Macedo desde el 6 de febrero de 1959.

[16] El texto que CF le envió es «Latinoamérica: tierra nuestra», *La Cultura en México* (suplemento de *Siempre!*), n.° 6, 28 de marzo de 1962. La revista circulaba una semana antes de la fecha indicada en el número. La

he escrito a Marqués de la Plata 0197 en Santiago, sin recibir contestación y dudo de que esa sea la dirección correcta.

Sigo esperando tu cuento para la *Revista de la Universidad.*[17] Ya he escrito a mi agente en Nueva York sobre *Coronación* y pronto haré otro tanto con Gallimard. Te tendré al corriente. Quisiera pedirte otro favor, para el suplemento *La Cultura en México* que dirige Benítez: un panorama supersintético (cuatro cuartillas) de las actuales letras chilenas (más tendencias y problemas que nombres). Y si tienes un cuento particularmente breve (no más de ocho cuartillas) para el mismo suplemento, también.

Abrazos y besos a Pilar y para ti toda la amistad de tu cuate

Carlos Fuentes

¿Cómo va la nueva obra?

DE JOSÉ DONOSO A CARLOS FUENTES

Santiago, 28 de mayo de 1962

Querido Carlos:

Nada he sabido de ti después de mi última carta, creo que a principios de abril, y no sé si te llegaron mis «obras completas». Nosotros nos acordamos a menudo de ti, preguntándonos cuándo saldrá tu nueva novela y cuándo la mandarás,

---

cita a la que CF se refiere es: «"Desde las guerras de Independencia", me aclara Pepe Donoso, "no ha habido un movimiento armado en Chile. El chileno cree en las instituciones. Es un pueblo pacífico y cordial. A veces, se siente que hace falta una sacudida"».

[17] CF escribe esta carta cuando todavía no había recibido la carta de JD escrita tres días antes, con el envío de «Santelices».

ya que estamos ansiosos de verla —sabes que en nosotros tienes grandes «hinchas» y propagandistas, tanto de viva voz como por la prensa. De pronto vagas noticias sobre tu persona: que no te dejan entrar a USA para enfrentar a Goodwin; que las masas te aclaman en alguna plaza pública centroamericana y que después prenden fuego a la alcaldía; que te embarcas para liberar Haití con cincuenta bravos, y cosas así, que no nos extrañan nada porque están muy «*in character*». Pero nos gustaría saber más —y si no hemos insistido (María Pilar y yo) es porque me imagino que andarás atareadísimo, si es que no has entrado a USA como *wetback*. En todo caso, Carlos, no te olvides que esperamos tu nueva novela con ansia, y la única manera de conseguirla es a través de ti mismo. Si no tienes tiempo para escribir, que tu editorial me la mande. Y si tú tienes tiempo, «*send a few well chosen words*».

Trabajo en mi novela. Suspendida hace un mes por una traducción que me pagan, y reanudada.[18] Interesante: un grupo de escritores jóvenes —empleadillos de banco vestidos con traje cáscara y zapato negro en punta; profesora un poco frustrada que no se atreve a serlo del todo; corrector de pruebas de *El Mercurio*, y quince personas así— me han pedido que les dirija un taller literario, completamente privado. Curiosa experiencia. Uno sabe poquísimo, en realidad. Ellos son bastante imbéciles, pero completamente adorables, y de pronto, uno que otro, muestra sensibilidad, imaginación, rabia, amor, talento. Es curioso, pero es como si para hacer un ser humanamente funcionante y completo habría que sumar a mis quince alumnos. ¿Por qué escriben, por qué les gusta escribir? ¿Qué quieren decir con lo que

---

[18] Se refiere a la novela *Al filo de la tristeza* (Zig-Zag, 1962) de Edwin O'Connor. JD antes había traducido *Last Tales* de Isak Dinesen (con el título *Historias del cardenal*, Editorial del Nuevo Extremo, 1958) y, junto a María Pilar, se encargó a continuación de *Los personajes* (Zig-Zag, 1964) de Françoise Mallet-Joris.

escriben? Pequeños cuentos ciudadanos con mucha soledad, mucho neón bajo la lluvia, mucho impermeable con el cuello alzado como la última escena de una película de Michèle Morgan *circa 1930s*; nada nuevo, ni una visión propia. Es divertido: leyendo sus obritas uno se da cuenta de que no tienen idea de la primera obligación de un prosista: CREAR un mundo, inventar un universo coherente dentro de sí mismo, y expresar a través de esa creación. Todo lo que hacen es adolescentemente lírico, aunque sea el relato de un rodeo a caballo o de una población callampa, pero es esa etapa como de adolescencia en que se cree que el relato de cualquier experiencia o estado de ánimo, relatada y no recreada, basta porque es VERDAD, y no se dan cuenta que es verdad solo para ellos hasta que la saquen fuera por medio de un objeto creado.

No sé por qué te estoy hablando de esto. Es que por el momento me apasiona. Es que se está escribiendo tan mal y tan poco en Chile, y llegado a los treinta y cinco se deja de escribir del todo. No es eso que se llama *la lucha por la vida* a la John Dos Passos; no es angustia; no es descontento. Es solo, por un lado, una especie de gran lasitud descorazonada que envuelve a este país, un andar con las pelotas irremisiblemente perdidas, vendidas (no por un Cadillac, por un lado, ni por una escudilla de arroz, por otro, sino que porque Periquito de los Palotes lo salude a las doce, al pasar, en la calle Ahumada, y así dejar de tener un poco de terror por esa frenética y loca oligarquía que dispensa puestos, y por todos los que se le parecen o se integran a ella), podridas (por no usarlas); el salto de la nada al algo es tan fácil en Chile; y el algo, una vez obtenido, parece tanto, aunque se sabe que no se puede pasar de allí. Es un «algo» como calentito, con olor a sábanas de dos semanas mezclado con café y pis y colillas de cigarrillos, sumamente reconfortante. El mismo asco que sientes tú por Méjico (que supongo —y espero— será una forma de amor) lo siento yo por mi país, que se cree corsario y es hijo único de madre viuda. La imposibilidad de todo es hasta tal punto hábito mental, que la posibilidad aterra. Los cuentitos de soledad ciudadana, por lo tanto, y hablando por lo mío, son una especie de fácil manera de desfogarse, una especie de tierna e íntima masturbación. Que es todo lo que hacemos.

Carlos, se te echa de menos. Nuestra casa no avanza nada: interminables trámites previos a la construcción: las maravillosas «instituciones» chilenas de que tanto nos enorgullecemos.[19] Es la misma razón por la que la cocinera de casa no tiene dientes: hace un año que está presentando papeles para el seguro obrero —«nuestras leyes sociales son las más avanzadas del mundo» decimos muy inflados— y no se quieren casar con ella. A mí ya toda la gente que no vive en Chile me parece rodeada de un «glamour» hollywoodense, y para qué decir los escritores, como tú, por ejemplo. Esta carta está bastante quejumbrosa —pero nos hemos transformado en valetudinarios. Sin embargo, estoy contento con lo que escribo, contento con María Pilar, y a veces el campo me hace olvidar la monstruosidad. ¿Pero ves? Olvidar —no hay otra salvación. Y la forma que uno tiene de «recordar con ira»: mi taller de escritores, por ejemplo, suele ser matador, porque es tan terriblemente difícil hacer que quince empleadillos de banco recuerden que la rabia y las cosas grandes forman parte de la literatura. Si tienes tiempo, escríbeme. Me gustaría saber algo de «Santelices» —ese cuento perverso que te envié— y si lo van a publicar allá, porque de otra manera me gustaría hacerlo publicar en otra parte.[20] Como

---

[19] Los suegros de JD le obsequiaron el sitio para una casa en Los Dominicos como regalo de bodas en 1961, así como su arquitectura y construcción.

[20] Impaciente por ver publicado el cuento, JD lo envió a *El Mercurio* (Santiago, 15 de julio de 1962), apareciendo en simultáneo con la revista mexicana, y meses después salió en *Sur* n.° 280 (Buenos Aires, enero-febrero de 1963).

te dije en mi última carta, cuentos cortos no tengo —los más cortos son algunos de los que aparecen en *Veraneo*. En cuanto al panorama de la literatura chilena que me pides, te repito: no tengo fuerza más que para decir MIERDA, y eso de nada serviría. No dejes de escribirme, si tienes tiempo, y de mandar tu novela, que María Pilar y yo esperamos con ansia.

Te abraza,
Pepe Donoso

y yo también,
María Pilar

Ismael Valdés Vergara 436 Dpto. 51
Santiago

DE CARLOS FUENTES A JOSÉ DONOSO

México DF, 17 de junio de 1962

Querido Pepe:

Ante todo, al grano: mi agente en Nueva York ya está manejando *Coronación* y, aunque apenas está haciendo los «*rounds*» de lectura entre críticos bilingües, parece que se apunta cierta posibilidad de que Simon & Schuster se interese por la obra. Te tendré al tanto de lo que suceda, aunque ya sabes que en estos menesteres la paciencia es nuestra única coraza. Respecto a Francia, voy a tomarme un poco más de tiempo para asegurar la edición con Gallimard; los editores franceses solo funcionan a base de influencias personales, de manera que voy a esperar la visita de Juan Goytisolo a México en septiembre para encargarle personalmente la gestión.

Por cierto, estuvo aquí el editor de la revista *Show* de Nueva York, preparando un número dedicado a América del Sur. Quiere, entre otras cosas, incluir un cuento o capítulo de novela de escritor sudamericano y me ha dado el ímprobo encargo de hacer una selección, subrayando que debe tratarse de un escrito de valor internacional, sin ataduras regionalistas. Pensé en seguida en ti, y te ruego que selecciones de tu propia obra lo que te parezca más conveniente y me lo envíes. Insisten en que sea un escritor joven y ellos ya habían pensado en alguno de los escritores argentinos que conocieron en Buenos Aires, de manera que habrá cierta competencia, pero creo que debemos hacer la lucha. Piensa que es para un público de esos que los gringos llaman *«witty»* y *«sophisticated»* y vamos a entrarle al toro.

Le he escrito al poeta norteamericano Robert Lowell, que actualmente anda de gira por América del Sur, para que se ponga en contacto contigo al llegar a Chile. Como sabes, es uno de los principales poetas jóvenes de EE.UU., y también uno de los mejores críticos de ese país.

Ya salieron rumbo a tu domicilio al pie del cerro mis dos últimos libros, *La muerte de Artemio Cruz* y *Aura*, y debes estar por recibirlos. Ya sabes cuánto me importa tu crítica, cuánto me ilumina y ayuda, de manera que espero tus líneas una vez que hayas consumido ese paquete de tinta.

«Santelices» sale en el siguiente número de la *Revista de la Universidad* (julio) y ya te haré llegar ejemplares. Me gustó enormemente el cuento, sobre todo por la actualización del ritmo en relación con el tema y por el espléndido uso de los tiempos muertos. Creo que tendrá mucho éxito aquí, y aun cuando nuestra crítica es casi inexistente, te enviaré algún recorte si sale. Lo terrible en México es el abismo infinito que existe entre un público cada vez más exigente y alerta y una crítica verdaderamente infame, provinciana y biliosa.

Tengo muchas esperanzas en lo de Simon & Schuster y te tendré al tanto de cualquier novedad al respecto.

Creo que a partir de noviembre haré un viaje de cuatro meses por América del Sur para escribir un libro al alimón con dos escritores mexicanos, Fernando Benítez y Víctor Flores Olea, que ya ha sido contratado por el Fondo de Cultura y está en vías de ser aceptado, como proyecto, por editoriales de Francia y EE.UU.[21] Esperamos llegar a Chile en enero del 63. Haremos el viaje en automóvil. Te avisaré para que nos prepares vinos, mariscos y esplendorosas hijas de Caupolicán.

Todo mi cariño a Pilar y para ti un enorme abrazo de Carlos Fuentes

DE CARLOS FUENTES A JOSÉ DONOSO

México DF, 19 de agosto de 1962

Querido Pepe:

El mes entrante inicia sus publicaciones Joaquín Díez-Canedo, ex gerente de producción del Fondo de Cultura Económica. Creo que te contaba en Chile que Joaquín está asociado directamente con Seix Barral de Barcelona e indirectamente con Einaudi (Roma), Grove Press (NY) y Gallimard, de manera que publicar con él, casi automáticamente, asegura la traducción.[22] Joaquín está interesadísimo en copar la novela que estás escribiendo, y me ha pedido que me dirija a ti en ese sentido. Creo recordar que pensabas darla a Nascimento,

---

[21] Ni el viaje ni el libro anunciados se realizaron.

[22] CF publicó desde 1964 varios libros con Joaquín Mortiz pero los trámites de traducción los realizó sobre todo su agente Carl Brandt o el propio CF. Varios de esos libros editados por Mortiz no se han traducido aún al inglés —por mencionar una de las lenguas principales—, sean de narrativa (*Cantar de ciegos*, 1964; *Cumpleaños*, 1969), ensayo (*Casa con dos puertas*, 1970; *Tiempo mexicano*, 1971) o teatro (*El tuerto es rey*, 1970).

pero no sé, en realidad, qué firme es tu compromiso. Escríbeme sobre tus planes para que pueda informarle a Joaquín. Como te digo, él siente un gran entusiasmo por tu obra y tiene verdadera hambre de editor por publicarte.[23]

Por fin salió, ayer nada más, «Santelices» en la *Revista de la Universidad*. Por correo separado te envío un ejemplar, aparte de los que te hará llegar, con el cheque correspondiente, la propia revista.

Mi agente me escribe que *Coronación* sigue dando la vuelta entre los lectores de Simon & Schuster. El verano retrasa las cosas... Espero que ya te hayan llegado mis libros.

Estoy embarcado en la preparación de un guion de cine para Vittorio de Sica, que vendrá a filmarlo aquí en octubre con Sophia Loren. *One must live*.[24]

Mis más cariñosos recuerdos para María Pilar y para ti el abrazo fraternal de

Carlos Fuentes

DE JOSÉ DONOSO A CARLOS FUENTES

Santiago, 24 de agosto de 1962

Querido Carlos:

Acabo de recibir tu carta, pero no tus libros, los que estamos esperando ansiosos. Para qué te digo lo que me parece la proposición de Díez-Canedo hecha a través de ti... la

---

[23] En esos años, Díez-Canedo era de los pocos que en México habían leído *Coronación*, y tenía un ejemplar que no prestaba a nadie, ni siquiera a su amigo CF.

[24] No hay noticia de cuándo empezó este proyecto, que finalmente se frustró.

posibilidad de salir de este rincón es una maravilla. *These, however, are the facts*: estoy escribiendo una novela, para la que necesito aún por lo menos siete meses o diez de trabajo. Pero resulta que Zig-Zag me prestó hace unos dos años un millón de pesos chilenos, y firmé contrato con ellos comprometiéndome a entregarles mi próxima novela, *whenever it comes*.[25] Lo que significa que *I'm pretty well tied down to them*. Estoy haciendo todo lo humanamente posible para que me deshagan el contrato —significa que me pelearé con Zig-Zag para siempre y quedaré sin editor en Chile, lo que no me importaría mucho si ustedes allá me publican... además de todas esas otras editoriales.

Esta es mi novela, por si les interesa saber a qué atenerse:[26]

Un senador de un país sudamericano (no especificado, aunque uso un *setting* muy chileno), dotado de gran poder, ilustre linaje, gran fortuna, extrema belleza física y cuanto en el mundo se puede desear, es casado con una mujer hermosa en cuyo amor ve reflejado entero su orgullo... pero no tienen hijos. Él es el último de su linaje, la última reencarnación de las perfecciones de una gran raza criolla poderosa, perfecciones que se anularán si no procrea, si no tiene un hijo; no tenerlo significa también para él que su amistad, su pacto de alianza con el Dios tradicional y católico, sus *good terms*, le fallan, y comienza a dudar. Por fin, a los once años de matrimonio, la mujer tiene un hijo del senador, y muere en el parto. Pero el hijo es un monstruo

---

[25] En *Historia personal del «boom»* también hace referencia a este préstamo como una «exorbitante suma» de mil dólares. En efecto, un millón de pesos de la época equivalía a mil dólares, cifra nada despreciable pues la estimación es que equivalen a 9,900 dólares de hoy.

[26] El argumento corresponde a grandes rasgos a *El obsceno pájaro de la noche*, cuya idea inicial se encuentra en sus *Diarios tempranos* de Buenos Aires de 1959 (p. 564), aunque JD fechó su inicio oficial en sus viviendas de «Santa Ana y Los Dominicos, Chile, 1962-1963». Con Mortiz, JD publicó en 1966 *El lugar sin límites* y en 1968 una reedición de la novela *Este domingo*.

deforme: una especie de gárgola. El senador, entonces, se pelea definitivamente con Dios, y también con el demonio, a cuya alianza había acudido para engendrar al hijo a través de brujerías. Después de la crisis, se declara hombre solo, sin dios ni demonio, y toma la cuestión en sus manos. Para su hijo, él hará un mundo en que ese hijo sea rey, en que el bien y el mal sigan su propia ley, inventada por él. Encierra al hijo, para criarlo, en una hacienda del sur, rodeándolo allí de seres deformes, enseñándole una historia del mundo, una cosmogonía, una ética, una biología, una estética deforme dentro de la cual el niño, a medida que va creciendo, es rey, y cree que su pobre y hermoso padre es el monstruo, el deforme. Pero en el ardor de la adolescencia, logra evadirse de noche de su lujoso encierro, y recorre a caballo la región: acude a tristes prostíbulos de campo, paga mujeres, y por fin se enamora de la proxeneta de dieciséis años de una casa de prostitución muy pobre del pueblo, que, a pesar de su profesión, es virgen; el hijo del senador aprende el dolor de vivir, el dolor de su destino personal, y el mundo lo aterra. Hace asesinar a la muchacha. Y después del asesinato, vuelve a encerrarse en su hacienda, eligiendo esa vida no dolorosa que le ha inventado su padre, esa vida deforme en que nada puede tocarlo. Pero nace el odio a su padre y busca la venganza. Poco a poco, va atrayendo al senador, ya un poco viejo y gagá, a su mundo, al mundo deforme que el senador mismo ha creado. Y el viejo se va a vivir con el hijo, quien, aprovechándose de la chifladura del viejo y de que se ha puesto aficionado a la bebida, poco a poco lo va convenciendo de que en realidad es él, el senador, el deforme, el monstruo, y que él, su hijo, es el normal: con esto impulsa al viejo al suicidio, y el hijo queda para siempre a salvo en su mundo.

No sé si les interese publicar algo así —sé muy bien que no está en la línea ortodoxa de la ficción que se hace hoy. El tono es casi como de una parábola, de irrealidad apoyada en los elementos más absolutamente reales y hasta naturalistas: el idioma mismo es extremadamente estilizado y hasta tieso, como escrito en el siglo pasado (¿Valera? No, más pomposo, pero de la solemnidad no bíblica, sino tipo siglo XIX). Me está costando mucho hacer esto, tiene algunos *set pieces* —de nuevo: lo siento porque no están muy de moda— y escasos personajes. Es todo visto desde afuera. Paralelos posibles: Poe, Isak Dinesen, Calvino, algo de Hesse, tal vez Borges, aunque extremadamente distinto a todos ellos. Es un tema que a mí me apasiona, y naturalmente publicar esto en Chile, donde por el momento la gente no concibe la publicación de algo que no sea de un realismo cotidiano, como un interior de Vuillard, sería tirarlo al cesto de papeles, desperdiciarlo: tres críticos dirían que está «muy bien escrito», porque ellos creen todavía que escribir como en el siglo pasado es «escribir bien» y no se darían cuenta de la ironía estilística: la frase larga y ampulosa, llena de cláusulas intercaladas, etc., elegante y estirada, con una pseudosencillez de tipo conversación. Imagínate, entonces, lo que significaría para mí publicar esto —esto más que nada— en el extranjero, en Méjico y España, en Italia y en Francia... no puedo pedir más. Como te digo, para terminar, necesito por lo menos algo entre siete y diez meses, porque con matrimonio, construcción de casa, etc., no he avanzado mucho ahora último: te das cuenta, además, que la perspectiva de publicar para que lean mi libro mis amigos y para que yo mismo haga la reseña en *Ercilla* (que es la única crítica «vendedora» y «difundidora» de Santiago) no era muy estimulante. Tu proposición, en cambio, sí lo es: ya tengo, como dicen acá, «la geta caliente» y me he puesto de cabeza a la máquina. La novela está hecha como para que parezca que puede suceder hoy, como hace cien años.

Dos cosas: 1) escríbeme diciéndome si a Díez-Canedo le interesaría publicar algo de este orden; 2) que me concretes un poco más el ofrecimiento... tal vez con una carta de

Díez-Canedo, que sería útil pero no indispensable. Quisiera, por cierto, tu opinión de todo esto.

Voy a hacer todo lo posible por sacarme la soga que Zig-Zag me tiene al cuello, y creo que podré. Escribe, y envía tus libros, que los esperamos ansiosos. Saludos nuestros. ¡Gracias!

Pepe Donoso[27]

Ismael Valdés Vergara 436 Dep. 51
Santiago

DE CARLOS FUENTES A JOSÉ DONOSO

México DF, 2 de octubre de 1962

Querido Pepe:

Como un genízaro ante su Sultán, primero me postro, gimo a las alturas del Providente y pido perdón por mi retraso. El primero de septiembre le pasé tu carta a Díez-Canedo, luego me cayó un trabajo indescriptible: escribir el guion para una película que va a hacer aquí De Sica en enero, y solo ayer pude reunirme con Díez-Canedo a cenar: el hombre está encantado con la idea de tu novela, picado en su orgullo de editor y decidido a «kidnapearte» de las manos de todos los Zigzagueantes Ercillas del Re-Nascimento. Él te escribe en estos días puntualizando la oferta pero ya me

---

[27] María Pilar añadió un mensaje en hoja aparte a esta carta: «Un pequeño PD a la carta de Pepe para decirte que hoy llegó uno de tus libros, *Aura*... Menos mal, lo estábamos esperando ansiosamente. Pepe aún no lo sabe pues no fue a almorzar a casa. Anda comprando árboles para nuestro jardín».

dijo anoche que no habría problema de dinero para tu anticipo. Albricias, *hurray* y adelante. Me sumo, por lo demás, al entusiasmo por la espléndida idea de tu obra.

Me escribe Brandt, mi agente, de Nueva York; aunque Simon & Schuster todavía no decide, *Coronación* también está, ahora, en manos de Knopf. Estas cosas toman su tiempo, de manera que paciencia. Lo importante es que el libro esté en manos de dos de las editoriales más importantes de los Estados Unidos. Cuando venga Goytisolo a México en noviembre lo alojaré y lo sentaré a leerte para que a su regreso a París lleve el libro ofrecido para Gallimard, que por fortuna ha suprimido la folklórica colección «La Croix du Sud» y ahora publicará a los latinoamericanos en «Du Monde Entier». Por cierto, *Le Siècle des Lumières* de Carpentier ya salió, con enorme éxito crítico, en francés, y aún no ve la luz en español. En cuanto salga te lo mando.

¿Qué lees? Te recomiendo, si no lo conoces ya, a William Golding y su *Lord of the Flies*; léete *El tambor* (*Le tambour, chez* Seuil) del joven alemán Günter Grass, que es la biografía de un ser deforme y puede tener contactos con lo tuyo.[28] Están saliendo nuevos italianos de interés: Cassola y *La ragazza*, Buzzati y *El desierto de los tártaros*, Bassani y *Los anteojos de oro*; todo publicado en francés.[29] Yo a veces

---

[28] *Lord of the Flies* (*El señor de las moscas*, 1954) apareció en francés como *Sa Majesté des mouches* (Gallimard, 1956) y *Die Blechtrommel* (*El tambor de hojalata*, 1959) como *Le tambour* (Seuil, 1960). En sus *Diarios centrales. A Season in Hell 1966-1980* (Ediciones UDP, 2023), JD se muestra consciente de los parentescos del *Pájaro* con la novela de Grass: «Hacerlo más Günter Grass» (8 de marzo de 1967); «hacerlo muy "tambor de hojalata", pero no picaresco» (13 de mayo de 1968). Lo mismo respecto a *Casa de campo* y la novela de Golding (20 de agosto de 1973).

[29] *La ragazza di Bube* (*La novia de Bube*, 1960), de Carlo Cassola, llevada al francés como *La Ragazza* (Seuil, 1960). Cassola, en boga por el premio Strega a esta novela que adaptó él mismo al cine, había sido entrevistado por JD en su vivienda en Grosseto («Un novelista en busca de actriz», *Ercilla* n.º 1335, 21 de diciembre de 1960). La novela de Dino Buzzati era de los años cuarenta: *Il deserto dei Tartari* (*El desierto de los*

me quedo atrás, fascinado por los viejos alemanes *méconnus*: Broch y Musil.

¿Te llegó por fin *Artemio Cruz*? Ya lo tomaron Putnam en EE.UU., Faber en Inglaterra y Gallimard en Francia; toda la buena crítica me está llegando de fuera; aquí la Gran P... (rensa) se basa en el famoso sobrecito de papel manila que supuestamente me llega todos los viernes del Kremlin para mentarme la mera madre.

¿Cómo va la casa de campo? ¡Cómo quisiera regresar a verlos! Necesitamos inventar una fórmula, una revista, qué sé yo, que nos una y nos permita andar unidos, ser un *fact of life* ante el mundo literario nacional e internacional. Piensa en esto.

Mis cariños a la linda Pilar; para ti toda la amistad de Carlos Fuentes

DE JOSÉ DONOSO A CARLOS FUENTES

Santiago, 9 de noviembre de 1962

Querido Carlos:

Para qué te digo la impresión de tu llamado el otro día. ¡Knopf! Es casi increíble. ¿Pero es seguro, seguro? Todavía no me hago el ánimo... apenas lo puedo creer. Al día siguiente le escribí a Brandt (101 Park Ave., New York, ¿está bien?), diciéndole que había recibido tu llamado y que quería que él se preocupara de mis asuntos «*on the usual percentage basis*». ¿Está bien? ¿Es eso lo que había que decir? Le

---

tártaros, 1940), traducida al francés como *Le désert des tartares* (Robert Laffont, 1949). Y *Gli occhiali d'oro* (*Las gafas de oro*, 1958), de Giorgio Bassani, como *Les lunettes d'or* (Gallimard, 1962).

conté también de *Veraneo*, de *Charleston*, y de la novela que estoy escribiendo —*El obsceno pájaro de la noche*. También le escribí al señor Cohen en Park Place, Londres... pero ese *deal* no lo comprendí muy bien y me gustaría que tú me escribieras dándome más detalles. Supongo que ambos serán *agents*, ¿o son *officials* de las casas editoras? La comunicación telefónica estaba verdaderamente subdesarrollada y era casi imposible entender lo que decías, así es que estoy temeroso de que no haya pescado bien los detalles. En todo caso, te aseguro que me siento como una novia virginal en el día antes de su matrimonio —*expectant* y aterrada.[30]

Pero también sucedió algo muy curioso. En Zig-Zag recibieron una carta de Knopf, firmada por una señora Aracoeli Loomis. Ella decía que se había dirigido al consulado de Chile en Nueva York *to inquire about me*, y allí le habían dicho que se dirigiera a Zig-Zag. En la carta de marras decía que le gustaría saber si yo había publicado alguna obra después de *Coronación*, ya que esta fue publicada en 1957 (1958, en realidad).[31] Zig-Zag respondió hablándole de *El charleston* (1960) y de *Veraneo* (1955), diciendo que ellos tenían los derechos en español para los tres libros, pero que las traducciones estaban libres y eran cosa mía. Creo que ahí quedamos bien... también le hablan de *El obsceno pájaro*

---

[30] JD recordó esta noticia en *Historia personal del «boom»* con el mismo entusiasmo: «De modo que cuando varios meses más tarde Carlos Fuentes me llamó por teléfono desde México —estoy oyendo su voz: "Felicitaciones, mano, te toma Alfred Knopf, la editorial gringa más importante..."— me pareció increíble, algo que solo podía ser una broma cruel. Pero no era: no solo por el estímulo literario de sus primeras novelas, sino también por su generosidad en forma de admiración y de ayuda, Carlos Fuentes ha sido uno de los factores precipitantes del *boom*; para bien o para mal, su nombre anda unido tanto con su realidad como con la leyenda de su mafia y su farándula».

[31] La primera edición de *Coronación* tiene como fecha de impresión el 24 de diciembre de 1957 por lo que probablemente empezó a circular en 1958.

de la noche, diciendo que esperan que lo termine en 1963...
tú sabes mi compromiso al respecto con ellos, y que habrá
que hacer un arreglo si he de dárselo a Díez-Canedo —ya
estoy fraguando el tal arreglo. ¿Qué significará la carta de
la señora Loomis? ¿Por qué pasaron por encima de Brandt,
dirigiéndose por su cuenta al Consulado de Chile y a Zig-
Zag? Te confesaré que estos *dealings* con el «*big business*»
editorial me tienen bastante nervioso, ya que es mi primer
contacto con ellos, y me siento como el campesino que al
desembarcar del tren en la ciudad grande es recibido por un
desconocido de cierta edad y demasiado amable. Es todo
demasiado bueno para ser verdad, ¿no habré entendido
mal? Si puedes, escríbeme para asegurarme que no es todo
un fabuloso malentendido. Creo que te oí por teléfono que
Knopf «estaba enloquecido con *Coronación*». ¿Cómo así?
¿Me puedes dar detalles de este enloquecimiento?

Y si es todo verdad, ¿qué significa para mí? ¿Publicación cuándo? ¿Quién traducirá... y cómo es el asunto de
las traducciones? ¿Cuántos ejemplares es un *first printing*?
¿Qué conviene hacer? ¿Cuánto podrán darme de anticipo...
si es que me dan? ¿Y después... significa algo de dinero con
el cual librarme siquiera un poco de las garras de *Ercilla* y
Zig-Zag... por lo menos dentro de un tiempo?

Me encontrarás un provinciano asustado, y lo soy. Pero
recuerda lo lejos que vivo de todo lo que Knopf significa, lo
impensado que es todo esto, lo sorpresivo. El mismo día de
tu llamado, en la mañana, hablábamos con María Pilar, y
ella decía no sé qué de la posibilidad de traducción de *Coronación*. Yo desarrollé una larga y juiciosa teoría destinada
a matar en ella toda esperanza de traducción, desesperanza
que yo sentía... y en la noche, esa noche misma, tu llamado.
Es extraño, y tienes que comprender mi extrañeza, más allá
de falsas modestias.

Me llegó «Santelices»... gracias... buena revista y buenas
ilustraciones. ¿Hubo comentarios en México al respecto?

Me gustaría saber. Me llegó también *Aura*, que leí, y *Artemio Cruz*, que estoy terminando. Quiero dejar pasar unos días antes de escribirte al respecto, y estoy preparando una página en *Ercilla* sobre ambos.[32]

Escríbeme. No voy a poder dormir hasta que no sepa más de todo este asunto. María Pilar dice que haberte conocido es lo mejor que me ha pasado después de haberla conocido a ella. Me inclino a estar de acuerdo. Gracias por todo.

Un gran abrazo,
Pepe

y un besote gordo de
María Pilar

DE CARLOS FUENTES A JOSÉ DONOSO

México DF, 12 de noviembre de 1962

Querido Pepe:

Acabo de recibir carta de Brandt, mi agente, con el recado que sigue para ti:

> «*Alfred Knopf wishes to do the Donoso, and offers an advance of $750.00, paid one-half on signature and one-half on publication against a retail royalty of 7 ½ % on the first 7500 copies, 10 % on the next 5000 copies, 12 ½ % on the next 5000 copies, and then 15 %. They are, of course, responsible for the translation costs. This is, as you will see, not a brilliant contract —but given the reputation of*

---

[32] No se publicó este anunciado texto.

Knopf and the fact that Donoso is completely unknown
here, I am very much inclined to advise the author to ac-
cept this. Would you let me know whether Knopf can go
ahead as soon as you have a chance?».[33]

De manera que la cosa está hecha y solo se espera tu visto bueno para el contrato. Por favor cablegrafíale a Brandt
diciendo que aceptas los términos del contrato (a mí solo
me adelantaron $500 por *La región*). Te repito la dirección
de Brandt, que te di por teléfono: CARL D. BRANDT,
BRANDT & BRANDT, 101 PARK AVENUE, NEW
YORK 17, NY. Incluye en el cable tu dirección para que
te manden el original y copias del contrato para tu firma.
Espero que le hayas escrito a Brandt la carta contando tu
«confidential story» (libros que has escrito y la novela que
preparas) y que le hayas solicitado sus servicios de agente,
con base en el consabido 10%: Brandt es realmente de primera, cuida de tus intereses como si fueras su Julieta, pelea
por ti, obliga a los editores a hacer publicidad, «pica» a los
críticos, etc.[34] Creo que te has sacado la lotería apareciendo

[33] «Alfred Knopf desea publicar a Donoso y ofrece un adelanto de
$750, a pagarse una mitad a la firma del contrato y otra mitad cuando se
publique, con unas regalías de 7½% por las primeras 7500 copias, 10%
por las siguientes 5000 copias, 12½% por las subsiguientes 5000 copias y
15% de allí en adelante. Por supuesto, ellos se responsabilizan del costo de
la traducción. Como ves, no es un contrato brillante, pero dada la reputación de Knopf y el hecho de que Donoso es totalmente desconocido aquí,
me parece muy aconsejable que el autor acepte los términos. ¿Podrías con-
firmarme en cuanto puedas que Knopf puede proceder con el trámite?».
[34] «En su oficina de Park Avenue, entre sus representados podían contarse, además del propio Fuentes, autores como Conrad Aiken, John Dos
Passos, Leon Uris, Thornton Wilder, en lo que era considerada una "bou-
tique" o "small, family-run literary agency", selecta, pequeña y familiar».
Dunia Gras, «José Donoso y Carlos Fuentes: otra historia personal del
"boom"», *Anales de Literatura Chilena*, Año 19, n.º 29, junio de 2018. El
relevante estudio de Gras se ocupa de la internacionalización de JD entre
1962 y 1965.

con Knopf, que es quizás la GRAN casa editorial gringa en estos momentos, y sin duda la que asegura un mayor caudal de repercusiones críticas en la prensa de los EE.UU. y el mayor interés de parte de editoriales europeas: de Knopf vas a brincar al sueco, el polaco y el lapón.

Díez-Canedo me dice que ya te escribió ofreciéndote un anticipo de 500 dólares por la próxima novela (o Paço Giner de los Ríos llevó el ofrecimiento). Espero que le hayas mandado *Coronación* a J.M. Cohen (38 Bark Place, London W.2) pues se la he recomendado muy efusivamente. El viejo es el crítico estrella de literatura española y latinoamericana del *London Times Literary Supplement* y de *The Spectator*, y su palabra es ley con Faber & Faber (él me consiguió la publicación de *Artemio Cruz* allí).[35] Si le escribes a Cohen, dile que la novela va a ser publicada por Knopf —*that carries weight.*

Esto se ha convertido en un *business letter* absoluto, pero lo más importante es decirte que te felicito por lo de Knopf, que te aseguro un éxito de primera (me dice Brandt que están enloquecidos con la novela y le preparan un gran lanzamiento) y, sobre todo, que me dio una alegría soberana oírlos a ti y a Pilar el otro día por teléfono, y que espero inviertas parte de tus ganancias en hacer una *tournée* hemisférica que no excluya a Tunaland Tenochtitlán.

Un abrazo, querido Pepe, y besos a Pilar, de su «cuate»,
Carlos Fuentes

---

[35] *The Death of Artemio Cruz* apareció en Londres por la editorial Collins en 1964.

1963

DE CARLOS FUENTES A JOSÉ DONOSO

México DF, 23 de julio de 1963[36]

Querido Pepe:

He obtenido tu nueva dirección de Joaquín Díez-Canedo. Ha pasado mucho tiempo desde que nos escribimos, y tengo muchos deseos de saber cómo va *El obsceno pájaro de la noche*, cuándo irrumpe *Coronación* en Nueva York, etc.[37]

---

[36] Han pasado ocho meses desde su última comunicación. En el interregno, María Pilar escribió a CF el 21 de enero de 1963 y al parecer no tuvo respuesta: «Tengo tiempo sin noticias tuyas... No sé de quién es la culpa, si tuya o de Pepe, pero la verdad es que las echo de menos. ¿Qué es de tu vida? Querido Carlos, perdona que me deje llevar por mi curiosidad femenina, la que unida a mi afecto por ti me "compulsan" absolutamente a preguntarte con toda indiscreción si es cierto que te casaste y ya eres papá [...] Si es cierto, para qué te digo toda la felicidad y éxito que Pepe y yo te deseamos. Si es cierto lo de la niña, trataré más aún de tener pronto un hijo y así podamos casarlos y tener nietos maravillosos en común. ¿Qué te parece? Seguro que la mezcla de cromosomas Fuentes y Donoso producirían jugadores de fútbol de primera categoría o ganadores de las Mil Millas automovilísticas, pero sería encantador de todas maneras. Yo desgraciadamente aún no estoy siquiera esperando un bebé, lo que me hace sufrir terriblemente. Pepe recibió carta de Díez-Canedo y me imagino que te escribirá muy pronto para contarte [...] Lo de Knopf ya partió y la traducción está en manos de un señor Hays. Cohen está probando con Deutsch pero aún no sabemos nada seguro. Qué maravilla todo, parece mentira desde este fin del mundo. De nuevo, gracias».

[37] *Coronación* ganó el premio a la mejor novela chilena de la William Faulkner Foundation Prize en 1962 y sería publicada en inglés por Knopf en 1965. CF dio un informe favorable sobre *Coronación* a Knopf en 1964.

Yo salgo el 7 de julio [sic] a Europa, en barco, vía Acapul-co-Panamá-Curazao-Trinidad a Le Havre. Estaré en Europa —Francia, URSS, Polonia, Austria, Alemania, Yugoslavia, Grecia, Italia y Gran Bretaña— hasta fines de noviembre. Escríbeme a mi base allá, que es la Embajada de México, 47 Van Lennepweg, La Haya, Holanda. Voy a la salida de *La región más transparente* con Gallimard, a gastar rublos y zlotys que no puedo sacar, y a tomar notas de Alemania y Grecia donde sucede buena parte de mi nueva novela.[38]

Voy a codirigir *Le Cours des Choses*, una revista inter-nacional de literatura que será editada simultáneamente en Alemania, Italia y Francia, dirigida, en cada país, por Gün-ter Grass y Uwe Johnson, Moravia, Vittorini y Pasolini, y Mascolo, Nadeau, Barthes. Iris Murdoch en Inglaterra y Sa-bato y yo en América Latina somos codirectores, de manera que te hago súplica formal de colaboración. El grueso de la revista serán colaboraciones de una a cuatro cuartillas, de escritores de todo el mundo, que evitando la reseña tradi-cional, exterior, traten de dar la visión interna de las cosas propia del escritor: se puede hablar del tema que se quiera, político, filosófico, literario, una intuición personal, etc., pero siempre como aportación individual, intransferible, de cada escritor. De manera que escríbeme algo y házmelo llegar a Holanda para que salga en el número inicial de sep-tiembre. *Merci!*[39]

Me casé al regresar de Suramérica y tengo una niña de diez meses cuya foto te adjunto para que cuanto antes me emules.[40]

Deborah Cohn, *The Latin American Literary Boom and US Nationalism during the Cold War*, Vanderbilt University Press, 2012, p. 10.

[38] *Cambio de piel.*

[39] La revista no llegó a publicarse.

[40] Como se dijo, al parecer CF estaba casado con Rita Macedo desde tres años antes. Su hija, Cecilia Fuentes Macedo, nació el 7 de agosto de 1962.

Show Magazine está preparando un número sobre México; les di una fiesta la semana pasada, que más bien parecía suceder en Los Guindos: Fernando Alegría, Lafourcade, Giaconi y Jaime Laso estuvieron aquí, y con todos te mandé saludos.

Un beso enorme a María Pilar, ¡qué ganas de que nos encontráramos en Europa! Para ti un gran abrazo y la espera de tu colaboración para la revista; mi mujer y mi hija se unen a los saludos y desean conocer pronto a quienes con sobrados motivos califico de la pareja más entrañable del *otherwise* siniestro continente vacío. Chao!

Carlos Fuentes

[Adjunta una foto de su hija Cecilia con el mensaje:]
Queridos Pepe y María Pilar,
Les presento a mi hijita Cecilia, con mucho mi mejor obra,

Carlos

DE CARLOS FUENTES A JOSÉ DONOSO

La Haya, 1 de agosto de 1963
[Postal con último autorretrato
de Rembrandt, 1669]

Caro Pepe:

He hablado de *Coronación* en Gallimard; envía ejemplares a DIONYS MASCOLO, Gallimard, 5 Rue Sébastien-Bottin y a JUAN GOYTISOLO, 33 Rue Poissonnière; hay muy buena oportunidad.

Besos a María Pilar y un abrazo de tu amigo
Carlos Fuentes

La fotografía de Cecilia, perteneciente a los papeles de José Donoso, Firestone Library, Universidad de Princeton.

Bonnieux, 15 de agosto de 1970. Grupo de escritores que se dirigía a la casa de Julio Cortázar en Saignon, tras el estreno de *El tuerto es rey*, de Carlos Fuentes, en el festival de Avignon. Visibles, en semicírculo de izquierda a derecha: Juan Goytisolo, José Donoso, Carlos Fuentes, Patricia Llosa (de espaldas, con la mano alzada), Mario Vargas Llosa, Ugné Karvelis, Abraham Nuncio (de pie), Julio Cortázar y Gabriel García Márquez. Abraham Nuncio conservó esta fotografía durante más de cincuenta años. Jordan Schnitzer Museum of Art, Universidad de Oregón.

DE CARLOS FUENTES A JOSÉ DONOSO

Leningrado, 16 de agosto de 1963
[postal]

Queridos Pepe y María Pilar:

Los recuerdo en esta espléndida ciudad llena de las resonancias de las *Noches Blancas*, la *Dama de Picas* y *Nevski Prospekt*.
Un abrazo de su amigo
Carlos Fuentes

DE JOSÉ DONOSO A CARLOS FUENTES

Santiago, 23 de agosto de 1963

Querido Carlos:

Como de costumbre (y con muy buenos resultados porque después de Knopf, Bodley Head en Inglaterra cayó con *Coronación*), te he obedecido enviando libros a Goytisolo y a Dionys Mascolo (¡qué nombre erótico y priápico! ¿Quién es?). Veremos qué sucede —espero que algo. Alemania también me pide *Coronación*: será divertido ver a mi abuela, que vivió diez años en Frankfurt sin jamás aprender una sílaba del idioma, hablar alemán. Pero hasta ahora solo Knopf y Bodley Head con contratos firmados y *advances*. ¿Te dejaron revisar la traducción antes de publicarla, en el caso de *La región*? ¿Debo firmar algún contrato con Brandt para <u>todo</u> lo que me consiga? Creo que valdría la pena, ya que la comisión es en realidad poca y maneja las cosas tan bien.

Lafourcade llegó el otro día lleno de cuentos sobre una fiesta que le pareció «fabulosa» en tu casa, y evidentemente muy impresionado con la belleza de tu mujer e hijastra.[41] Parece que los escritores chilenos han invadido México. Lafourcade acaba de publicar en USA *La fiesta del rey Acab*, y dice que no ha tenido ningún éxito.[42] Yo, por las cartas de Angus Cameron,[43] que son terriblemente admirativas, estoy a punto de creer que después de *Lo que el viento se llevó* el mayor *bestseller* será *Coronación* —te ruego que me desilusiones rápidamente, porque a pesar de razonamientos mis esperanzas montan—, sobre todo porque significaría la posibilidad de dejar la inmunda *Ercilla* por un tiempo: si no me desilusionas rápidamente, creo que me moriré si *Coronación* no es *Book of the Month* y misiá Elisita Sophia Loren a todo color.

Si pasas por París, quisiera que veas a una gran y enloquecida amiga mía llamada Elvira Orphée de Ocampo. Mujer del agregado cultural de la embajada argentina, y ella una buena novelista y mujer estupenda, inagotable, absolutamente loca —dicen que la casa de los Ocampo es uno de los sitios más divertidos de París. Dirección: Rue Galileo 33, París 16. No dejes de ubicarla allí o a su marido Miguel, también amigo mío pero menos (es más gris) en la embajada. Elvira está avisada por si llegas. Lo mismo si ves a Bulatovic, dale grandes saludos míos —sé que está en París, y es un tipo que vale la pena.

¿Yo? Metido en mi novela —tanto que me ha sido imposible hacer nada para *Le Cours des Choses*. Es tan violento

---

[41] De una relación previa a la que tuvo con CF, Rita Macedo era madre de Julissa (1944-), cantante y actriz muy popular en México desde la década del sesenta.

[42] *King Ahab's Feast* se publicó por St. Martin's Press (Nueva York) en 1963.

[43] Angus Cameron fue un reconocido editor que trabajó en Knopf desde 1959.

mi trabajo de *Ercilla*, tan agotador por lo imbécil y por la cretinada del ambiente, que aquello que debería escribir en una tarde para la revista lo escribo en cuatro días. Tengo que pelear los minutos para escribir mi novela: el *hangover* emocional que me deja *Ercilla* es tan demoledor que hace que mi trabajo vaya lento, lentísimo. Me encierro en mi casa nueva en los faldeos de la cordillera, con María Pilar, y trato de zambullirme, pero es difícil. En fin, poco a poco va saliendo. Pero no sé para cuándo.

Artemio Cruz leído y gustado —no enteramente gustado, pero gustado. Me gusta la oscilación de las conciencias, la energía como una granada que estallara pulverizándose en mil sentidos y matando en mil sentidos —pero hacia el final, sobre todo hacia el final, siento que la cosa sigue siendo una granada que dispara en mil sentidos cuando debiera ser un solo tiro de cañón bien dirigido. Me gustan los capítulos iniciales y los finales, me gusta sobre todo Artemio agonizando porque me gustas tú enfocado, en profundidad, calando, no usando de tu tropicalismo para hacernos creer que hay profundidad cuando tú sabes que solo pasas por encima —siento que en tus mujeres sucede esto: no me quedan. Artemio sí. El viejo sí. No me gustas pintando cuadros, siento que para eso te falta disciplina y humildad; no te entregas a lo incidental porque tienes cosas más importantes que decir y mostrar; tienes demasiada energía para dejar que los objetos te aprisionen, te penetren, te devoren —siempre los controlas: a no ser cuando los usas en un sentido mágico, como en esas estupendas letanías en que al nombrarlos los muestras enteros. Pero cuando te detienes en un objeto, en un paisaje, aun en un rasgo material de alguien, parece que no tuvieras tiempo y en vez de meterte estás pensando en otra cosa: «*tu as d'autres chats a fouetter*».[44] Pero Artemio,

---

[44] «Tienes asuntos más importantes que atender».

sí. Y los hombres, sí. Y las conciencias, sí. Y los problemas, y el pensamiento, y lo mágico... todo esto sí. Pero siento que lo ontológico, no: se te evade porque sientes que tienes que moverte y llenar y decir; no concedes importancia a tu obligación de enamorarte y odiar tranquilamente. Partes de *Artemio*, sobre todo al principio, me gustaron aún más que *La región*, y tú bien sabes lo que ese libro me gusta. Pero *on the whole*, me gusta menos. Sobre todo me parece que las partes en technicolor de *La región* eran pocas y muy bien manejadas, y al lado de ellas el technicolor de *Artemio* de repente se te desparrama invadiendo aquello que debía ser silencioso.

¿Y ahora qué haces? ¿Una novela sobre Grecia y Francia? ¿Qué es esto? *Was it scheduled?* Si tienes tiempo, cuenta. Después de leer *Artemio* leí la novela de Sabato, que me pareció pésima, pretenciosa, podrida y escrita como por un niño de colegio sin sentido del humor.[45] Lo terrible es que estos como Sabato que reaccionaron contra Mallea son idénticos a él, y terminan imitándolo: porque en el fondo la novela de Sabato es igual a *La ciudad junto al río inmóvil* y a *La bahía del silencio*, sobre todo en lo pretencioso aunque menos bien escrito.[46]

María Pilar dice que te escribirá. Para qué te digo cómo nos acordamos de ti y qué lugar ocupas en el Olimpo de esta familia compuesta de dos. Aspiramos a verte de nuevo —mucho. Dónde, no sé. Y menos aún, cuándo. América del Sur está mucho más al sur que lo que se suele creer. Pero

---

[45] *Sobre héroes y tumbas* (1961). En sus *Diarios tempranos* (6 de mayo de 1964, p. 87) y *Diarios centrales* (años 1968 y 1969), JD consigna releer esta novela con el fin de que *El obsceno pájaro de la noche* no guarde parecido a ella. Como admite en *Historia personal del «boom»*: «este libro disparejo y maravilloso cayó en mis manos justo cuando estaba escribiendo y reescribiendo obsesivamente *El obsceno pájaro de la noche* con el fin de encontrarle una forma racional».

[46] Las novelas de Mallea son de 1936 y 1940 respectivamente.

si las cosas en Europa van bien con *Coronación*, y mi *Pájaro* funciona, tal vez se pueda viajar a fines del año próximo.

Un gran abrazo, y gracias una vez más.

Pepe

Qué linda la guagua Cecilia!! Voy a seguir tratando de hacer un precioso Pepito y los casamos. Te felicito y te mando un gran beso tierno.

María Pilar

DE CARLOS FUENTES A JOSÉ DONOSO

Viena, 8 de septiembre de 1963

Querido Pepe:

Me llegó a Viena tu carta, que tanto te agradezco, sobre todo por tus comentarios tan lúcidos —y para mí tan útiles— sobre *Artemio*. Tu carta me permite adquirir una perspectiva sobre ese libro y ver más claramente sus defectos, que son mis defectos. Ya sentía, en muchos puntos, lo mismo que tú; me alegra conocer tu opinión y, en cierto modo, objetivar (qué horrible *mot*) mis sospechas internas. ¡Gracias!

Sí, no hay que hacerse excesivas ilusiones sobre el éxito de nuestros libros en EE.UU.: el origen latinoamericano es un *handicap* que, desde luego, se irá venciendo con obras de la calidad de la tuya. Los encargados de relaciones públicas de las editoriales son muy adictos a los «*pep talks*» y creen que su principal deber es «*to boost the writer's morale*». Pero tu libro irá bien. Brandt es un genio para la promoción, y no correrás la suerte de Lafourcade. Por cierto, si te interesa conocer todos los comentarios que aparezcan sobre

Coronación, suscríbete al Literary Clipping Service, 45 West 18th Street, New York 11, NY.

Hablé sobre *Coronación* en Checoslovaquia y les interesa conocerlo. Por favor envíale dos ejemplares a la Sra. Dagmar Friedova, Maison d'Edition d'État de Belles Lettres, Národní tr. 36, Praga, Nové Mesto, Checoslovaquia.

El priápico, nietzscheano y olímpico Dionys Mascolo es nada menos que el encargado de todas las relaciones con escritores extranjeros de la casa Gallimard: como dice la canción, «trátalo con cariño que es mi persona».

Más contactos tras de la Cortina para que envíes *Coronación*:

Yuri V. Daskevich, Redacción de la *Revista Literatura Extranjera*, Piatnitskaya 41, Moscú, V-17, URSS;

Mme. Jadwiga Karbowska, Polish Radio, III Program, ul. Myśliwiecka, Varsovia 10.

A todos puedes decirles que les envías los libros de acuerdo con la conversación que yo tuve con ellos. Espero que en conjunto reunamos los rublos, zlotys y coronas suficientes para pasarnos, dentro de un año, dos o tres meses juntos en una dacha.

Te felicito por The Bodley Head. ¿Eso lo arregló Brandt o Cohen? *Artemio* saldrá en Inglaterra con Collins y en París con Gallimard. *La región* sale en París este octubre; el traductor se ha suicidado.[47]

Un beso a María Pilar; para ti la amistad muy firme de Carlos Fuentes

---

[47] *La plus limpide région* apareció en 1964 con prólogo de Miguel Ángel Asturias y traducida por el hispanista francés Robert Marrast. El comentario de CF se trata de una humorada referida a las dificultades para traducir esa novela. Marrast falleció en 2015, tres años después que CF.

1964

DE CARLOS FUENTES A JOSÉ DONOSO

México DF, 31 de marzo de 1964

2ª Cerrada de Galeana n.º 16
San Ángel Inn
México 20, DF

Querido Pepe:

Ni la dura —y, tan a menudo, en tiempo y condición diversos, compartida— situación que atraviesas logró, querido Pepe, empañar la alegría de tener noticias tuyas.[48] ¿De manera que consideras extraordinario el *writer's block* que te ha caído encima? No habré visto a Alejo Carpentier desesperado durante años, con *El siglo de las luces* a medio hacer, buscando salidas casi narcóticas en mil actividades hasta encontrar la clave que, de haberse anticipado o apresurado, habría dado al traste con la novela; a Julio Cortázar, que me acaba de escribir contándome del terror, la soledad, el sentimiento de inutilidad y autodesprecio que a veces lo paralizó meses enteros mientras redactaba *Rayuela*;[49] a

---

[48] No hemos encontrado este mensaje en los archivos de CF.

[49] Julio Cortázar escribió a CF el 2 de febrero de 1964 para agradecerle un comentario sobre *Rayuela* pero sin los términos que CF usa ante JD. Dice Cortázar que «valía la pena pasarse cuatro años escribiendo patas de mosca, pues en algún rincón del mundo hay un hermano, alguien que

Mario Vargas Llosa, destruido primero por el sofoco del Perú, en seguida por un trabajo en París que lo obliga a hablar por radio entre las diez de la noche y las cinco de la mañana, dormir hasta las doce, escribir como puede en la tarde y sacar a empujones, en medio de crisis sucesivas de dinero, de moral, de exilio, *La ciudad y los perros*. Y yo mismo, ¿no llevo ya ocho meses de crisis, con 400 cuartillas de mi novela hechas, y el total en crisis, sin poder añadir una línea, aterrado por la conciencia de que he agotado toda una temática, la que me sirvió de arranque, y debo encontrar un nuevo rumbo; postrado por la claridad con que, al fin, observo mis propias limitaciones; desencajado porque sé que ha terminado ese *élan* juvenil, esa facilidad original y que ahora debo sufrir más, esperar más, imponerme la paciencia y aceptar la distancia? He regresado al cuento y preparo un libro de trece que, mientras trabajo, me permite tomar perspectiva ante la novela incompleta y bloqueada.[50]

Pues sí: siempre he pensado que formamos una comunidad dispersa, acosada por los mismos fantasmas, impuesta a la misma tarea central que es escribir las novelas de estas extrañas y terribles tierras sin rostro, sin agarraderas, sin compensaciones: tú, Alejo, Cortázar, Vargas Llosa. A estos dos acabo de verlos en París y sentí esa comunidad que siempre me ha ligado a ti. Debes leer *La ciudad y los perros* cuanto antes, y *Rayuela* también. Cohen me entrevistó en la BBC en Londres y centré en *Coronación*, *El siglo*, *Rayuela* y *La ciudad* mi certeza de que el futuro de la novela está en América Latina, donde todo está por decirse y nombrarse, y donde todo nace de una necesidad muy honda y no de las imposiciones comerciales o políticas que hoy imperan

---

sabe y que comparte y que alienta» (*Las cartas del Boom*, Alfaguara, 2023, p. 78).

[50] Serían finalmente siete los cuentos de *Cantar de ciegos* (Joaquín Mortiz, 1964). La novela por terminar es *Cambio de piel*.

en «*the civilized world*».[51] Además, la nueva novela latinoamericana, me parece, supera o está en vías de superar las caducas dicotomías («nacionalismo» y «universalismo», «compromiso» y «artepurismo» y demás pendejadas). Ese gran espectro cómico de *Rayuela*, el sentido trágico de *La ciudad y los perros*, la libertad narrativa alcanzada por *El siglo de las luces*, para solo hablar de las tres grandes novelas latinoamericanas del año pasado (¿y hubo otra comunidad cultural que produjese tres obras comparables?) tienen para mí un sentido que sobrepasa los cánones críticos usuales. Casi me atrevería a decir —y no sé si soy demasiado atrevido— que rompen el cerco limitativo del pensamiento reductivista y falsamente «moral» que atribuye a la novela funciones civilizadoras, didácticas, históricas en el peor sentido de la palabra, sin caer en la respuesta por negación de la incomunicabilidad y el absurdo. Si ciertos críticos alegan que la tragedia ha muerto, devorada por las exigencias de la justicia (el encuentro con el destino, en Tebas o Gaza, ciega y destruye; el encuentro con la injusticia, en Jerusalén o Petrogrado, exige la compensación), creo que la revelación espléndida de la nueva novela latinoamericana consiste en rescatar la auténtica dialéctica de la vida humana total (la pascaliana: «*toutes choses étant crées et créants, médiates et immédiates...*»)[52] que, sin perder de vista los accidentes externos de la vida social, histórica, termina por concentrarse en la visión trágica, irreductible. Porque como

---

[51] El programa radial de la BBC se grabó en inglés el 5 de noviembre de 1963, transmitiéndose el 25 de mayo de 1964. En la transcripción que se ha conservado se mencionan los libros que CF nombra a excepción de *La ciudad y los perros* (su confusión ante JD puede deberse al tiempo transcurrido). Por carta a Vargas Llosa, se sabe que CF recién leyó esta novela a comienzos de 1964.

[52] La frase de Pascal es: «Toutes choses étant causées et causantes, aidées et aidantes, médiates et immédiates...» («Siendo todas las cosas causadas y causantes, ayudadas y ayudantes, mediatas e inmediatas...»).

bien decía Camus, aun en la sociedad perfecta morirán los niños. Y aun —o sobre todo— la felicidad total, ¿no sería rechazada porque mutila, no satisface y dejaría, sin contraste, de ser tal felicidad? El fracaso de las ideologías, las contradicciones de la praxis, la paradoja toda que niega la tragedia con las manos teñidas de injusticia en nombre de la justicia y los ojos cegados, otra vez, por la locura invocada en nombre de la razón, nos conduce a la visión trágica del hombre y de la historia. Y llegar a todo esto, o a más, porque todo enunciado teórico es limitativo, cuesta más, Pepe, que fabricar un *bestseller* dirigido de antemano a un sector perfectamente estudiado del mercado o propuesto obsequiosamente al grupo de los dirigentes y depositarios del optimismo político. Claro que cuesta más. Te apuesto que Boris Polevoi o Erskine Caldwell no se desvelan con *writer's block*.

Hablo demasiado pero digo lo que quería decirte. ¿Te escribió Cohen para la antología de Penguin, *New Latin American Writing*? Eso será estupendo y la selección es de primera. ¿Cuándo sale *Coronación* en Nueva York? *Artemio* está este año en la terna hispánica del Premio Formentor, con *Rayuela* y *El siglo de las luces. Not a chance, naturally*, aunque las otras candidaturas (Sarraute, Mandiargues, Bassani, Malamud) me hacen pensar que Carpentier, en toda justicia, debe llevárselo.[53]

¿Cuándo me visitan? Estoy en una nueva casa que parece una mezcla de *Dracula's Den* y *Heathcliff's Hideaway*, y tienen a sus órdenes un alto tapanco que mira hacia el Popocatépetl y el Panteón de Dolores. *Voilà le Mexique.*

Artemio sale en mayo en NY y Londres. A ver cómo nos va.

---

[53] La francesa Nathalie Sarraute ganó por *Les Fruits d'Or*.

Ahonda en tus apreciaciones de la elección chilena, que aquí no sabemos tanto como tú crees.[54]

¿Se encuentran en Santiago las novelas de Alejo y Mario? Dime para que en caso contrario te las envíe.

Tengo una seguridad absoluta en ti, Pepe, y sé tan bien que *El obsceno pájaro* será una gran novela; me basta recordar tus dos cuartillas de resumen y sé que el «*how*» es lo más difícil; pero exige su dolor, su paciencia, para encontrar el punto inviolable. Arrieros somos y el camino andamos.

Besos a mi adorada María Pilar; para ti todo el cariño de tu compañero y amigo,

Carlos Fuentes

PS: Toma nota de mi nueva dirección. El teléfono es 48-04-71.

DE JOSÉ DONOSO A CARLOS FUENTES

Santiago, 24 de agosto de 1964

Querido Carlos:

Te escribo a la carrera para preguntarte una cosa que te puede extrañar: ¿qué posibilidad habría de conseguir un trabajo para mí, por un año o más, en México? Aquí en Santiago las cosas han llegado a un extremo en que no puedo vivir: me ahogo. Tengo necesidad imperiosa de vivir en

---

[54] La elección presidencial de Chile se realizó el 4 de septiembre de 1964 y tuvo como vencedor a Eduardo Frei Montalva (Partido Demócrata Cristiano) frente a Salvador Allende (Frente de Acción Popular, coalición de izquierda) y Julio Durán Neumann (Frente Democrático, coalición de derecha).

alguna parte donde yo tenga vida privada, y no esta sensación de invasión perpetua, de exigencia, de persecución, que siento en Santiago. María Pilar está igualmente ahogada. Hace tres meses que estoy con licencia de *Ercilla*. Mi novela avanza y creo que completaré un *first draft* antes de fin de año. Me quedan dos meses de permiso. La perspectiva de regresar a *Ercilla* me tiene sin sueño. No sabes cómo es ese tipo de periodismo en que te matas para ganar el equivalente de cien dólares mensuales, y carecer de tiempo para cualquier otra cosa, y además no poder decir lo que quieres decir.

En enero voy a USA al *launching* —por fin— de *Coronación* y pasaré por México. También voy a buscar algo allá, pero ni mi mujer ni yo tenemos muchas ganas del *American way of life*. Yo preferiría México porque no me gusta la idea de aislarme del idioma por uno o dos años a mi edad. Nos gustaría México porque es una ciudad enorme e internacional y por cientos de miles de razones que adivinarás. La idea de estar SOLO con María Pilar, viviendo nuestra vida sin tener que justificarse ante nadie, en una ciudad extraña y espero que un poco hostil, me entusiasma. Aquí salgo a la esquina de mi casa a comprar un poco de carne y el carnicero me dice que ya está bueno que termine mi novela, que se la espera —me la están exigiendo en todas partes, las gentes más absurdas... francamente no sé cómo puedo siquiera escribir una carta.

¿Crees que hay alguna posibilidad? No pretendo hacerme rico. Quiero vivir modestamente, trabajar lo menos posible, poder encerrarme, poder ver cosas y gentes y salir cuando a uno se le antoje sin tener que pedirle permiso a nadie, y vivir en un mundo un poco más estimulante que el de Chile, donde si no vives conforme a la consigna del momento en materia de literatura o de calcetines, te encuentras perseguido. Pueblo chico. Y uno está condenado a publicar en Zig-Zag.

Mi novela ha cambiado mucho. No sé qué está saliendo. Es lo bueno de escribir —de pronto te ves allá afuera, en el papel. Ramón Xirau me escribió pidiéndome una colaboración para la revista *Diálogos*. ¿Quién es Xirau? Le mandé mi mejor trozo.[55] ¿Hice bien? Acabo de recibir *Marcha* y leo «La muñeca reina» —me gusta, me gusta más que las últimas cosas tuyas, más incluso que *Aura*, que encontré un poco Aspernpaperiano.[56] Tengo la sensación que en este cuento estás trabajando más en línea vertical hacia lo hondo y controlas un poco menos tu material (lo opuesto me parece la debilidad de lo de antes) y sales tú y tu obra más nítidos.

Alguien cuenta de un nuevo libro tuyo. ¿Es cierto? Si así es, María Pilar y yo lo esperamos con ansia. El resultado del análisis de *Artemio* en mi curso alcanzó a dar cosas interesantísimas —como por ejemplo que lo consideran menos «raro» en cuanto a la forma de escribirlo que a una novela clásica, digamos. Muchas cosas más. En México, si te interesa, te cuento. León Roberto García, que es un palangana encantador, me asegura que sí, que es de lo más fácil del mundo conseguir algo en México, que él lo gestionará todo, que no me preocupe, que viviré como un príncipe, que se lo deje a él. Es muy, pero muy joven. En estos días aparece aquí un libro de cuentos suyos. Me pregunto cómo serán. Se me ocurre que no demasiado buenos —conoce a demasiada gente personalmente y es demasiado joven para eso porque

---

[55] La revista *Diálogos*, editada entre 1964 y 1985, fue dirigida por el poeta y filósofo Ramón Xirau. JD envió un fragmento de *El obsceno pájaro de la noche* que apareció en el número 3 de marzo-abril de 1965. Xirau reseñó *Cantar de ciegos* de CF en ese mismo número.

[56] Referencia a *The Aspern Papers* (1888) de Henry James, *nouvelle* con la que *Aura* ha sido emparentada con frecuencia. «La muñeca reina» y otro fragmento de *El obsceno pájaro de la noche* aparecieron, junto a textos de otros autores, como parte de un suplemento dirigido por Ángel Rama titulado «La generación hispanoamericana del medio siglo» en *Marcha* n.° 1217, 7 de agosto de 1964.

a esa edad hay que admirar de lejos. En fin. Esperemos.[57] ¿Te parece que debo escribirle a Paco Giner preguntando las mismas cosas que te pregunto a ti? A Xirau se lo insinúo, por si acaso. No tengo idea quién es Xirau —bien puede ser un astrólogo.

María Pilar, como de costumbre, recordándote. Yo también. Un gran abrazo nuestro, mi querido Carlos,

Pepe

Nuestro común amigo García —entiendo que es amigo tuyo o por lo menos así lo asegura— quiere conseguir que el embajador en Chile te extienda una invitación a Chile. Él lo está consiguiendo. Me pregunto si vendrías. Le insinué que sería conveniente preguntártelo a ti antes de seguir adelante con las gestiones. Le sorprendió mi sugerencia.

Ven, seremos felices de verte de nuevo. ¿Y Rita y la guagua? ¿Cómo están? Un beso,

María Pilar

[Añadido manuscrito de José Donoso:]

Acabo de releer partes de tu cuento. Lo que más me gusta: la agudeza del foco que lo hace todo tan tremendamente presente —cómo, por la aglomeración de «cosas» enumeradas, descritas, olidas, vas dejando como en un centro vacío, intocado, a tu personaje.

Lo que menos me gusta: tu esfuerzo por «cerrar» el cuento, que lo hace innecesariamente truculento. Esto dentro de un *standard* muy alto.

---

[57] León Roberto García, *La mancha* (Santiago, Orbe, 1964). JD reseñó este libro para *La Cultura en México* (suplemento de *Siempre!*), n.° 154, 27 de enero de 1965.

Me gustan, también, los «personajes-símbolos» con que trabajas, carentes de psicología e individualidad más allá de aquellas que les asignó la memoria o la imaginación.

Me gusta, además, que estés usando símbolos poéticos, atados al subconsciente, y no tu dialéctica, para entrar en ti mismo. En una de tus últimas cartas me hablas de «buscar», de renovación —aquí la veo.[58]

DE CARLOS FUENTES A JOSÉ DONOSO

México DF, 1 de septiembre de 1964

Querido Pepe:

Ayer recibí tu carta y, aunque no he tenido tiempo suficiente para pensar bien en el problema, creo que, dentro de límites no muy amplios, no será difícil conseguirte algo en México. Pero vamos por partes.

Mi amigo Robert Wool, director fundador de la revista *Show* de Nueva York y actualmente presidente de la Fundación Interamericana para las Artes, está organizando el tercer simposio de intelectuales y artistas de los EE.UU. y América Latina. El primero tuvo lugar en Paradise Island, el *hangout* de Huntington Hartford en las Bahamas, y el segundo en Puerto Rico. El tercero tendrá lugar aquí en la segunda semana de noviembre y le he insistido a Wool (a quien creo que tú conoces) en que invite una representación

---

[58] JD publicó una reseña sobre *Cantar de ciegos* meses después: «¿Por que Carlos Fuentes en su último libro se suelta el pelo y no se atiene a la vaselina académica tradicional?», en *La Cultura en México* (suplemento de *Siempre!*), n.° 153, 20 de enero de 1965. El texto está reproducido en el apéndice de este epistolario.

realmente buena de novelistas latinoamericanos. Llegamos a la conclusión de que los imprescindibles serían Cortázar, Vargas Llosa, y tú, junto con los pintores, cineastas, arquitectos, etc., que vendrán (Niemeyer, Szyszlo, Torre Nilsson, etc.). Del lado norteamericano, estarán Arthur Miller, Saul Bellow, James Baldwin, Lillian Hellman, William Styron, Podhoretz, etc. El problema para Wool era dinero suficiente para el transporte aéreo (la permanencia en México la paga el presidente López Mateos). Wool regresará mañana o pasado con su lista completa de invitados y lucharé como león para que te inviten. Creo que si vienes en noviembre te será fácil, sobre el terreno, ver las posibilidades de encontrar una ocupación liviana aquí, ya sea en la universidad, en alguna de las editoriales, etc. Pero además tu presencia misma en el simposio (al que también asiste tu editor, Knopf) te permitirá conocer mucha gente relacionada con las revistas europeas y norteamericanas —y no existe salida económica más fructífera para un escritor latinoamericano que la colaboración en esas revistas para suplementar ingresos—. Te lo digo por experiencia propia: en lo que va del año, he recibido 200 dólares por artículo en el *New York Review of Books* (los directores vendrán a México), 600 dólares por un reportaje para el *Times* de Londres y mil dólares por un reportaje para *Holiday*.[59] Una vez que *Coronación* aparezca en NY y entres en contacto con esta gente, te será fácil encontrar esas salidas. Además, Brandt es un genio y te colocará *Coronación* en todas las lenguas europeas con buenos anticipos editoriales (los anticipos de *Artemio Cruz* me han dado este semestre seis mil dólares, sumando las ediciones sueca, italiana,

---

[59] Se refiere a: «A Life» (reseña de *Pedro Martínez: A Mexican Peasant and His Family* de Oscar Lewis), *The New York Review of Books*, Vol. 2, n.º 10, 25 de junio de 1964; «Mexico: The Unfinished Revolution», *The Sunday Times Magazine*, Londres, 13 de septiembre de 1964; y «Party of One. Latinos vs. Gringos», *Holiday*, Filadelfia, Vol. 32, n.º 4, octubre de 1962.

danesa, holandesa, alemana y francesa —sin contar la inglesa).[60] Te detallo todo esto para que te coloques —como debemos hacerlo todos los que escribimos en América Latina— en una perspectiva de posibilidades que casi siempre hemos desaprovechado y que constituyen nuestra vía económica más legítima: la de vivir de lo que escribimos, sin otros compromisos inútiles, tediosos y despilfarradores de tiempo y energía. Desde México, ciertamente, es más fácil mover estos hilos que desde Chile y por ello tu decisión de vivir aquí me parece muy positiva. No falta una semana sin que pase por aquí algún editor, escritor o periodista europeo o norteamericano. Ojalá, pues, que se arregle tu venida al simposio (Wool iba a hablar con Knopf para combinarlo con tu «*launching*» neoyorquino), por todos estos motivos y sobre todo para que conozcas el terreno y tomes tu decisión sobre bases firmes. Estaremos en contacto permanente para empujar esta solución.

Me llena de alegría tu apreciación de «La muñeca reina»; tengo casi listo un nuevo libro de cuentos que me publicará Díez-Canedo a fin de año.[61] Escribirlo me ha servido para encontrar las nuevas correspondencias y estilos que estoy buscando, antes de terminar mi novela «Sol de noche».[62]

Saluda mucho a León Roberto, que es un viejo y buen amigo —y uno de los pocos mexicanos un poco «chiflados» y exentos de solemnidad—. Coatlicue, la de la Falda de

---

[60] *La muerte de Artemio Cruz* apareció en inglés y alemán en 1964 (en esta última con el título cambiado a *Nichts als das Leben*, «Nada más que la vida»), la holandesa en 1965, la italiana, danesa y francesa en 1966 y la sueca en 1969.

[61] La buena recepción que tuvo «La muñeca reina» y los otros cuentos de *Cantar de ciegos* puede comprobarse por las cartas de felicitación que, en abril y mayo de 1965, recibió CF de Mario Vargas Llosa y Julio Cortázar (*Las cartas del Boom*, pp. 98-103) así como las relecturas de Ricardo Piglia comentadas en su diario (*Los diarios de Emilio Renzi*, Debolsillo, 2019, pp. 254, 345).

[62] Se trata de la novela que finalmente se tituló *Cambio de piel*.

Serpientes y el rostro de piedra, sigue reinando sobre México. Efectivamente, León Roberto te puede ayudar mucho aquí —es, en cierto sentido, un «influyentazo».

Escribí un largo ensayo sobre la nueva novela latinoamericana, centrado en los tres libros importantes del año pasado, *El siglo de las luces*, *Rayuela* y *La ciudad y los perros*. Se lo envié a Neruda para el libro de homenaje de sesenta años que publica la Sociedad de Escritores de Chile y espero que lo puedas leer. Me interesa mucho tu opinión y estoy seguro de que podremos discutir y aclarar muchas cosas a partir de ese trabajo. *Encounter* lo publicará en el número latinoamericano que prepara.[63]

Ramón Xirau es uno de los mejores críticos literarios que tenemos. Es hijo de Joaquín Xirau, el filósofo catalán muerto en el exilio —que además fue el gran expositor de Dilthey en castellano. Su revista promete ser excelente y anuncia en el primer número a Paz, Cortázar, Vargas Llosa, Robbe-Grillet, Saul Bellow y Norman Podhoretz. Es una revista que hace falta, que superará el provincianismo atroz de nuestros medios literarios, que estará en verdadero contacto con escritores de todas partes.[64]

Te tendré al tanto de los acontecimientos, querido Pepe, con la esperanza de que volvamos a vernos muy pronto. Me parece excelente tu proyecto *and there's nothing to worry about*: techo, amistad y vitaminas no habrán de faltarte aquí.

---

[63] «La nueva novela latinoamericana. Señores no se engañen: los viejos han muerto. Viven Vargas Llosa, Cortázar, Carpentier», apareció en *La Cultura en México* (suplemento de *Siempre!*), n.° 128, 29 de julio de 1964. El texto no llegó a publicarse en la revista *Alerce*, donde se hizo el homenaje a Neruda, ni en *Encounter*.

[64] El número 1 de *Diálogos* (de noviembre-diciembre de 1964) publicó de los nombrados solo textos de Paz (el poema «Tumba del poeta») y Vargas Llosa (un fragmento de la entonces inédita *La casa verde*). El resto apareció después: Cortázar en el número 2 (con el cuento «La salud de los enfermos»), Podhoretz en el número 4 y, en forma de citas o temas de comentario, Robbe-Grillet y Bellow en los números 4 y 5 respectivamente.

Besos a María Pilar y para ti un fuerte abrazo de tu amigo de siempre,
Carlos Fuentes

DE CARLOS FUENTES A JOSÉ DONOSO

México DF, 14 de octubre de 1964[65]

Querido Pepe:

Sé que te escribo con retraso. León Roberto vino a verme hace una semana con tu carta, pero estaba tan fatigado del cúmulo de trabajo forzado que al día siguiente hui a Acapulco a revolcarme en la arena como un felino amaestrado pero feliz, y hasta hoy regreso. Terminé mi libro de cuentos *Cantar de ciegos* y me aventé al hilo cuatro artículos para el *Times* de Londres, el *Herald Tribune* y el *Times* de NY, así como el *Playbill* de NY (que es nada menos que el programa de mano que pasan en los teatros norteamericanos!) y después de estas abigarradas actividades veía mi máquina y me crispaba de angustia.[66] Espero, sin embargo, que la carta te llegue a tiempo para decirte con cuánta alegría los esperamos a ti y a María Pilar. León Roberto ya se desplaza buscándote «chamba», como decimos aquí, y parece que ha

---

[65] Esta carta no se conserva entre los papeles de JD pero hay una copia carbón en los papeles de CF en Princeton. Quizás, para cuando la carta llegó a su destino, JD ya estaba en México (según María Pilar, en sus memorias *Los de entonces*, partieron el 4 de noviembre).

[66] El texto para el *Times* de Londres se mencionó en la carta previa. Un texto que CF escribió para el *New York Herald Tribune* salió meses después, «A Splendid Coffin, but no Body» (reseña de *Unfinished Funeral* de Niccolò Tucci), el 3 de enero de 1965. No hemos encontrado rastro de un texto de 1964 para el *New York Times*. El texto para *Playbill* es «Mexico: Theater Report», noviembre de 1964.

encontrado algo en la televisión. Yo hablé con Díez-Canedo y me prometió pensar en algo para ti en su editorial. *Last but not least*: Alida Valli regresa a Italia a filmar y deja la casa (o bungalow) que le arrendaba al fondo de mi jardín. Pensé con León Roberto que allí podrían estar cómodos, quietos y lo suficientemente alegres ustedes. Consta de una gran estancia con mesas y libreros *ad hoc*, recámara, baño y cocina y la alquilo en 1,500 pesos para ti (poco más de cien dólares), amueblada. Perdona el tono de Scrooge azteca. Nos encantaría tenerlos cerca, con el compromiso de no joder y de respetar religiosamente el trabajo ajeno (*Don't do unto others...*). Pero de todo esto ya hablaremos a su llegada. No dejes de cablegrafiarme para irlos a recibir al aeropuerto. ¡Ah! Y traten de llegar antes de la fecha indicada (creo que es un viernes) si quieren que salgamos con Xirau por automóvil de México a Veracruz, Tabasco y Yucatán por la costa del Golfo, lo cual es mucho más agradable —y seguro— que andar tomando jets. Sabrás que viene muy buena gente; entre los americanos, Albee, la Hellman, Philip Roth, Podhoretz, José Quintero, Penn Warren, y entre los iberos Rodríguez Monegal, Salazar Bondy, Szyszlo, Arguedas, quizás Vargas Llosa.

Acabo de recibir el número de *Marcha* y me dispongo a leer tu capítulo. Oye, en «La muñeca reina» se cayó la dedicatoria, que es para ti y María Pilar. Será restituida en el libro.[67]

Los esperamos con entusiasmo y cariño.[68]

Carlos Fuentes

---

[67] En efecto, el cuento de CF estuvo dedicado a María Pilar y JD en la versión del libro.

[68] De *Historia personal del «boom»*: «Fue Carlos Fuentes el que, sabiéndome asfixiado en mi país, propuso mi nombre a Bob Wool para que me invitara al Simposio de Chichén Itzá: en Chile me ahogaba mi propia obsesionante relación con *El obsceno pájaro de la noche*, que no lograba rematar, pero tampoco quemarlo de una vez por todas; y ese triste y conocido desaliento de país subdesarrollado». JD escribió una crónica sobre el simposio:

«Intelectuales en el trópico. Cinco días de debate en Yucatán», *Ercilla* n.°
1543, 16 de diciembre de 1964. En este texto presume de la amistad que
hizo con su editor Knopf y da noticias sobre el evento: «El Symposium ha
sido muy atacado en la prensa mexicana. Se dice que por qué va a gastar
plata el gobierno en una reunión en que participan solo intelectuales de
un sector de una "mafia" (la palabra mafia es muy usada en este sentido
en México). La derecha ataca al Symposium de izquierdista y la izquierda
de derechista [...] La rúbrica, el broche final, fue la fabulosa fiesta en casa
de Carlos Fuentes para celebrar los acontecimientos. Setenta invitados y
más de trescientos asistentes que bailaban *twist*, en el salón del segundo
piso, hasta que las históricas vigas de la mansión casi cedieron ante el peso:
cineastas, editores, escritores, actores, Rockefellers, pintores, actrices, todos
se mezclaron en un último frenesí de adiós». Los Donoso permanecieron
unos meses viviendo en el país, donde JD escribió *El lugar sin límites* y
Este domingo, además de reseñas para *La Cultura en México*. María Pilar
tradujo para Joaquín Mortiz la novela *Harry es un perro con las mujeres* del
estadounidense Jules Feiffer.

1965

DE CARLOS FUENTES A JOSÉ DONOSO

Roma, 4 de noviembre de 1965 [69]

Queridos Pepe y María Pilar:

¡Por fin! *Outside the most Transparent Region! Hail and Hallelujah!*

Vida y milagros: el largo viaje en tren, con Adelitas hasta Laredo y Uncle Toms de ahí a Nueva York, donde Bob Wool me dio albergue y terminé, liquidé, trituré la última

---

[69] Ha pasado más de un año desde la última carta. Después de unos meses de convivencia en México, ambos coincidieron otra vez en Nueva York (marzo de 1965), donde JD acudió a la presentación en inglés de *Coronación* y CF acompañó al equipo de filmación de *Un alma pura*, corto basado en un cuento suyo. JD recordó sobre su temporada mexicana en 1981: «Lo que hice en México, en el jardín trasero de la casa de Carlos Fuentes, donde entonces vivíamos, fue cortar una gruesa rama del árbol excesivo de *El obsceno pájaro de la noche* y desarrollarla. No era más que un párrafo, en uno de los borradores de *El obsceno pájaro* aparece en el momento en que hice que Boy abandonara La Rinconada para irse a vagar por el campo y ver otra "versión" o bosquejo de vida, diferente de la que vivió su padre antes que él. Llega a un burdel en un pueblo pequeño. En *El lugar sin límites*, que es lo que escribí ahora, lo que queda de Boy es uno de los clientes que visitan a una de las prostitutas: unas cuantas líneas, pero pude desarrollarlo a pesar del dolor, y terminarlo en dos meses [diciembre de 1964-enero de 1965] de efervescencia incontrolada» (*Historia personal del «boom» y otros escritos*, Ediciones UDP, 2021, p. 285). CF dejó de residir en Ciudad de México a mediados de 1965 y JD haría lo propio para pasar una temporada en Cuernavaca, primero, y luego en Iowa, Estados Unidos, donde trabajó como profesor del taller de escritura de la universidad.

de las 525 cuartillas de como se llame la novela, lista en todas sus partes menos el título.[70] Ya pasó a Hileman[71] y saldrá publicada por Roger en septiembre y al mismo tiempo por Feltrinelli, a quien acabo de entregarla aquí.[72] Estoy muy contento; la novela —esa novela— soy yo, mis contradicciones y vuelos y astucias e ingenuidades, y no puedo pedirle más: resume muchos años de mi vida, erecta, ulcerosa *and otherwise*.

Quedé demolido por la doble vida neoyorquina de Dr. Jekyll literario, desde el piso 29 y frente al North River, de 9 de la mañana a 7 de la noche con *breaks* para almorzar en un *drugstore* y ver una película de 2 a 4 —los ingleses se han vengado para siempre de las trece colonias: están haciendo el mejor cine, *Darling, The Knack, The Servant, not to mention the Beatles and Petula Clark*, oh himnos de Saint

---

[70] Quince días después, el 19 de noviembre de 1965, CF le dijo a García Márquez que estaba «definitivamente titulado» «Evangelios del mundo caído». Pero la que sería *Cambio de piel* tendría aún otros títulos provisionales: «Me estoy volviendo loco con el título, creo que "Sol de noche" remite a un símbolo-paradoja viejo y gastado que ya no llama la atención. Propongo otros: "Lazareto" (el tema del leprosario, la cárcel, el gueto, el campo de concentración que recorre todo el libro), "Evangelios del mundo caído" (por el tono de un San Lucas en desgracia y la configuración del narrador); "Adiós, Prometeo" (un adiós al hombre en su integridad, al mito fáustico, a la ilusión humanista). ¿O algo con el tema del Réquiem [título de una de las partes del manuscrito]?» (carta a Sam Hileman, 2 de enero de 1966).

[71] El estadounidense Sam Hileman tradujo al inglés *La región más transparente, Las buenas conciencias, La muerte de Artemio Cruz* y *Cambio de piel*. Curiosamente, ni antes ni después se dedicó a traducir de forma profesional.

[72] Como se dijo, la novela se demoraría hasta 1967 en aparecer en español. La traducción al italiano apareció ese mismo año por Feltrinelli y en inglés en 1968 por Cape (Londres) y Farrar, Straus & Giroux (Nueva York). Roger Klein, a quien CF menciona en la carta, era entonces editor de Harper & Row pero CF no publicaría con este sello sino hasta muchos años después.

Angelo Inn—; [73] y Mr. Hyde nocturno, pues ya saben cómo atienden Roger y Dorothea y Carl y Claire. Macedo y Julissa acamparon en el cercano *tipee* del Hotel Mayflower y enviaban señales de humo de tarde en tarde: nos tomaron fotos incestuosas para *Harper's Bazaar* y *Vogue*, estas ilustradas por un enésimo artículo mío sobre *le Mexique* (ya no sé qué decir: esta vez hablo de *science fiction* disfrazada de pirámide tolteca) que saldrán, respectivamente, en enero y diciembre, y que recomiendo a sus finas atenciones, como dicen los oficios burocráticos aztecas.[74] Pero NY está vivo y me fascina por encima de todas las ciudades y siento a los franceses perdidos, con su decrépita *raison* y sus fórmulas lógicas y su chauvinismo galopante, y a los italianos prisioneros de un increíble cesarismo localista. Me niego a hablar sus lenguas y *my famous byline* con ellos es —*Sorry, I don't speak dead languages. How's your Latin these days?*

Crucé en el *France* a Le Havre: un *drugstore* a flote, pero buen *hospital ship, very square*, una orquesta que se paralizó en Tico Tico y Dominó. En París, la primera noche, caminé hacia el faro de Deux Magots y no pude dar crédito a mis ojos: en dos mesas contiguas, dándose la espalda y fingiendo glacial indiferencia, *l'Amérique latine*: Haya de la Torre en una mesa, Pablo Neruda en la vecina. Opté, dicho sea para mi eterna gloria, por la valparaísa, con la Chascona, Edwards y Carlos Barral. Neruda, tan simpático como sabe serlo, eufórico y sibarita; me dio gusto verlo. Preguntó

---

[73] García Márquez dejó el siguiente recuerdo de cuando visitaba la casa de CF en San Ángel Inn, México, entre 1964 y 1965: «Uno entraba entonces en el estudio de Carlos Fuentes y lo encontraba escribiendo a máquina con un solo dedo de una sola mano, como lo ha hecho siempre, en medio de una densa nube de humo y aislado de los horrores del universo con la música de los Beatles a todo volumen» («Sí: la nostalgia sigue siendo igual que antes», en *Notas de prensa. Obra periodística 5: 1961-1984*).

[74] «Five Secret Clues to Mexico», *Vogue*, 1 de enero de 1966. No hemos encontrado la referencia de *Harper's Bazaar*.

mucho por ustedes y recordó las noches de samba en Concepción con María Pilar. Cené con Vargas Llosa; ha terminado *La casa verde* y quienes la han leído claman al cielo. En NY, la ha tomado Harper, que también publicará *La ciudad y los perros*, ya que Grove Press se enojó de que *La casa verde* fuera a salir con Harper y le pidió optar. Mario hizo bien en irse con Harper; en NY cené con el editor de esa casa, Roger Klein: también ha contratado la obra de García Márquez y de Onetti y asegura que los próximos diez años son de la literatura hispanoamericana. Jehová lo atienda. Creo que ya están todos los que son, y que los imbañables se jodan con Fab.[75] Julio Cortázar estaba en Roma cuando yo pasé por París pues —maravilloso signo de los tiempos— Antonioni ha decidido basar su siguiente película en ese maravilloso cuento que se llama «Las babas del diablo» y El Autor discutía precios con Carlo Ponti.[76] Nos cruzamos. Lo que ya murió es el Premio Formentor y anexos, a) por incosteabilidad para los editores; b) porque Claude Gallimard se negó a publicar el último premio, un *porno-potboiler* llamado *The Nightclerk*; c) porque los gringos (Grove) eran los *hosts* este año y la mitad de los editores, críticos y escritores enviados no pueden pisar los dominios de Lady Boyd (Einaudi, Barral, Enzensberger, Vargas Llosa y sigue y suma).

¿Qué les pareció la muerte de Arabella?[77] No tenía un proyecto de vida que rebasara las veinticuatro horas, nacía al despertar y moría al dormirse y creo que al disparar estaba convencida de que al día siguiente allí estaría otra vez. Pobre gatita confusa y tierna y violenta. Todo eran signos: Rita y yo discutimos cuánto tiempo viviría aún unos días antes de

---

[75] Marca de jabón y detergente.

[76] La película se estrenaría en 1966 con el título *Blow-Up*.

[77] Arabella Árbenz, hija del presidente guatemalteco Jacobo Árbenz, se suicidó el 5 de octubre de 1965. Actuó en la película *Un alma pura* (Juan Ibañez, 1965), basada en uno de los cuentos de *Cantar de ciegos*.

salir de México; Velo la excluyó del reparto de *Pedro Páramo* diciendo que era una actriz de una sola película: la película en que se interpreta a ella misma. Me llamaba por teléfono diciendo que era cuestión de vida o muerte y no quise contestar más; quedó fijada en esas imágenes de *Un alma pura* que ahora son las imágenes de su muerte personal. Olivia Delgado me dijo que Adil se presentó a *Life en Español*, insistiendo en que él era el heredero de las joyas y los vestidos. El cadáver estuvo una semana sin que nadie lo reclamara en la bodega del aeropuerto.

Escriban. Los recuerdo y extraño,
Carlos Fuentes

1966

DE JOSÉ DONOSO A CARLOS FUENTES

Iowa City, 6 de abril de 1966

Querido Carlos:

Por Emir he sabido de tu paradero y te escribo a su dirección. Hace un par de meses le escribí una carta en respuesta a una suya a Rigoberto, pero me la devolvieron de Galeana diciéndome que ese personaje era desconocido en esa dirección, de modo que supongo que habrás arrendado la casa y que andarán todos dispersos. No sé qué programa tienes para el futuro inmediato —te veo «paseando tu *spleen*» como dirían los novelistas de principio de siglo, por las capitales europeas. ¿Cuál es la meta? ¿Qué estás haciendo? Nosotros, burguesamente, terminaremos tareas docentes aquí el 24 de mayo, y entonces tomamos nuestro auto, nuestro perro (es ñato, goyesco, y se llama Peregrine Pichle; estoy seguro de que lo odiarías) y un alumno-chofer, y por el valle del Mississippi bajaremos a Nueva Orleans, Houston, Brownsville, costa del Golfo, Veracruz, México: desde allí partiremos, sin alumno ahora, en busca de pueblito costero para pasar los cuatro meses de vacaciones —voy a escribir y en cuatro meses puedo tener el material bruto, que después, en el invierno de Iowa, podré revisar y trabajar. María Pilar también va a terminar el libro suyo.[78] Estamos

---

[78] María Pilar no publicó ningún libro sino hasta veintiún años después, sus memorias *Los de entonces*.

85

ansiosos, sedientos de México —nuestro *love-hate relationship* con tu país es extraño, el caso es que estamos contando los días que nos faltan para volver a la patria del Charro y la Tuna. La semana próxima y siguiente haremos en mi seminario no solo *La región* sino también *Artemio* —están entusiasmados los alumnos y se presentarán trabajos interesantes, porque hay algunos tipos inteligentes. Odiaron a *Gabriela* y a Jorge Amado, lo mismo que a Ciro Alegría, con el que comencé el curso. Con Rulfo se confundieron al principio, pero ahora andan enloquecidos. Odiaron a César Vallejo y a Nicolás Guillén. No hablan de otra cosa que de Neruda. Y Borges, para qué te digo. No lo conocían. *I have started a craze*. La librería del campus tiene que pedir más y más remesas de sus libros. Es divertido todo esto. Qué ganas de ver qué va a pasar contigo.

Me quedo otro año en Iowa. Básicamente para seguir con el mismo trabajo del *Workshop*. Pero más que nada porque se me ocurrió este proyecto, que estamos elaborando con Paul Engle y Bob Wool (los puse en contacto y se admiran pero desconfían el uno del otro como dos tigres rondándose, llenos de energía, de locura total, de posibilidad de hacer algo). Te cuento la idea porque tú serías figura central si te interesa. Es esto:

Hacer un Taller Literario Latinoamericano en Iowa, como parte del *Workshop* existente. Para esto se necesitaría: un coordinador e instructor, que sería un escritor ya maduro (*sorry, but such you are*) como tú, por ejemplo, que con un sueldo de 15,000 dólares estaría a la cabeza del programa. Este «coordinador» cambiaría todos los años y alternaríamos poesía y prosa, año a año, con un coordinador poeta y un coordinador prosista. Este coordinador tendría, inicialmente, tres funciones: 1) antes de que comience el programa, y con sueldo aparte, pasar dos meses viajando por Latinoamérica, leyendo manuscritos y eligiendo, de todos los países, aquellos escritores que él encuentra más interesantes y con los cuales les gustaría trabajar. 2) Acá, tener «conferencias» privadas cuando los integrantes del Taller lo soliciten para *advice* sobre sus obras en progreso. 3) Coordinar una serie de mesas redondas sobre problemas de literatura latinoamericana, mesas redondas que no estarían a cargo del instructor-coordinador, sino que a cargo de cada uno de los integrantes del Taller.

En cuanto a los integrantes del Taller: elegiríamos en principio doce, de países variados. La característica principal sería esta: que no sean estudiantes ni principiantes. Serían, más bien, escritores ya madurando, que por razones económicas o porque no tienen tiempo no pueden pasar un año completo con tranquilidad económica para terminar sus obras: José Emilio Pacheco, Leñero, etc. Sus obligaciones serían estas: 1) Asistir a las sesiones del *Workshop* en inglés (1 hora a la semana). 2) Escribir lo que estén escribiendo y consultar, de vez en cuando, con el coordinador, sobre las dificultades y el progreso de sus obras. 3) Tomar parte y organizar una de las mesas redondas sobre problemas de la literatura latinoamericana. Cosa muy importante —es decir, dos cosas muy importantes: una, que el candidato sepa hablar inglés pasablemente, porque tanto las mesas redondas como el *Workshop* serán en inglés, y lo importante en todo esto es que LA LITERATURA LATINOAMERICANA DEJE DE SER LITERATURA DE ESPECIALISTAS Y SE ABRA DE UNA VEZ AL PÚBLICO NORTEAMERICANO (sacarla de las manos de los profesores de español, raza horrible, como sabes). La otra cosa, es que los escritores no sean niños sino hombres con un programa interesante que cumplir. Las cosas andan bien encaminadas. El State Department se quiere meter pero yo ya dije que si se metía fracasaría todo el programa porque no conseguirían a nadie de ninguna calidad, ni como instructor-coordinador ni como integrantes del Taller. Si el State Department se mete, ya le dije a Engle y a Wool, yo me salgo del asunto. Pero se cree que la Doherty y la Guggenheim Foundations pueden interesarse y los *odds* están muy buenos.

Paul Engle, a quien le pedí que se pusiera en contacto contigo en París, quiere traerte a Iowa como *writer in residence*, con o sin la realización de este programa. No te creas que esto es París —es *corn, corn, corn*. Pero sin las obligaciones que he tenido yo este semestre (no el pasado, en que terminé *Este domingo* —¿supiste que la aceptó Knopf y la publican y parece que les encanta?)[79] ciertamente tendrás tiempo para sumirte en ti mismo (ya que no hay nada más en qué sumirse) y sacar obrita maestra absoluta. Todo esto salió de una sugerencia de Carl Brandt, que me escribió en una de sus misivas que tú te interesabas por un *resident writer*. Paul está muy caliente contigo, de modo que aprovéchalo, si te interesa, y sácale el jugo como una cortesana cualquiera.

Lo único malo en todo esto es que tanto Wool como Engle, que se parecen como dos gotas de agua, son horriblemente desorganizados y malos corresponsales. Yo estoy esperando desde hace un par de semanas carta de Wool o de Engle, que fueron juntos al State Department a ver si conseguían franquicias para los escritores «malditos» (es decir que han tenido alguna vez alguna tintura rosada) para que los dejaran entrar a este país si el Taller Latinoamericano *works* (condición precisa mía). Al recibir la carta de ellos —hace dos semanas que espero— debía yo trasladarme a Nueva York para hablar con la gente Guggenheim y la gente Doherty. Pero nada. De modo que no sé en qué anda todo. Sé, en todo caso, que Wool y Engle fueron a Washington, lo que significa que la cosa anda. Pero no sé nada más.

---

[79] La novela *Este domingo* se publicó en Santiago por Zig-Zag, a fines de 1966. La traducción, *This Sunday*, apareció en Nueva York en 1967 (Knopf) y en Londres en 1968 (The Bodley Head), traducida por Lorraine O'Grady Freeman, ex estudiante de JD en Iowa y luego más conocida como artista conceptual.

Coméntame qué te parece todo esto. Para qué te digo cómo me gustaría tenerte aquí el año próximo en calidad de *resident writer*. Pero después de un año o más en Europa esto debe de ser como las Estepas del Asia Central, y no sé si tendrás paciencia para vivir en este limbo. Nosotros, ahorra que te ahorra. Después del año próximo pasaremos por lo menos un año en Europa (si no anda el proyecto Taller). Después, como dicen las beatas: Dios dirá.

Supe que terminaste esa novela en que, secretamente, María Pilar y yo no creíamos, porque nos parecía imposible que la hicieras en los momentos que te quedaban libres al saltar de la cama de la Ospina a la de la Árbenz, todo esto enrollado en metraje de films, haciendo el *frug*[80] y recibiendo dignatarios de países aún más exóticos que el tuyo. ¿Cómo va eso —cuándo sale? Aquí, en medio de la tundra, hay una *discoteque* que, naturalmente, se llama *Hawkeye a Go Go*, que arde hasta altas horas de la madrugada y donde se puede conseguir DE TODO, incluso LSD, que es la última moda entre los *undergraduates*. Recuerdo la seriedad total con que García Terrés hablaba en casa de Rosario Castellanos a un grupo de boquiabiertos de la calidad única de las alucinaciones: todo esto con gestos de gran Buda, con voz de confesor y, de cara, igual a Ivy Compton-Burnett: me dan ganas de escribirle que es la última moda entre las «experiencias» de los *undergraduates*.

Coméntame tus encuentros con Vargas Llosa y con Cortázar. Naturalmente, por ser yo el organizador, se piensa en mí para el primer año del Taller. Luego, también naturalmente, tú. Y luego Vargas Llosa y Cortázar (si les interesan los 15,000 morlacos). Paul está entusiasmado con la perspectiva de Paz, que ahora está *lecturing* en Columbia.

---

[80] Baile derivado del *twist*, popular en los años sesenta.

¿Y México? ¿Volverás alguna vez? ¿Te veremos allá este verano? ¿Si no, quieres que hagamos alguna gestión por ti allá, ver a alguien, no sé, cualquier cosa? Es increíble que, después del odio con que salimos de México el año pasado a raíz de toda la mierda de *Siempre!*, etc., estemos verdaderamente desesperados por volver.[81] Supongo que serán las ganas de hablar español de nuevo y de que las papas no sean, como son aquí, nes-papas: pones una cucharilla de polvo en agua y ahí están las papas. Todo el mundo acá, y sobre todo Algren, está caliente con *In Cold Blood* y se sigue hablando de los Black Humorists, Heller, Donleavy, etc., que me latean terriblemente. Hambre de Europa. De gente que haya leído, cuando chico, las mismas cosas que uno: aquí nadie conoce *Le Grand Meaulnes*. Isak Dinesen es casi un insulto. Solo los más jóvenes, aquellos que hemos podido corromper yo y otro profesor de quien serías muy amigo llamado David Hayman, leen a Borges, Cortázar y demás. Los demás, todavía hablando de Studs Lonigan.[82] Y Papa Hemingway es considerado no tanto un escritor sino un ideal moral que en ellos se transforma en un manierismo «*tough guy*» o «*good guy*» absolutamente asqueroso. Se olvidan, naturalmente porque son puritanos, que Hemingway era, ante todo, un sensual y un intelectual de sus obras, un experto en *champagne* y en preposiciones.[83]

---

[81] Al pie de una reseña que publicó JD en *La Cultura en México*, apareció una frase denigrante («Muy bueno para criticar pero es una pobre bestia...»), al parecer obra de un tipógrafo. Además de terminar en el hospital por una úlcera, JD se vio envuelto en una polémica. Mientras Fernando Benítez, el director del suplemento, Rosario Castellanos, y otros, apoyaron a JD, fue duramente criticado por algunos, como Juan García Ponce.

[82] Trilogía de novelas del autor estadounidense James T. Farrell.

[83] CF comentó en un ensayo el libro póstumo de Hemingway de 1964: «*A Moveable Feast* es la mejor novela de Hemingway desde *Adiós a las armas* y solo puede compararse a sus otros dos libros permanentes: *El sol también sale* y el conjunto de los cuentos. No es paradójico que Hemingway, que terminó por sacrificar su literatura a su imagen personal, acabe ahora por

Bueno, mi querido Fuentes, escribe un poco, aunque me da pena pedirte que lo hagas desde París donde debes tener tanta cosa más interesante que hacer que sentarte a la máquina. Pero por estos lados, en María Pilar y en mí, hay hambre de saber de ti.

Always,
Pepe

DE JOSÉ DONOSO A CARLOS FUENTES

Iowa City, 26 de abril de 1966

Querido Carlos:

Cuatro palabras. Quiero decirte que en la Universidad de Colorado andan buscando a alguien para *resident writer* para los meses de diciembre y enero, y por esos dos meses pagan cuatro mil dólares. Escríbeles rápido, ya que por Carl sé que andas buscando algo. Esta tarde voy a averiguar el nombre de la persona a quien hay que escribirle y te lo agrego en la posdata.

Ponme cuatro letras sobre Paul Engle y todo este proyecto latinoamericano, que me interesa saber lo que piensas. A Mr. Monegal, como le dice Paul, que ya le enviaré el «Lacayo» que estoy corrigiendo.[84]

El 26 de mayo partimos en auto a México. ¿Estarás allá... quién hay en México ahora? ¿Nadie? Me imagino que

---

encontrar en el Hemingway perdido su mejor personaje» («Hemingway», en *Casa con dos puertas*, Joaquín Mortiz, 1970).

[84] «Ríe el eterno lacayo» fue por un tiempo el título de lo que sería *El lugar sin límites*.

nadie. Chile está completamente desierto, me cuentan. Todos los chilenos están en USA o en París.

Escribe. Salud,

Pepe

José Donoso
32 Olive Court
Iowa City, Iowa
USA

Acabo de hablar con el personaje de COLORADO STATE UNIVERSITY. Está enloquecido con la idea de que enseñes allá. El periodo es o de *mid-January* a *mid-March*, o *April-May*. Sueldo 4,000. Tus obligaciones: leer originales de los mocosos y aconsejarlos. En segundo lugar, enseñar un *course*, en el que puedes hablar absolutamente de lo que se te antoje, llamado «*Views of Contemporary Literature*». La universidad le ha ofrecido el puesto oficialmente a Hortense Calisher, pero se sabe que NO va a aceptar. Tienes que escribir, si te interesa, a COLORADO STATE UNIVERSITY, Nicholas Crome, Department of English, Fort Collins, Colorado. Tiene que hacer el *appointment* dentro de las próximas dos semanas, de modo que si te interesa y ves que el asunto Iowa no va a salir, escríbeles rápidamente.

DE CARLOS FUENTES A JOSÉ DONOSO

París, 26 de mayo de 1966

Muy querido Pepe:

Perdona el retraso en contestarte; ya sabes los *whirlwinds* en que siempre ando metido. He decidido que soy una

92

batería *just a step before the Mutant*, y que no tengo más remedio que gastar energías para tenerlas. Nada paradójico, simple biología-fantástica o alguna otra disciplina aún no descubierta.

¡Oye! ¡Cómo tenemos cosas que conversar! ¿Vas al congreso del PEN Club en NY? Yo me embarco el día 3 en Le Havre y llego a Manhattan el 8; estaré allí hasta el 24, en que tomo el France de regreso. Luego, el 12 de julio vuelvo a embarcarme, esta vez rumbo a Buenos Aires y el concurso Primera Plana-Sudamericana (los otros jurados son Emir, Mario Vargas y Pepe Bianco). Regreso a París a fines de agosto, sigo a Venecia al estreno de *Aura* en el festival de cine, paso la mitad de septiembre en España con Buñuel y Gironella (con este voy a hacer un libro del que ya me relamo: «La muerte de los reyes»: Felipe II y Carlos el Hechizado; me refiero a Alberto Gironella, el pintor mexicano, no José María El Ciprés).[85] Mientras tanto, Rita parece que hará la *Belle de jour* con Buñuel aquí a fines de septiembre,[86] de manera que seguiremos en este balzaciano apartamento (amor *fati*: situado entre la casa donde sucede el *Là-bas* de Huysmans y la casa donde se suicidó Nerval) hasta fin de año, cuando iré a NY, Chicago (*Moody Lectures*) y por fin FORT COLLINS, COLORADO! Pepe, un enorme abrazo y gracias por tu iniciativa en este asunto. Me van a caer de perlas esos dos meses en la nieve. Admito que la idea de dar un curso me asusta bastante, nunca lo he hecho. Espero que, ahora en NY, o a fin de año, nos veamos para que me des unos cuantos *pointers*. Lo de Dartmouth lo arregló Bob Wool para el siguiente otoño; entre Fort Collins (me disfrazaré de Gerónimo o de

---

[85] Primera referencia a la que sería su novela publicada nueve años después, *Terra nostra* (Joaquín Mortiz, 1975). En la página de reconocimientos que preside ese libro, dice CF: «A Luis Buñuel y Alberto Gironella, por las conversaciones en la Gare de Lyon que fueron el espectro inicial de estas páginas».

[86] *Belle de jour* se estrenó en 1967 pero Rita Macedo no actuó en ella.

John Wayne, aún no sé) y Dartmouth regresaré a Europa. Para mí no tiene ya sentido vivir en México; me llegan ecos de los chismes, la idiotez, el chauvinismo, el provincianismo atroz de mi país, y la náusea me sube a las orejas. Basta. Que se los coma a todos Huitzilordaz.[87] Fuera de México, mis energías se triplican, encuentro las amistades, la libertad y el respeto que quiero y necesito. Vivir en México es un acto de masoquismo, nada más.

Sabes que deseo mantener mis prioridades —hasta cierto punto— en esto de darte buenas noticias editoriales. Quizás ya lo sepas. Me dijeron que me callara la boca, pero contigo y María Pilar siempre he sido indiscreto: «El Lacayo» ha parado de cabeza a los de Seuil. Todos gritan que es una obra maestra, la revelación, que entierren a Genet, *here comes Donoso*. Vas a tener un gran éxito en París, Pepe; los tiempos han cambiado, el *nouveau roman* ha demostrado su bancarrota, de repente se dan cuenta de que en América Latina algo ha pasado, ese algo que es el nuevo encuentro con las máscaras, lo gótico, lo barroco, la «organización oculta» de las relaciones y las cosas detrás del lenguaje. Michel Foucault surge como el filósofo francés de los sesenta, enterrando el racionalismo, sartreanismo, etc., y los franceses encuentran el equivalente en nuestra pintura, en nuestra literatura. Ojalá vengas a Francia cuando se publique la novela. Cuenta mucho estar aquí. Te lo digo por experiencia. *La región*, dejada a su suerte (y en el momento de la dictadura robbegrillista) no vendió dos ejemplares, no obtuvo una sola crítica. Ahora, *Artemio Cruz* ocupa el 5º lugar entre diez en las listas de éxitos críticos del mes, las críticas van de las muy sesudas de Yves Berger y Michel Mohrt a la exhortación de *Elle* a sus lectoras: «*Si vous ne connaissez Fuentes, hâtez vous,*

---

[87] Juego de palabras de Huitzilopochtli, principal deidad de los mexicas asociado a la guerra, y Gustavo Díaz Ordaz, presidente de México de 1964 a 1970.

Madame!».[88] A ver qué fechas te da Sarduy.[89] Si coincidimos en París para la salida de «El Lacayo» sería formidable!! Ya conozco muy bien el cotarro, me quieren mucho y tenemos las puertas abiertas, etc.

He trabajado maravillosamente desde que salí de Kafkahuamilpa.[90] Terminé *Cambio de piel*, la revisé y tengo mi puente aéreo con el traductor que la entregará en estos días a Roger para la publicación en noviembre. Cortázar es el gran entusiasta de *Cambio de piel*, y eso casi me basta. Sí, ya ves, solo sé escribir entre lechos ospinianos y féretros arbencianos —*eeek!* Entre Roma y París, he terminado *Zona sagrada*, que inaugura la nueva editorial de Orfila, Siglo XXI. Esto le divertirá a María Pilar: *Zona sagrada* parte de las «memorias» de Quique Álvarez,[91] relatadas a Charlie Lewis en el jardín de Galeana; claro, todo va mucho más allá, a las transfiguraciones, a las brujerías: la estrella de cine es la Circe de nuestros días. María Félix está aquí y mañana le entrego la novela, pues quiere hacerla en cine con Quique (!!!) y en Roma, Bini, el productor de *Aura*, quisiera lanzarse con la Dietrich (dos veces !!!). A ver qué resulta.[92] A mí me encanta la obra como

---

[88] En *Historia personal del «boom»*, JD parafrasea la cita de CF de *Elle* («Si no conoce a Fuentes, ¡apresúrese, señora!»): «Pero aun para Fuentes, que fuera de tener entradas propias que suplementa con trabajos para editoriales y para el cine, las cosas no han sido tan fáciles como parece, ni siquiera en ese primer momento del *boom*, cuando lo encarnaba y bien podía decir: *Le boom c'est moi*. Fama, verdadera fama de novelista popular, no la ha tenido jamás fuera del ámbito del idioma castellano, a pesar de que la revista *Mademoiselle* dijera a sus lectoras: *Hâtez-vous, mesdames, connaissez Fuentes*» (p. 74, 2021). Las referencias corresponden a: Yves Berger, «Violent Mexique», *La Quinzaine littéraire*, 1 de abril de 1966; Michel Mohrt, «L'âge critique de la révolution mexicaine», *Le Figaro littéraire*, 14 de abril de 1966; *Elle*, 19 de mayo de 1966.

[89] Severo Sarduy trabajaba como lector en Éditions du Seuil.

[90] Kafkahuamilpa fue un apelativo acuñado por el pintor José Luis Cuevas, a comienzos de la década de 1960, para referirse a México.

[91] Enrique Álvarez Félix, hijo de la actriz María Félix.

[92] Existieron varios intentos y más de un libreto para llevar al cine *Zona sagrada*, pero todos frustrados.

espectáculo, como restitución de visibilidades a la novela: *ready-mades* de Duchamp, Salomés de Beardsley, el cuadro-fuera-del-cuadro de Velázquez en *Las meninas*, de todo esto salió *Zona sagrada* (espacio del juego y del sacrificio, templo, útero, guarida: *you'll see*). Abajo «la palabra como significado»: la palabra es la boca: sacramento oral, punto.

Bueno, somos muy felices aquí. Con los miles de dólares de *Aura*-film, aguanto hasta fines de año en esta ciudad libre, donde manejas tu tiempo a la maravilla.[93] El apartamento parece recién habitado por Lucien de Rubempré,[94] Cecilia pasa sus días en el jardín del Luxemburgo, Cata de compras en el Bonne Marché y Rita en una academia de corte y costura.[95] Cines maravillosos (he visto en la cinemateca todo Stroheim, todo Sternberg: la apoteosis del *camp* barroco), teatros regulares y a veces, a veces, soberbios (*Les Paravents* de Genet, las piezas del polaco Mrożek), un gran movimiento pictórico en el flujo que está llenando el vacío-deceso de la abstracción (*Salon de Mai*, Cremonini, Balthus, mucho Matta, mucho Lam). Mucha máquina toda la mañana y luego el cine de las dos, café, galería, teatro, La Coupole, gente: Cortázar (¡maravilloso tipo!), Vargas Llosa, Buñuel, María Félix, la Moreau, Breton, el salón de Joyce Mansour, Leonor Fini, Alain Jouffroy, Matta, Emir y Magdalena, los estudiantes (pobrecitos) que llevan *La región* como texto para la licenciatura en español (en la Sorbonne, Cannes y Rouen!). Además de Matta, chilenos sueltos: Jorge Edwards (tiene que dar el brinco del costumbrismo a los atisbos góticos que hay en su novela),[96] el insoportable Ben-

---

[93] *La strega in amore* (Damiano Damiani, 1966).

[94] Personaje de *Las ilusiones perdidas* y *Esplendores y miserias de las cortesanas*, de Balzac.

[95] Cata era ama de llaves de los Fuentes Macedo.

[96] *El peso de la noche* (Seix Barral, 1965), finalista junto a *Gracias por el fuego* de Mario Benedetti en el Premio Biblioteca Breve de 1963 que obtuvo *Los albañiles* de Leñero.

jamín Subercaseaux (*an old, cliché-ridden, respectable fairy*), y una virgen de Memling parada en personaje de Genet: Maritza Nombre Yugoslavo, ex modelo de Dior convertida en hermosa *clochard* de treinta años; [97] un siniestro Hernández Parker; el fugaz y rubicundo Lucho *What's-His-Name* que conocimos en Concepción, un puto viejo color de cereza.

Escríbeme *care of Carl*. Ojalá nos veamos en NY. Va a ser divertido el encuentro Paz-Neruda —va a ser más que divertido llevar a Neruda a Arthur's![98]

Y gracias, gracias por tu amistad de siempre, querido Pepe; y besos infinitos a Pilar, a los que se une mi reducido harén —Scherezada Macedo, Cecilia Al-Raschid y Fátima Cata.

Tu cuate,
Carlos Fuentes

DE JOSÉ DONOSO A CARLOS FUENTES

Guanajuato, 28 de junio de 1966

Querido Carlos:

Esto es para decirte que estoy terriblemente desilusionado porque, por fin, y lejos de considerarla una obra maestra, Éditions du Seuil me comunicó por carta que no van a hacer «El lacayo». Para qué te digo el golpe que fue para mí,

---

[97] Maritza Gligo.

[98] Octavio Paz no viajó al PEN de Nueva York. Relató luego que se amistó con Neruda en 1967, tras veinticinco años distanciados, en el Festival Internacional de Poesía de Londres: «Nos miramos con extrañeza, nos dijimos que no habíamos envejecido demasiado y hablamos un rato de unas cuantas naderías. Llegó un periodista y nosotros nos despedimos. Bajamos de prisa las escaleras; yo no sabía si llorar o cantar». «Poesía e historia (*Laurel* y nosotros)», en Octavio Paz, *Sombras de obras*, Seix Barral, 1983, p. 56.

sobre todo que por lo que decías me parecía seguro —y ahora, nada. En fin, *c'est la vie*. Habrá que esperar. Dicen que no quieren, tampoco, *Coronación*, eso yo ya lo sabía. Me consuela pensar que, al fin y al cabo, *Artemio Cruz* apareció en 1962 y que solo ahora está con éxito en Francia. Pasé, en todo caso, unos días en las nubes de felicidad, de las cuales he caído y estoy con varios huesos quebrados.[99]

También dile a Emir que estoy bastante desilusionado de que nada mío haya aparecido en *Mundo Nuevo*. ¿O piensa poner algo mío en los números próximos? Yo no he leído la revista pero me lo han dicho: eso, y que apareció un poema de Enrique Lihn, lo que me alegra infinitamente porque es de los pocos tipos con talento real. Dile a Emir que en estos días le voy a escribir. Y voy a pedirle a Du Seuil que le mande el manuscrito de «El lacayo» a él.[100]

¿Viste que Paz nos nombra, solo a ti y a mí, de nuestra generación, en un artículo en *Life*?[101] Yo no sabía ni siquiera que me hubiera leído. México está asqueroso: el ambiente

---

[99] *El lugar sin límites* («El lacayo») se publicaría en 1974 como *Ce lieu sans limites* por Calmann-Lévy.

[100] El crítico uruguayo Emir Rodríguez Monegal era el director de la revista *Mundo Nuevo*, editada en París. Un capítulo de *Este domingo* bajo el título «Los juegos legítimos» aparecerá en el número 3, de septiembre de 1966. Sería el comienzo de una presencia frecuente de JD en la revista, con textos de él o sobre él.

[101] Carmen Miguel, «Octavio Paz enseña y aprende en Cornell. Cara a cara con la nueva generación», en *Life en Español*, 4 de julio de 1966, pp. 59-62 (la revista circulaba días antes de la fecha impresa en la tapa). Dice allí Octavio Paz: «La obra de los que yo llamo fundadores —Darío, Lugones, Vallejo, Borges, Neruda— muestra ya que la literatura hispanoamericana tiene algo que decirle al mundo. Por eso no es extraño que los escritores hispanoamericanos empiecen a ser conocidos en Europa y los EE.UU. Primero fueron Neruda y Borges. Ahora los de mi generación —Julio Cortázar, Juan Rulfo, Alejo Carpentier, Adolfo Bioy Casares— y los más jóvenes como Carlos Fuentes, José Donoso y algunos otros. A fines de siglo Rubén Darío leía a Verlaine, pero Verlaine, poeta inferior al hispanoamericano, no leía a Darío. En cambio hoy comienzan a leernos, tanto a los poetas como a los novelistas».

Siempre!, *Excélsior*, Piazza, Monsiváis, está cada día más increíble, absurdo y falso.[102] Además de equivocado. Por suerte Guanajuato está lejos y aquí, escondido, uno puede dedicarse a lamerse las heridas dejadas por la *rejection* de du Seuil. Hazte unos minutos y escribe.

Abrazos como siempre,
Pepe

DE CARLOS FUENTES A JOSÉ DONOSO

París, 24 de julio de 1966

Querido Pepe:

Carl ya me había advertido en NY de la plancha de Seuil. No comprendo. Sarduy me dijo lo que te comuniqué. Dijo que eso es lo que le interesaba publicar como encargado de la colección latinoamericana de la editorial. Que por desgracia tenían que empezar con Sabato por compromisos contraídos, pero que la colección se salvaría contigo y Lezama, en seguida.[103] Llamé a Severo en cuanto llegué a París, pero anda de vacaciones. Como te digo, no entiendo esto. Pocas veces he escuchado comentarios más entusiastas y este domingo siete me tiene *baffled*. En todo caso, no hay que preocuparse. Permíteme proponer la obra a Gallimard. O a Flammarion. O a Nadeau. Me siento verdaderamente

---

[102] Luis Guillermo Piazza publicó tiempo después la novela *La mafia* (Joaquín Mortiz, 1967) en que parodia y homenajea al mismo tiempo a CF, JD, García Márquez y otros intelectuales que pasaron por México a mediados de los sesenta. Incluía fotos y fragmentos de cartas de los involucrados.

[103] *Alejandra*, de Sabato, traducción de *Sobre héroes y tumbas*, apareció con Seuil en 1967. *Paradiso* de Lezama apareció con Seuil en 1971.

mal contigo por lo que ha ocurrido, *and hope I can make up for it.*

Nueva York fue un verdadero *meat-grinder.* Los extrañamos. Tu ojo satírico se habría deleitado con algunas actitudes latinoamericanas. En casos como este, cada uno queda en su lugar, y los argentinos quedaron en el del ridículo más espantoso. Desplazados, anticuados, ignorantes, cursis. Doña Victoria, en fin, es una persona respetable, pero ya no está al tanto de lo que pasa.[104] Murena es un tonto pueril, y arrastra en sus actitudes al inocente Girri.[105] Alicia Jurado es una solterona amargada y pinche. Sabato está loco. En resumen: actuaban como si Buenos Aires AÚN pudiese dictar, episcopalmente, los cielos y los infiernos de la literatura latinoamericana. *Very ridiculous,* cuando casi todos los presentes y algunos más circulan internacionalmente. La Jurado se negaba a saludar a Neruda por ser un «lacayo soviético». Girri y Murena se negaron a participar en la mesa redonda latinoamericana porque los debates eran en francés e inglés... y ellos solo hablan castellano, *or what passes for it.* Sabato, enfermo por el éxito de Neruda, hablando de «horror metafísico neoyorquino», con sus recortes de prensa bajo el brazo, delirante porque nadie le daba pelota: tomó un avión y se regresó, compungido, a B.A. El honor intelectual del Río de la Plata lo salvaron los orientales: Emir, Martínez Moreno y Onetti. Onetti me pareció el descubrimiento de la reunión: exacto a su prosa, secreto y barroco a la vez, retorcido, tímidamente sarcástico, encerrado en un sombrío cuarto de hotel con una botella de Ballantine's y las obras completas de Ambler. Nicanor,

---

[104] Victoria Ocampo, escritora y fundadora de la revista *Sur.*

[105] CF reportó a Cortázar su encuentro con el escritor Héctor A. Murena en Nueva York: «yo me sentí Edmundo Dantés a la hora de la estocada: lujito montecristiano de negarle el saludo a Murena y hacerle saber por qué: por lo que escribió sobre *Rayuela*» (*Las cartas del Boom,* 31 de julio de 1966).

Vargas Llosa, estupendos. El éxito de Neruda, incalculable: seguido por multitudes, homenajes diarios. Ya sabes que a mí Pablo me simpatiza mucho, conversamos muy bien y reímos mucho juntos, y su sensualidad vitivinícola gastronómica me fascina. Sabes que en Chile, y desde La Habana un grupo de chilenos por radio, lo han puesto pinto por haber ido a los EE.UU. Pendejos. En el fondo, son reaccionarios: creen en el aislamiento como condición de un heroísmo de vírgenes asustadas. A veces, nuestra izquierda parece (y es) el refugio de los tontos. Para qué te hablo, por lo demás, de los encuentros con Bellow, Miller, con Albee en su adoniceo de la costa de Long Island (donde mis vecinos eran P.G. Wodehouse, John O'Hara y Chas Addams, este con una casa idéntica a la de sus caricaturas), con Leon Edel en el Century Club —y con mis múltiples, sensuales inclinaciones en playas, discotecas, apartamentos y hoteles diversos. Me recupero, santo. Y nada mejor que un *square Dutch ship* lleno de gigolós alemanes de setenta años, orquestas que no pasan de *Blue Moon* y puras películas de Dean Martin (?) —para no hablar del arenque marinado. Ah, nuestro *butt* en NY fue un tal Balbontín, chileno, vestido como Carlos Gardel *all the time*. Hicimos Neruda y yo un proverbiario balbontinesco que algún día les contaré. Carl, Claire, Bob Wool, Roger y Dorothea, como siempre, estupendos. Fíjate que nuestros mejores amigos, la gente que daría todo por nosotros, son estos gringos estupendos. Comparo el ambiente neoyorquino y europeo con lo que dejé en México, y no cambio de aires por nada. Ahí se pudran, enanos toltecas.

Sí, vi lo de Octavio en *Life*. Estaba muy impresionado por lo mucho que te conocían los chicos en Cornell. Para no quedarme atrás, he incorporado *Coronation* a mi curso de Colorado, junto con Borges, Neruda, Carpentier, Cortázar, Rulfo y Vargas Llosa. Sé que allí nos encontraremos en febrero. *Hurray!*

No paro. Debo tener el delirio de la velocidad. Paz me llama Altazor.[106] Estoy en la revisión de la traducción americana de *Cambio de piel*. Gallimard me ha dado una preciosa oficina, *book-lined*, para trabajar. El libro debe estar en manos de Roger a fines de agosto. Carl arregló la edición simultánea en NY, Londres, París, Milán y Stuttgart. También debo mandársela a Joaquín, pero el tono de la crítica, de la vida literaria toda en Kafkahuamilpa me desanima terriblemente. Tener que pasar por las manos de los Pendejos y los Salazar Mallén y los Panchitos Saganes del grupo Garciapinche, y los empleaditos de Spota en *El Heraldo*, *makes my flesh creep*. ¿Qué pasa en ese país? ¿Qué nos pasa con ese país? Lo recuerdo y tiemblo de terror. Finalmente, uno se va quedando con un puñado de gentes, tú, Cortázar, Octavio, Gabriel... *Et ça suffit*.

Salgo a Roma el fin de semana, a ver cómo quedó *Aura* en cine, a hablar con Feltrinelli... a ver a una divina compatriota tuya. *Oh, my fanciful heart...* Luego pasaremos con Rita, Cecilia y Cata diez días en St. Tropez. *L'Express* escogió al viejo *Artemio* entre las seis novelas (Duras, Robbe-Grillet, Le Clézio, Kosinski, Drieu La Rochelle, *your pal*)[107] que los franceses deben llevar este año de vacaciones, *so I'll go in the flesh and see what happens*.

Vemos aquí mucho Breton, mucha María Félix, mucho Buñuel, mucha Moreau. *It's all gas for the old jalopy*. No, en Colorado espero poner a prueba mi capacidad de estar solo y quieto. También la tengo, de verdad (¿?). Ando cocinando

[106] Dos semanas antes, Octavio Paz le escribió a CF: «Tú perteneces a la raza veloz —los rápidos como el colibrí (¡cuidado! Es el pájaro de Huitzilopochtli), el avión, Altazor, Lope de Vega. Rapidez en muchos sentidos y direcciones a la vez» (12 de julio de 1966).

[107] *El vicecónsul* (1966) de Marguerite Duras, *La casa de citas* (1965) de Alain Robbe-Grillet, *El diluvio* (1966) de J.M.G Le Clézio, *El pájaro pintado* (1965) de Jerzy Kosinski, *Mémoires de Dirk Raspe* (1966) de Pierre Drieu La Rochelle y la traducción francesa de *Artemio Cruz*.

dos o tres ideas y Fort Collins suena ideal para ponerlas en marcha.

Mantente a salvo de los devoradores aztecas, querido Pepe, besa enormemente a María Pilar (Neruda clamaba por ella en Arthur's y Trude Heller's) y cree en la vieja y firme amistad de

Carlos Fuentes

DE JOSÉ DONOSO A CARLOS FUENTES

Guanajuato, 2 de agosto de 1966

Querido Carlos:

Cuatro palabras para agradecerte tu carta y enviarte una versión nueva y creo que mucho mejor del «Lacayo», que ahora, verás, se llama de otra manera. Hasta ahora me he estado tratando de reponer del *shock* de lo de Du Seuil, pero mi estado de ánimo, sobre todo después de un viaje de una semana a México donde vi a todos los tótems locales y sus cónyuges, sigue por el suelo. Para empeorar las cosas, se ha producido un bloqueo con el *Pájaro* y dos alumnos míos de Iowa, que me prometieron visita de tres días, se quedaron aquí dos semanas y me chuparon hasta las entrañas, de modo que en este momento ando en cuatro patas, buscando mi yo que se me ha perdido debajo de las mesas y en los rincones y abajo de los tapetes.

Haz lo que puedas por el «Lacayo», que es tuyo. En Francia, y quizás en Italia con Feltrinelli, que publica cosas cortas y con los que tienes buenas relaciones. Y si puedes empujar *Coronación* en Francia te lo agradeceré infinitamente.

Nuestros planes europeos se hacen cada día más posibles. DEFINITIVAMENTE estaremos en España (tal vez en

103

Inglaterra *to begin with*) en junio próximo y pasaremos por lo menos dos años en Europa, sin hacer otra cosa que escribir. Ahora *I can take it easy*, porque con dos libros que aparecerán en este año ya no tengo el apuro loco de antes. Lo del PEN es fascinante. Ahora dudo si tuve razón en no ir. Pero a mí las multitudes, sobre todo cuando no son anónimas, me destruyen. *Remember Pearl-Itza!*[108] He conocido a Emmanuel Carballo. Suspendo el juicio hasta hablar más con él —me pareció simpático, un tanto popizado como «todo el mundo» en México, y sin mayor claridad para diferenciar aquello que tiene calidad de aquello que está de moda. Esencialmente latinoamericano porque es hombre de consignas. *But a nice, pleasant guy.* Está aquí hasta el 3 o 4 de septiembre.

Un abrazo fuerte para los Fuentes de
Pepe

DE JOSÉ DONOSO A CARLOS FUENTES

Iowa City, 26 de noviembre de 1966

Carlos:

Dos palabras para decirte que acaba de salir *Este domingo* (yo no lo he visto aún) en Chile, y que he pedido que te lo envíen por aéreo.[109]

Me interesa que me pongas cuatro letras diciéndome a quién en Europa, punto de vista difusión y conocimiento,

---

[108] Juego de palabras de un famoso dicho sobre Pearl Harbor con el congreso de Chichen Itzá de 1964 en el que JD participó por invitación de CF (véase su carta del 1 de septiembre de 1964).

[109] *Este domingo*, en Chile, y *El lugar sin límites*, en México, aparecieron al mismo tiempo.

no editorial todavía hasta que Brandt se mueva, vale la pena enviarlo. Y a quién en Latinoamérica.

¿Vienes finalmente a Fort Collins? ¿Y si vienes, *on your way*, darías una charla aquí en Iowa?

Nosotros definitivamente en el verano a Puerto Rico y en septiembre a Europa por lo menos por un año —probablemente a España, y allí en Aranjuez, muy siglo XVIII, departamento de sirvientes en palacio real de los cretinos Borbones-Parma que tuvieron el tino de hacer que un francés diseñara los jardines, mucha avenida de sicomoro, mucha balaustrada, mucho otoño, mucha fuente con Diana cazadora a la que le falta la mano derecha, muy poco turista, y los departamentos del Palacio Real, *all modern conveniences*, se arriendan a cincuenta dólares mensuales con tres dormitorios y acceso a los jardines reales... puede ser. Para echar el *Pájaro* a volar.

¿Qué haces? Cuenta. ¿Y las mujeres de tu vida... Rita, Cecilia y la nana?

Escribe, un abrazo,

Pepe

No dejes de mandarme sugerencias para *Este domingo*.

1967

DE CARLOS FUENTES A JOSÉ DONOSO

París, 29 de enero de 1967

Querido Pepe:

Sobra decir cuánto te agradezco los envíos de *Este domingo* y *El lugar sin límites*. Te leí (y releí, en el caso de la Manuela) trepado en los Alpes italianos (Courmayeur, Valle de Aosta, a la sombra del Mont Blanc) y estuve tentado de enviarte un telegrama de felicitación. Prefiero sentarme a escribirte en calma, sin embargo, de vuelta en París, quemado, esquiado, alimentado y bebido —y sobre todo, instalado en un espléndido estudio frente a los jardines invernales del Palais de Matignon (*qu'est-ce qu'ils font, les flics qui protègent M. Pompidou, toute la journée? Ils lisent* Sports Dimanche!).[110] Tus libros, Pepe (y me refiero sobre todo a *Este domingo*, pues sobre el ex Lacayo conoces mi entusiasta opinión) me han dado la gran alegría de arranque de este año. No necesito decirte (salvo para confirmar algo que ya sabes) que los dos libros representan un paso de siete leguas en comparación con todo lo que has hecho antes: *Coronación*, *ipso facto*, pasa al *rayon archéologique* y tu enorme don se desembaraza de la excesiva fidelidad costumbrista, de la tentación social-biográfica, del horrendo sentimiento de

---

[110] «¿Qué hacen los policías que protegen al señor Pompidou todo el día? ¡Leen *Sports Dimanche*!».

«deber» que, en mayor o menor medida, nos agobia a todos los novelistas de «esa» parte del mundo (si nosotros no describimos la «realidad», ¿quién, en nuestros países de secuestradores y mistificadores y silenciadores profesionales, lo va a hacer, etc.?) para ocupar su propio espacio central, todavía sub-metido en *Coronación* y los cuentos. Hablo de esa imaginación irónica, a ratos gótica, que ya obligaba a algún crítico inglés a relacionarte con las mejores escenas de Dickens (¿Miss Havisham?).[111] Imaginación-irónico-gótica: *what am I coining?* No, no es tan disparatado, o para invertir la secuela, ese sentimiento de la excepción, y a veces de la excepción macabra, está dado en ti con una distancia propia de la ironía que nos permite vernos (nos: tú, yo, el que sepa leerte) con una exactitud que todo el realismo tradicional es incapaz de lograr. Y, al fin, esos ingredientes y actitudes encuentran una organización *imaginativa* (y cuando digo «imaginación» quiero decir: conversión de la mera sucesión temporal, cronológica, en virtual simultaneidad espacial) de un *tout premier ordre*, a la altura de lo mejor que se puede hacer hoy en lengua española. No sé qué admirar más en tus libros —o para seguir con *Este domingo*: el libro es un modelo de construcción, y sería inconcebible sin sus partes: no comprendería a la Chepa sin Violeta, a Violeta sin Álvaro, a Álvaro sin Maya, y a todos sin el narrador y al narrador sin la Mariola Roncafort, esa emperatriz de un mundo de sombras que eventualmente presta su carne transparente a todo el mundo opaco de «la realidad». Nadie entre nosotros, como tú en los capítulos en bastardilla, ha logrado asimilar a ese grado de evocación y refinamiento las lecciones de Proust; nadie, en ese mundo de cuartos de criadas y celdas de prisión, la lección de Dickens; y nadie, sobre todísimo, en el conjunto, la lección de James, la lección del punto de

---

[111] Personaje de *Grandes esperanzas* de Dickens.

vista, de la distancia exacta frente a lo narrado. Y a través de todo esto, con la verdad que ninguno de tus coterráneos naturalistas puede soñar con lograr, la imagen más terrible de Chile, de ese mundo en decadencia antes de llegar a una cima, de ese mundo de amos y siervos, de abulias y crímenes, de fatalidades escogidas.

Quizás otro día encuentre algunas fallas y te las comente. Ahora, embargado (en serio) por la emoción de leerte (y cómo se te lee, cabrón, con qué ritmo y humor y gracia terribles conduces todo tu mundo), te doy mi sentimiento inmediato. Voy a escribir una reseña de los dos libros para Emir el mes entrante.[112] Ahora, entre cambios de casa, revisiones de libros terminados (*Zona sagrada* ya salió a Orfila; Buñuel se lleva *Cambio de piel* a Canedo la semana entrante) y arranques de libros por venir («Los años por venir», *to be exact*)[113] estoy sumido hasta las orejas en trabajo, pero no quería que pasara más tiempo sin escribirte y agradecerte todo lo que me —nos— das.

Un beso a María Pilar, vestal de todas estas empresas, y para ti la admiración de tu amigo,

Carlos Fuentes

PS: Mi nueva dirección es 37, Rue de Babylone, Paris VII. ¿Cuándo caen por acá, finalmente? Aunque, en realidad, ya no debía chilenizarme MÁS (*c'est le coeur qui parle, mes chéres*). Vale.

---

[112] Nunca se publicó el anunciado texto.
[113] Título provisional de la novela que será *Terra nostra* (1975).

DE JOSÉ DONOSO A CARLOS FUENTES

Iowa City, 5 de febrero de 1967

Querido Carlos:

Gracias por tu carta, que esperaba con ansias: he estado pasando un momento amargo literariamente hablando, ya que la crítica no entendió *Este domingo* en Chile y la han tratado más bien mal —en todo caso no generosa sino que mezquinamente. Era previsible, claro, y se refieren (ahora, los mismos que antes, *damned it*) a *Coronación* como algo clásico que jamás lograré emular, y *Este domingo*, para ellos, es la repetición de mi primera novela.[114] Luego, de Knopf, me dicen que no es una novela que venderán mucho, de modo que no espere gran promoción, lo que también me deprimió, americanos huevones. Pero tu carta, *it put a lot of wind back into my sails* y te lo agradezco. Para qué te digo con cuánta ansia espero ese *review* que escribirás sobre mí en *Mundo Nuevo* (espero que sea largo e importante) para

---

[114] Guillermo Blanco y Ariel Dorfman, «José Donoso bajo dos lentes: Pro... y Contra», *Ercilla*, n.º 1646, 21 de diciembre de 1966. En la posición en contra, Blanco, novelista de la generación del cincuenta, comentó que «*Coronación* lo colocó en el primer plano de la novela chilena. Recibió elogios dentro y fuera del país. Tuvo premios y traducciones y fue convirtiéndose en un gran compromiso para el futuro. Miles de entusiastas esperaban el nuevo paso que daría su autor. Ahora lo ha dado y es, en gran parte, un paso en falso [...] ninguno de los personajes logra una consistencia definitiva y sólida» y «los aciertos que lo salpican —habría que insistir en esos tres breves capítulos en cursiva— hacen recordar con nostalgia al José Donoso de *Coronación* y de alguno de sus cuentos». Dorfman, supuesto encargado de dar los pros de la novela, luego de algunos halagos opinó que «el desenlace es forzado y falso» y «la visión del proletariado chileno sigue siendo esquemática [...] ojalá la tercera novela de Donoso no sea la tercera versión de *Coronación*». Asimismo, Raúl Silva Castro escribió en *El Mercurio* del 16 de diciembre de 1966: «Varios problemas de orden estético, social y hasta clínico plantea el último libro de José Donoso».

refregárselo por las narices a todos los Manueles Rojas de la tierra, que se dedican a minar por debajo toda posibilidad creadora porque a ellos ya se les terminó el jugo. Te digo esto: he mandado ochenta *Lugares* y ochenta *Este domingos* (en noviembre) a amigos y críticos. He recibido cinco cartas comentándolos, entre uno y otro. Cinco cartas. De México ni una sola —es como si el libro no existiera. Pero tu carta, tu lealtad, tu admiración me vale todo lo demás. Te confieso una cosa: hasta que nos llegó tu carta, con María Pilar teníamos planeado ir a escondernos en MÉXICO por dieciocho meses para terminar el *Pájaro*: escondernos *is the right word*, por la sensación de insuficiencia que había llegado a embargarme el *neglect* y la mezquindad con respecto a *Este domingo*, que me llevó a considerarla una novela sin importancia, sabiendo, por dentro, exactamente cuánto valía. Pero, como te digo, tu carta nos puso en movimiento de nuevo y decidimos, ya que *we can afford it*, de irnos a Europa que es donde queríamos ir *in the first place*: hemos reservado pasajes para el 20 de mayo a España (*we can't afford France*). Y ya, por medio de tu carta y otras cosas que después te contaré, me he liberado de esta horrible sensación de que el *Pájaro* es lo único mío que puede valer, que estas novelas son de por mientras, y el *Pájaro* y su completación se transformaban en monstruos, mi única justificación como escritor. Ahora veo que puedo escribir el *Pájaro* gratis, porque sí, y no para justificarme. Te lo agradezco. En cuanto escribas el *review*, por favor mándame una copia para tenerla antes de que aparezca en *Mundo Nuevo*.

Ahora, como te digo, en mayo nos iremos en avión (horror) a Europa.[115] Probablemente a España, que es más

---

[115] El viaje se realizó en barco. Relata Pilar Donoso en *Correr el tupido velo* que «viajan en un barco de carga, por doscientos dólares cada uno, desde Nueva York a Lisboa. Llegan a este limbo delicioso que creían que era Portugal, pero les va muy mal».

barato. Y no es imposible que *eventually* compremos una casa allí ya que vendimos nuestra bella casa en Chile. En todo caso, por los meses del verano estamos buscando una casa, por junio-julio-agosto, sobre el Mediterráneo —no sé bien dónde, quizás Mallorca, quizás Tarragona, no sé. *Do you have any suggestions?* María Pilar es boliviana, tú sabes, y tiene el «complejo mar» y cree que porque yo soy chileno le estoy robando costa, de modo que le tengo prometido, para este verano, mar. Después del verano, no sé: Aranjuez, quizás, al lado de Madrid, villa otoñal y decadente, construida por reyes idiotas en pleno siglo XVIII, llena de árboles y avenidas, melancólica, con fuentes sin agua adornadas con Dianas a las que les falta una mano y con máscara como japonesas producidas por el verdín. Los españoles no creen en el siglo XVIII (ellos no aportaron nada al mejor de todos los siglos así es que les conviene saltárselo a pie juntillas) y cuando hablamos de nuestro deseo de vivir en Aranjuez (los jardines son de un discípulo de Le Notre), dicen: «Pero si eso es horrible». *All the better.* Es silencioso y nadie *goes there*, así es que cuando queramos farra nos iremos a Madrid o a París, que al fin y al cabo no está más que a una noche de tren, en ese continente de tamaño humano. En todo caso, el vernos es lo que se nos presenta inmediato —nos gustaría tenerte por lo menos un tiempo con nosotros, dondequiera que estemos en el Mediterráneo. Si tienes idea de alguna playa que te gusta, cuéntanos. Allí, con un año y medio con calma y sin presiones, qué sé yo qué puedo llegar a escribir. Quiero saber más detalles sobre tu chilenización, que nosotros continuaremos.

Hay otra gente que también se interesa por *Este domingo*, y esta novelita tan vilipendiada por los critiquillos latinoamericanos, y por el *fuddy-duddy* que es Knopf, puede dar una sorpresa enorme ya que hay gente poderosa que va a escribir sobre ella. Pero todavía no puedo decirte más. Escribes tanto que estoy un poco confuso con tu obra por

111

venir: *Cambio de piel* y *Zona sagrada* son, una, la novela sobre Cholula o esa que me leíste una parte una vez, y la otra, tu «Galatea».[116] De la otra no sé nada, «Los años por venir». ¿Qué es?

De nuevo, me gusta que mis cosas te gusten y te agradezco que me lo digas. Necesitaba eso para volver a ser el José Donoso que realmente soy. Adiós y escribe,

Pepe

DE CARLOS FUENTES A JOSÉ DONOSO

París, 24 de febrero de 1967

Querido Pepe:

Ánimo, mi Monty Woolley de Copiapó, que donde las dan las toman y al que a Donoso quisiera matar a Rojas morirá y más vale Donoso en mano que cien Droguetts volando. Oye, qué asco es nuestro mundo *sous developpé*. Leí esa mugre encuesta de *Ercilla*,[117] leo los ensalzamientos del Luis Spota chileno Droguett, las imbecilidades del Batis sobre ti

---

[116] «Galatea» es una novela anunciada por Fuentes como díptico de *Zona sagrada*, que no terminó de escribir.

[117] *Ercilla*, en los números 1650 y 1651 (18 y 25 de enero de 1967), desplegó una encuesta titulada «¿Qué sucede con la novela chilena?». A diversas figuras del mundo literario se les formuló lo siguiente: «Se ha enjuiciado la novela chilena actual, afirmando que estaría rezagada en comparación con la narrativa latinoamericana contemporánea. Por otra parte, hay quienes sostienen que la literatura chilena debe sacudirse del "complejo Vargas Llosa" (o Cortázar o Fuentes), y que no existe tal rezago. ¿Qué opina al respecto?». Críticos como Silva Castro, Rodríguez Monegal, Ángel Rama, Fernando Alegría, Jaime Concha junto a escritores como Manuel Rojas, Carlos Droguett, Jorge Edwards y JD, entre otros, dieron su parecer. La respuesta de JD está incluida en el apéndice de este epistolario.

en *Siempre!*, y me dan ganas de vomitar.[118] No tienen redención y en su idiotez monolingüe y provinciana se cuezan. Hablaba de todo esto con Cortázar ayer nada más, y él tiene cosas que contar: toda la crítica argentina demolió, en su momento, *Rayuela*, y solo el éxito en el extranjero les hizo ver su error (sin admitirlo, claro: en América Latina todo el vicio y toda la virtud están contenidos en la amnesia institucional). Les decía a Cortázar y a Vargas Llosa que debíamos hacer una mesa redonda, aunque fuese por carta, contigo y García Márquez, sobre la crítica literaria en América Latina. La situación es *dégueulasse*: una literatura creativa en expansión y una crítica miope, ruin, ignorante, improvisada. El lugar de nuestros habituales «críticos literarios» estaría en las páginas de crímenes o de deportes (que pueden y suelen ser la misma cosa).

Summer in Europe: yo me dispongo a tomar un *piccolo palazzo* en pleno canale della Giudecca de junio a agosto inclusive. Arranco con «Los años por venir» y necesito un ambiente como el veneciano, que me da toda la soledad que puedo necesitar más los cines, conciertos, museos y exposiciones que también me hacen falta, además de la playa, y de las excursiones a Ferrara, Mantua, la costa yugoslava, Trieste, Salzburgo. ¿Por qué no nos instalamos cerca los unos de los otros? Dubrovnik es más barato que España —y la costa española está invadida por toda la clase media francesa. Y hay Trieste, Paula, Hvar: lugares donde se vive con dos o tres dólares diarios. O, si insistes en quitarle mar a la Boliviana, Mantua o Ferrara, ciudades conventuales. ¿Y por qué no la propia Venecia? Un par de cuartos se consiguen por 50 o 75 dólares al mes —y tú y yo sabemos respetarnos

---

[118] Huberto Batis dedica un pequeño párrafo a *El lugar sin límites* que termina con esta sentencia: «Rudos efectismos, pintorequismo anecdótico, literatura de oficio». En «Libros», *La Cultura en México* (suplemento de *Siempre!*), n.º 258, 26 de enero 1967.

el tiempo de trabajo y tomar un campari en la Piazza San Marco cuando haga falta. *Cosa dice il tuo cuore?* Piensa en el teatro della Fenice —en Tintoretto —en los conciertos en el cortile de los Dogos —en la retrospectiva de cine en el Lido —en las cenas de *frutti di mare* y *tortelloni al sugo...* (para no hablar de los helados de chocolate).

En marzo sale *Zona sagrada* en México: la estrella de cine y su hijo. Piensa que algunas relaciones que tú conoces me sirvieron de estímulo y pensarás bien; aunque el estímulo nunca deba confundirse con el resultado. Hay problemas allí: usar elementos de comedia a través de una narración en primera persona que parecería negar la comedia —y aun negar al personaje, a punto de alcanzar una posible grandeza, la fatalidad escogida, que siempre pierde por una exacta miseria, la autocompasión. ¿Te describo a mi país? En todo caso, el encuentro de estas disparidades podría dar lugar a una comedia negra. *Cambio de piel* sale en septiembre (Mortiz en México, Farrar, Straus en NY y Feltrinelli en Milán) y *Aura, Cantar de ciegos* y *Zona sagrada* en un volumen de Gallimard en el otoño.[119] «Galatea» debe estarse gestando en un recoveco y «Los años por venir» es un proyecto nuevo y viejo que sostiene la reaccionaria teoría de que solo una empresa histórica fallida en el pasado puede convertirse en empresa histórica plenamente realizada en el futuro: basta con tomar el hecho en el punto exacto de su debacle y llevarlo a la culminación prevista, contando con su decorado, sus personajes, su habla, sus convenciones y sus ilusiones.

Veo a muchos compatriotas tuyos, Edwards, Lihn, Matta, a vuestras bellezas pata de perro que deambulan por París y Roma, hasta la Anamaría Vergara que pasó a reunirse

---

[119] *Chant des aveugles* (Gallimard, 1968), con prólogo de Octavio Paz, incluyó *Cantar de ciegos* y *Aura* mas no *Zona sagrada*, que se publicó en volumen aparte ese mismo año.

con Thiago en La Habana... hasta ese monumento a la momificación que es don Benjamín Subercaseaux.

Escribe, cuenta planes. Tenemos que vernos en el *long hot summer*. Nos lavaremos de todos los infiernos del continente vacío.

Un beso a María Pilar y para ti toda la amistad de
Carlos

DE JOSÉ DONOSO A CARLOS FUENTES

Iowa City, 13 de marzo de 1967

Querido Carlos:

Tu carta y otras cosas nos han hecho desistir definitivamente de irnos a la costa catalana —dicen que es algo monstruoso aquello, que se ha transformado en una especie de infierno, en un Coney Island en español, y la única gracia de Coney Island es que sea en americano.

No me atrevo a Italia. Hace demasiado tiempo que estoy separado del idioma español, y separado profundamente ya que enseño en inglés, leo en inglés, hablo en inglés, analizo cosas y estilos en inglés todo el día —y necesito retomar contacto con el idioma. Además, Italia, aunque me encanta, es un país cruel, exterior, exigente, y no me atrevo a afrontarlo. Conozco toda esa costa de que hablas, muy bien: la Venezia Giulia —desde Venecia *proper* hasta Trieste (esta ciudad, *by the way*, es deliciosa, un ambiente provinciano, de *soirées* literarias en casa de Letizia Fonda Savio, hija de Italo Svevo, con asistencia de Nelly Joyce, viuda de Stanislaus, y mucho emigrado de Yugoslavia y la gente más bella de todo el mundo entero). Hay pequeñas catedrales románicas en islas, rodeadas de cipreses, y en Aquileia un museo de vidrio romano que es increíble, y más allá Duino *proper* que todavía pertenece a los Thurn y Taxis, y un poco más allá la cursilada de palacio de donde partieron tus emperadores Carlota y Max, igual a Chapultepec: *period piece*, mucho damasco rojo y aparador Henri IV, y pretensiones infundadas. En el Ateneo Literario de Trieste di una lectura de poemas de Neruda —ya no recuerdo en qué idioma, capaz que haya sido en italiano. *I wouldn't put it past me*. Es curioso, siempre le hablo a María Pilar de que me gustaría vivir en esta región —y ahora me la propones tú. Soy muy baqueano en el norte de Italia, es decir, en Italia entero, pero sobre todo el Norte, el Brenta, y sus palacios de Palladio, que visité uno por uno, y Parma (me recosté en la cama de Verdi en un poblado vecino) y Vicenza. Estoy amando muchísimo a Italia porque acabo de recibir una enormidad de *press clippings* sobre *Incoronazione* muy buenos, y la edición misma una verdadera belleza, la más linda de todas.[120] Pero Italia no. Ahora es España —con excursiones, eso sí, a verte, y para mostrarle a María Pilar lo que es la arquitectura de Palladio, que es lo primero que hay que comprender —La Malcontenta, sobre el Brenta, es un lugar decadente *after my own little heart*, bellísimo. En Merano visité a Ezra Pound, que vivía entonces en un castillo de cuento de hadas, como diseñado por Luis II de Baviera, y tengo allí buenos amigos.[121]

Por lo que parece, nos instalaremos en Salamanca. A la Boliviana le ha dado por el estudio y quiere seguir cursos. Yo también en este caso. ¿Te das cuenta que jamás he leído nada del Siglo de Oro español, que aunque me conozco a

---

[120] La traducción italiana de *Coronación* fue editada por Dall'Oglio (Milán) en 1966.

[121] JD publicó en *Ercilla* el 8 de marzo de 1961 un artículo sobre este encuentro: «La entrevista imposible. Con Ezra Pound, el poeta enjaulado», recopilado en *El escribidor intruso* (Ediciones UDP, 2004).

Milton y a Herrick y a Herbert y a Shakespeare y a Donne al revés y al derecho, aunque he leído las más inverosímiles novelas sentimentales y pastoriles inglesas del siglo XVII y XVIII, no conozco, casi, a Calderón ni a Lope? Me gustará mucho pasar un año leyéndolos: tengo verdadero <u>HAM-BRE</u> de idioma, no de idioma vivo, que eso siempre me acompaña, sino de meterme en el *attic* del idioma, destapar baúles de frases, roperos llenos de giros, cajones de adjetivos polvorientos y en desuso. Puede pasárseme el hambre pronto —*I grant you that*, y puede que al mes de Salamanca y guardias civiles esté suspirando por Brač y Spalato y Aquileia y Dubrovnik... *chi lo sa?* Pero la gana, por ahora, es IDIOMA.[122] Además compraremos autito y nos trasladaremos con nuestro perro de un lado a otro. No estaremos mal de fondos, de modo que seremos transportables.

¿No te he contado de nuestro perro? Es un pug, totalmente dieciochesco, de los que se ven a los pies de las duquesas de Goya y en los retratos de Hogarth. Desaparecieron de circulación durante un siglo —y he aquí que yo me he conseguido uno, que es nuestro hijo. Vieras el furor que causó en México. Nos ofrecieron mil dólares por él —actrices millonarias enloquecían de amor al verlo, el único en tu país, *and would not take no for an answer.*

Para qué te digo la impaciencia con que espero los artículos sobre mis libros que —me dicen— saldrán en *Mundo Nuevo* y que espero que venguen mi honor.[123] Lo malo no

---

[122] Cinco años antes, JD había escrito en sus *Diarios tempranos*: «creo que debería leer clásicos españoles para adquirir una auténtica sinuosidad, riqueza de estilo, pero esto me lo he estado diciendo desde que soy un niño y jamás me decido» (febrero de 1962, p. 81).

[123] *Mundo Nuevo* en 1967 divulgó la obra de JD en sus números de junio («El mundo de José Donoso» de Emir Rodríguez Monegal), julio (fragmento de *El obsceno pájaro de la noche*) y septiembre («Donoso fija sus límites», en la sección «Sextante»). Véase María Luisa Bocaz, «La integración de José Donoso a la plataforma del Boom: intercambio epistolar inédito de José Donoso con Emir Rodríguez Monegal y Carlos Fuentes

es que la crítica ha sido desfavorable, en general ha sido buena —pero invariablemente imbécil. Y esto me produce un malestar demasiado grande. Qué ganas que alguien perceptivo, audaz, se atreva a decir cosas de mis libros, no estos enanos enclenques de terno azul y vocabulario escogido. Yo no creo regresar jamás a *l'Amerique du Sud*. A USA regresaré en 1969, por un año, a rellenarme las faltriqueras, y de aquí, de nuevo, a Europa hasta que la fuerza aguante. ¿No va a hacer un calor <u>siniestro</u> en Venecia el verano?

By the way, recibí carta muy afectuosa de Mario Vargas Llosa, felicitándome por mis libros, que dice le gustaron muchísimo.[124] Cuéntame un poco de él. Admiré mucho su *Ciudad y los perros*, pero el siniestro artículo de la Poniatowska, que hacía de él una especie de tubo de ensayo donde se producían estas novelas, totalmente aislado, totalmente aséptico, me lo echó por tierra como personaje —aunque creo que es un gran tipo. Debían prohibirle a la Poniatowska volver a escribir —así terminará con lo poco que hay en Latinoamérica.[125]

Estamos contando los días para irnos. Aquí habla mañana Saul Bellow, a quien creo conoceré, le hablaré de nuestra admiración por *Herzog*.

---

en la década del 60», *Revista Iberoamericana*, Vol. LXXIX, n.º 244-245, julio-diciembre de 2013.

[124] Vargas Llosa escribió a JD el 21 de febrero de 1967: «He leído de corrido *El lugar sin límites* y *Este domingo* y me siento realmente muy contento y entusiasmado, porque son dos libros formidables que te sacuden los huesos. Uno sale de ellos profundamente estrujado».

[125] Elena Poniatowska, «Al fin, un escritor al que le apasiona escribir, no lo que se diga de sus libros», *La Cultura en México* (suplemento de *Siempre!*), n.º 177, 7 de julio de 1965. JD corregía esta impresión en carta a Vargas Llosa del 19 de julio de 1967: «Te he de confesar que la entrevista de Elena Poniatowska me había hecho cobrarte un si es no es de distancia —parecías tan olímpico, tan perfecto, tan sin fallas, tan inconmovible, tan sin mancha de ninguna especie, tan dueño de ti mismo, que me dabas miedo, y ganas de hacerte una zancadilla para que te quebraras la nariz. Pero después de leerte, especialmente *La casa verde*, no siento nada de eso».

Caro mío, pórtate bien, y recuérdanos, aquí en las entrañas de este continente sin entrañas. Un abrazo, y no nos
desconectemos. Avísame en cuanto sepas que vaya a aparecer algo mío en *Mundo Nuevo*.

Un abrazo para ti, nuestro,

Pepe

José Donoso
711 1/2 North Gilbert
Iowa City, Iowa 52240

DE JOSÉ DONOSO A CARLOS FUENTES

Iowa City, 24 de marzo de 1967

Querido Carlos:

Acabo de saber, por un alumno mío que está en Barcelona y
que es gran admirador tuyo (gracias a un seminario que di
en novela latinoamericana en traducción) y que sigue todos
tus pasos, que te acabas de sacar el Premio Seix Barral por
Cambio de piel —felicitaciones incrédulas y calurosas.[126] Incrédulas porque no me puedo imaginar cómo, con la vida
que llevabas en México, entre Árbenz suicidas y Ospinas
despechugadas, entre *ventures* cinematográficos y chacha-
chás *or whatever*, pudiste escribir algo que debe de ser muy
bueno. En todo caso, María Pilar y yo estamos contigo,

---

[126] CF fue elegido ganador del Premio Biblioteca Breve de la editorial Seix Barral el 1 de marzo de 1967, con Vargas Llosa en el jurado. La
censura franquista exigió cambios que CF se negó a aceptar y por tanto
se hicieron ediciones solo en México y Buenos Aires. La edición española
aparecería recién en 1974.

felicísimos, maravillados, encantados y emocionados. *Another feather in your camp my dear*, debes estar pareciendo pielroja de tantas que has juntado. Espero que esto, también, les pegue un buen tapaboca a los cretinos mexicanos —es decir, otro tapaboca más, es decir, otro tapaboca más, que ya bastantes les has pegado. Entiendo que vas a Barcelona a recibir tu premio. Si vas, voy a decirle a este alumno mío que te vea: buen elemento para la mafia, me parece, y un tipo muy joven, muy barbudo, muy leído y muy vital y original.

Nosotros, ya haciendo maletas para el viaje —por lo menos mentalmente. Será probablemente Portugal para el verano (quiero paz y baratura para el *Pájaro*, no soy Fuentes y no puedo trabajar en medio de una vida que es como un cuadro de Bosch —necesito estar afuera del cuadro, mirándolo, para hacerlo), y luego de los tres meses —Cascais o Queluz o Sintra— nos iremos a sitios más civilizados, siempre que nuestros escuálidos quinientos dólares mensuales nos mantengan con la cabeza *above water*. Pero no hemos decidido nada todavía. Pero es casi seguro que Portugal por el verano, la viuda de Roy Campbell nos ofrece la casa en arriendo en Cascais. Estamos en los *pourparlers*.

Estoy bastante deprimido con esto de que nada aparece en *Mundo Nuevo* (y prácticamente en ninguna otra parte, *for that matter*) sobre mis novelas. <u>ANSÍO</u> una nota quemante tuya, de modo que, entre Ospinas y Arbences, ponte a hacerla.

Pronto nos veremos. Mientras tanto, un abrazo y toda clase de felicitaciones por el triunfo de *Cambio de piel, and many, many of them*. No dejes de escribir. Felicidades,
Pepe

José Donoso
711 1/2 North Gilbert
Iowa cIty, Iowa 52240

DE CARLOS FUENTES A JOSÉ DONOSO

París, 15 de abril de 1967

Muy querido Pepe:

Te debo dos cartas. Regresé ayer, después de un mes de ausencia, de España e Italia. A Barcelona fui a recibir el premio Seix Barral (100 mil welcomísimas pesetas) y a conocer el rostro oculto de la luna; imagínate, mi primera visita a España y yo mexicano... *Bouleversant.* La Edad Media con televisores. Pero por lo menos los españoles tuvieron Edad Media; nosotros, tenemos Edad Media después de la Edad Media. Y México tiene extremos: España es extremo. Se venden por 1,500 dólares palacios, pueblos enteros. Pensaba quedarme todo el verano en España: es el único país después del mío que me ha incitado a escribir. Pero cayó la feroz censura (o «consultación voluntaria», como se le llama en los bizantinos oficios de Robles Piquer) y prohibió *Cambio de piel on seven counts*: pornográfica, comunista, anticristiana, antialemana, projudía, disimuladamente adversa a España y ¡dedicada a Julio Cortázar, «compañero de ruta ideológica del autor»! *Put that in your pipe and smoke it!*[127] Salí huyendo, *with the little patter of Torquemada's feet behind me*, a la superficial, bella y formalista Italia del *fascino* stendhaliano, con la cabeza llena de proyectos, de pudrideros del Escorial, de autopsias de Carlos el Hechizado (que nació el mismo día que yo, *egad*),[128] de bandadas de cigüeñas y cuervos sobre la piedra dorada de Segovia,

---

[127] CF escribió una carta al jefe de la censura española, Carlos Robles Piquer, reproducida en varias revistas, en la que criticaba duramente la prohibición de su libro y lamentaba que «el cadáver putrefacto de la Santa Inquisición siga dando muestras de vida en España».

[128] Carlos II de España, «el Hechizado» (1661-1700), había nacido un 6 de noviembre. CF un 11 de noviembre.

del polvo de Santa Teresa en Ávila, de Goya, Velázquez y el Bosco. Milán y su ritmo manhattánico (la única ciudad europea que lo posee), conferencias con Roger Straus, el mundo de Feltrinelli en su apartamento *chock-full* de Rafaeles y Guardis y Tiepolos, en su castillo de Villadeati enmascarado por siete terrazas-belvederes-loggias descendientes, hasta Venecia: alquilé la planta alta de un palazzo cerca del canale della Giudecca, desmoronado caserón de la princesa Cais-Mocenigo, donde me instalaré desde el mes entrante (y donde los Donoso tienen en espera permanente una *camera dogale* sobre un jardín de grava y cipreses) hasta mediados de septiembre; luego, los Goytisolo me prestan hasta fin de año su masía en Torrentbó (si puedo regresar a España) y de enero a septiembre del año entrante *I swap places* con James Jones: la cerrada de Galeana versus el Quai d'Orleans —y luego sucederé a Mario Vargas en la *chair* de literatura latinoamericana de London University y hasta allí prevengo.[129] Tengo dos nuevas novelas: *Cambio de piel*, que finalmente publicará Mortiz en junio y Barral si lo logra, y *Zona sagrada*, que salió en México hace unas semanas: la edición de seis mil ejemplares se agotó en cuatro días y Orfila se desmayó (esta, *carissimi*, es la *vera* historia de María Félix y Quique y los perros que ustedes conocieron).[130] Como siempre, excelentes respuestas en carta y una crítica idiota que no comprende o no tolera que en vez de sicologías una novela ofrezca imágenes, que no entiende lo no narrado explícitamente, que no se ha enterado que la tercera parte de la novela es una virtualidad imaginativa ajena al orden anecdótico anterior.[131] En

---

[129] CF no reemplazó a MVLL en ese puesto. El peruano continuaría allí con intermitencias hasta mediados de 1970.

[130] *Zona sagrada* se imprimió el 9 de marzo de 1967. La edición mexicana de *Cambio de piel* se imprimió el 30 de octubre de 1967.

[131] Entre las «excelentes respuestas en carta» estuvo la de Cortázar, que leyó dos veces la novela en manuscrito (*Las cartas del Boom*, 30 de julio

fin: di una larga entrevista para *Siempre!*, no tengo copia, te transcribo algo:

> «Se da el caso en nuestros países que frente a una literatura en pleno desarrollo, no hay una crítica equivalente. No se puede llamar "crítico" a un señor que no conoce idiomas, que no ha leído las obras de su especialidad, que no sabe quiénes son I.A. Richards, Empson, Foucault, Barthes, Wilson y, sobre todo, que es incapaz de amar una obra. La "crítica", por lo general, se expresa en nuestros países a través de la repugnancia: se critica porque se detesta, porque no se entiende... o porque somos "cuates", lo cual lleva implícita la repugnancia hacia los que no lo son. Padecemos una crítica en manos de periodistas, que por un azar de la división de labores están en la página literaria y no en las de crímenes o deportes, que suelen y pueden ser la misma cosa. En su momento, los críticos argentinos destruyeron *Rayuela* y solo el éxito internacional del libro les obligó a dar marcha atrás: qué importa, la amnesia es la cifra de todas nuestras virtudes públicas y privadas. Hoy sucede lo mismo en Chile con una obra de tan excelente construcción y escritura como *Este domingo* de Donoso: la "crítica" no entiende y acude a la guerrilla en vez de la comprensión: a Donoso le es opuesto ese Luis Spota chileno que se llama Droguett... Por primera vez, nos acercamos a ese pluralismo que es el signo de la salud literaria en Europa y en los Estados Unidos, y

---

de 1966). Luego de escrita la carta a JD, se sumaron comentarios igual de favorables de García Márquez (*Las cartas del Boom*, 8 de mayo de 1967) y Vargas Llosa (*Las cartas del Boom*, 27 de julio de 1967). Octavio Paz coincidió con CF a fines de año: «Las notas que leí sobre *Zona sagrada* son idiotas —escritas por idiotas. Empiezo a creer que el problema *no es moral* (aunque, claro está, en toda esa suficiencia ignorante hay mucho veneno y envidia) sino *pedagógico*» (18 de diciembre de 1967).

los gacetilleros insisten en la guerrilla provinciana: pura mentalidad de voceador».[132]

La Ospina murió abandonada en un cuarto de hotel en Los Ángeles. Encontraron su cadáver corrompido y luego pasó una semana en el refrigerador de la morgue municipal sin que nadie la reclamara.

Si van a Lisboa, busquen a mi padre, que es actualmente el Embajador de México y puede ayudarlos. Rua de Santo António à Estrela 106. Lisboa. Tel. 662937. Pasé allí la Semana Santa. Es un bello país.

Escríbeme a París hasta el primero de mayo. Después, estaré en el Palazzo Cais, Fondamenta San Sebastiano 2545, Dorsoduro, Venezia.

Mañana llega el vate Neruda.

Mi hermana conoció a tu hermano Gonzalo en Roma.

Terminó mi apasionado romance con tu bellísima compatriota. Qué linda mujer, *Dio!!!*

Besos a María Pilar; para ti la vieja amistad de

Carlos Fuentes

[132] Alberto Díaz Lastra, «La definición literaria, política y moral de Carlos Fuentes», *La Cultura en México* (suplemento de *Siempre!*), n.° 268, 5 de abril de 1967. La entrevista de nueve páginas, que apareció con el subtítulo de «Un documento que hará época en la historia del pensamiento mexicano», por error presenta los datos hemerográficos del número anterior, es decir dice ser el n.° 267 del 29 de marzo de 1967.

DE JOSÉ DONOSO A CARLOS FUENTES

Querido Carlos:

Portugal me ha tratado pésimo: tuve una disentería que casi me despaché, no pudimos encontrar una casa ni medianamente pasable, nos engañaron, por último tuve un ataque de úlcera bravísimo, casi como el de México, que me ha tenido en cama más de quince días, y con un futuro de papillas en larga perspectiva ante mí.[133]

He estado por escribirte mil veces, y no sé siquiera si esta carta te va a llegar, ya que no estoy seguro de tu dirección. Quería esperar hasta almorzar, el martes próximo, finalmente con tus padres en la embajada y pedirles a ellos tu dirección exacta —Emir me da una en Venecia, yo tengo otras dos distintas. Por otro lado, oigo que estás en París. De modo que esta va un poco por si acaso, y para retomar contacto —no es carta.

Quiero pedirte que a vuelta de correo, si puedes, me contestes la siguiente pregunta (no necesitas ponerme carta, si no quieres, ya que yo te debo una que escribiré apenas retomemos contacto) que necesito saber: Seix Barral va a publicar *Coronación*.[134] Es un *deal* que he hecho yo, por medio de Joaquín, y directamente con Carlos Barral. En un

---

[133] En un texto de 1981, JD escribió que en México «los doctores dijeron que se negaban a operar ya que, siendo la úlcera una enfermedad nerviosa, reaparecería muy pronto. Era alguna otra cosa lo que había que curar primero si yo quería verme libre del dolor. El dolor me siguió hasta Iowa, donde dicté clases durante dos años en el Taller de Escritores, pero durante esos dos años enteros de dolor lacerante no pude escribir una sola línea [...] Así es que me fui de Iowa a España, porque allá se habla español y porque la vida era barata» (*Historia personal del «boom» y otros escritos*, 2021, p. 286).

[134] Seix Barral publicó *Coronación* en 1968 con varias reediciones en la década siguiente.

caso como este, ¿es conveniente, y lo haces tú, de entregarle el *deal* a Carl Brandt, y darle su comisión? ¿O en este caso, que todo el *deal* lo he hecho yo, simplemente me lo salto a pie juntillas? No sé cuál será el procedimiento más correcto en este caso. Me temo que será entregarle el *deal* a Carl para que él lo cierre y saque su comisión, aunque nada ha tenido que ver con el asunto.

Como te digo, no me escribas: ponme dos letras. Yo, después del almuerzo con tus padres y tu hermana, la semana próxima, me sentaré a endilgarte larga epístola. Me imagino que tú, también, con dos novelas afuera —que aún no he visto y que trataré de conseguirme apenas llegue a España— tendrás infinitas cosas que contarme. *By the way*, si te alcanza la energía, dame la dirección de García Márquez —¿dónde está? ¿Sigue en México o se vino, por fin, a Europa?

Te ruego ponerme dos líneas rápidamente. Un abrazo ecuménico y familiar (entiendo que veremos pronto a Cecilia),

Pepe

José Donoso
«Casais Unidos»
Travessa Pinhal Manso
Venda do Pinheiro
Portugal

DE CARLOS FUENTES A JOSÉ DONOSO

Venecia, 10 de agosto de 1967

Muy querido Pepe:

Me dio una gran alegría saber de ti, después de un silencio tan largo —aunque las noticias de tus enfermedades me «aguaron la fiesta». Mis padres me informan que afortunadamente no es úlcera —sino ratas. *I don't know which is worse.*

Contesto tu consulta: depende realmente de tus acuerdos con Carl. Yo le dejo manejar todo menos los derechos en lengua española. ¿Tú has hecho una distinción similar de «zonas sagradas»? Si no la has hecho y tácitamente Carl siente que *también* maneja tus derechos en castellano, creo que debes concluir el trato a través de él —aunque si directamente le planteas el asunto para aclararlo definitivamente, quizás sería lo mejor.

Tenemos mil cosas que contarnos. Yo seguiré en Venecia hasta después del festival de cine —es decir, hasta el 15 de septiembre. He sido invitado como jurado al festival; un jurado de «cuates»: preside Alberto Moravia *plus* la Sontag, Juan Goytisolo y Violette Morin. Me sumergiré durante dos semanas en los sueños de Godard, Buñuel y Visconti, pues estoy bastante apaleado con el trabajo; desde que llegué a Venecia, he tenido que regresar tres veces a París a liquidar trabajos de cine, y aquí he dado fin a la primera parte de mi novela larga y al primer esbozo de una obra de teatro. *Zona sagrada* salió en México con un enorme éxito de público (dos ediciones en veinte días) pero con la acostumbrada crítica incomprensiva (salvo Xirau y Paz, y eso basta); [135] *Cambio de piel* aparece por estos días en México y Buenos Aires; la censura española la prohibió, y el documento alusivo es una delicia; parece escrito por un monje loco en plena contrarreforma; emplea frases como «¡La blasfemia y la

---

[135] Ramón Xirau, «*Zona sagrada*, de la realidad a la magia», *La Cultura en México* (suplemento de *Siempre!*), n.º 270, 19 de abril de 1967. CF dedicó *Zona sagrada* a Octavio Paz y Marie José, pero Paz no escribió sobre esa novela sino sobre la obra previa de CF en «La máscara y la transparencia», *La Cultura en México* (suplemento de *Siempre!*), n.º 275, 24 de mayo de 1967: «Me fascinan y me exaltan las obras de unos cuantos poetas y novelistas latinoamericanos: no son una promesa sino una presencia. Entre esas obras se encuentra la de Fuentes».

herejía abundan!». En Gallimard gustó mucho *Zona sagrada* y sale en marzo junto con *Aura*.

Mientras tanto, tus compatriotas de *Ercilla* me mandan cuestionarios inefables (en América Latina siguen viendo al mundo como algo esencialmente dual: eres comprometido o artepurista, nacionalista o cosmopolita, serio o frívolo; la terrible herencia maniqueísta). Quiero contestarles a ver si logran entender que la literatura se hace con contradicciones, no con certidumbres cerradas; los partidos políticos, la prensa diaria, la iglesia y las familias se encargan de atiborrarnos *ad nauseam* con estas; que nos dejen a los escritores ver un mundo más complejo. Fernando Alegría escribió una crítica idiota, de sermón moralizante, sobre *Zona sagrada*, en *Ercilla*.[136] Y Neruda me contó que «un escritor sudamericano» (no quiso revelar su nombre) le había dicho que *Este domingo* era una obra frívola, de una grosería gratuita. Le contesté que era la única novela chilena que, a través del disfraz, me hacía entender las verdaderas relaciones de clase en Chile. ¡Joder! Pablo arde en deseos de leerte y te quiere y admira mucho. Creo que le contestaré ahora mismo a *Ercilla* para aclarar paradas.[137]

---

[136] Fernando Alegría, «Carlos Fuentes: El peso del éxito», *Ercilla*, n.º 1672, 21 de junio de 1967. Aun cuando la reseña tiene un comienzo sarcástico («se empieza a notar el peso del éxito: la tentación no resistida, el boato del *jet set*, la dulce papada de los pingües derechos de autor, la intoxicación espléndida de los martinis a la salud de los fellinis», etc.), otra parte de la reseña valora favorablemente elementos de la novela («Fuentes canta cuando se trata de ciertos ambientes y situaciones que son genuinamente suyos», etc.).

[137] «Nueve preguntas para Carlos Fuentes/Me niego a responder, por Carlos Fuentes», en *Ercilla*, n.º 1682, 30 de agosto de 1967: «Cuidado, ahora, con reducir a Vargas Llosa o a García Márquez a la "crónica realista", o a Donoso y Sarduy a la "representación gratuita": aquellos [los dos primeros nombrados] parten de una aparente concreción para conducirnos a la negación de la misma, que es la apertura que la supera; estos [los otros dos], de un aparente juego de máscaras para revelarnos la concreción terrible de ciertas mutilaciones personales y enajenaciones de clase».

¿Ya leíste *Cien años de soledad?* ¿No te parece una obra maestra? Yo sentí que estaba leyendo algo así como nuestro *Quijote*.[138] Gabo debe andar ahora por Venezuela en un congreso de novelistas y de allí sigue a Buenos Aires, donde será jurado del concurso de *Primera Plana*. Puedes escribirle a cargo de esa revista: Perú 367, Buenos Aires.

Escribe pronto, querido Pepe, y cuídate. Besos a María Pilar. ¿Cuándo nos vemos?

Carlos

DE JOSÉ DONOSO A CARLOS FUENTES

Venda do Pinheiro, 22 de agosto de 1967
[Membrete de *Tri-Quarterly*.
A National Review of Arts, Letters and Opinion]

Querido Carlos:

Ayer fuimos a despedirnos de tus encantadores padres y hermana, porque nos vamos a Madrid el domingo 27 de este mes. Significa que no veremos a Cecilia, pero tu madre nos prometió que si no llegaba muy cansada nos la mandaría con Elenita a la estación para despedirnos. A tu padre le ha encantado *Este domingo*, y me hizo una crítica inteligente y aguda, que me dejó muy satisfecho.

Te extrañará que te escriba en este papel. Pero la Universidad de Northwestern me ha contratado para hacer un

---

[138] JD no comenta *Cien años de soledad* a CF en este epistolario pero el 5 de enero de 1968 García Márquez escribió a JD: «Gracias por todas las cosas bellas y aterradoras que me dices sobre *Cien años*. A mí me conmueve profundamente, por encima de todo, la generosidad con que los amigos del mismo oficio me hablan, y hablan y escriben sobre este libro, y tu juicio es de los más abrumadores». La carta a la que responde García Márquez no se ha encontrado.

número especial sobre literatura latinoamericana actual, que saldrá en diciembre de 1968. Pero tengo ya que comenzar a prepararlo. Espero que te interesará darme algo (se pagará entre 100 y 150 dólares según la longitud, y en casos especiales, Borges y algún otro grandulón, algo más). Es una revista que sale solo tres veces al año, muy elegantemente impresa, con material totalmente contemporáneo y hasta revolucionario. Han salido cerca de doce números, creo, o más, de ellos tres especializados: uno, sobre literatura soviética de hoy; otro sobre Sylvia Plath; otro sobre literatura de Europa occidental contemporánea. El cuarto será el nuestro —digo nuestro porque quiero que también sea tuyo, que me ayudes, me aconsejes y metas la cuchara todo lo que quieras. Siempre que te interese —y espero que así sea. Estoy pensando, quizás, en algún fragmento de tus últimas novelas (siempre que para la fecha no hayan ya aparecido en USA —o un fragmento de lo que por tu padre me entero estás ahora escribiendo).

Avísame a España si puedo contar con tu colaboración.

Un abrazo para ustedes,

Pepe

c/o Embajada de Chile
Castellana 53 6º piso
Madrid - España

DE JOSÉ DONOSO A CARLOS FUENTES

Pollensa, 10 de diciembre de 1967

Querido Carlos:

Por fin tengo tu dirección. Entre Londres y París y París y Londres, te había perdido el rastro y ni tu padre, a quien le escribí preguntando, sabía dirección fija.[139] Tengo miles de cosas que contarte. Te mando, para empezar, el *review* de *Este domingo* en el *New York Times* del 26 de noviembre, que es estupendo.[140] Abandonamos Madrid porque no puedo escribir en medio de la ciudad, rodeado de amigos y divertimiento. Hemos adoptado una hija de tres meses, María del Pilar Donoso Serrano, que hace caca verde, llora toda la noche y tiene los ojos fijos y negros como dos botones recién cosidos.[141] Estamos viviendo en Mallorca, en una casa medieval, en la cima de un cerro en un pueblo ocre medieval al que se sube por una escala rodeada de cipreses centenarios. No puedo escribir. El *Pájaro* no vuela. Ya volará. O no volará.

Te quiero pedir un favor. Verás por el encabezamiento de esta carta que *Tri-Quarterly* me ha encargado que sea *guest editor* para un número latinoamericano (te mandé números, acusa recibo). ¿Puedes escribir para mí un artículo sobre «Literatura y Política en Latinoamérica» en el que podrás ser cuan radical quieras? Serán seis a ocho carillas, y el pago 200 dólares: poco, claro, como dicen los editores de todas las revistas literarias del mundo, pero qué le vamos a hacer... Cortázar, Vargas Llosa, Sabato, Emir, espero que Gabo, todos irán en el barco.

¿Podrías hacerlo en treinta días? ¿Puedo contar con él? Te ruego que me digas sí o no, rápidamente (¿si no, para cuándo?). Me urge saber para seguir en mi tarea. ¿Lo puedes escribir en inglés? Si no, está bien en español.

He leído, por fin, *Zona sagrada*, en un ejemplar que me hiciste mandar y que me siguió desde Portugal. La primera

---

[139] El 20 de octubre JD recibió una carta del padre de CF con noticias varias.

[140] Alexander Coleman, «Danse Macabre», *The New York Times*, 26 de noviembre de 1967.

[141] Pilar Donoso Serrano nació el 30 de agosto de 1967. Escribió la memoria familiar *Correr el tupido velo* (Alfaguara, 2009).

leída me desilusionó. La segunda, me gustó mucho. No te anticipo más, ya que haré una *suite* de artículos sobre la novela latinoamericana para un diario de Madrid, y el primero será sobre *Zona sagrada*. Te lo mandaré a su debido tiempo.[142]

Escribe pronto, dándome el sí, espero, y comprometiéndote bajo palabra a ser lo más radical posible. Cariños de nosotros tres para ustedes todos, un abrazo,

Pepe

José Donoso
«Son Donaire»
Pollensa, Mallorca
España

DE CARLOS FUENTES A JOSÉ DONOSO

Roma, 16 de diciembre de 1967

Querido Pepe:

Luis Buñuel me dio esta dirección tuya en Madrid. Espero que sea correcta. También, anoche cené con tus primos Echeverría aquí y los recordamos mucho. En todo caso, te escribo con premura pero con el objeto de restablecer el contacto perdido. Nosotros estamos viviendo en Londres:

---

[142] En sus *Diarios centrales* existe la primera impresión de JD sobre esta novela: «Leyendo a Martínez Moreno [...] muy *immediate response* a lo "literario" y cómo se despiertan dentro de mí mil cosas al contacto del idioma tan abandonado [...] Mi DELEITE con Vargas Llosa y con Martínez Moreno. Desgraciadamente no con Carlos Fuentes en *Zona sagrada*» (7 de agosto de 1967).

9a Hampstead Hill Gardens
London NW 3
Tel: HAM 2623

Vine a Roma a celebrar la tercera edición italiana de *Cambio de piel* (debidamente prohibida, como sabrás, por la censura española) y a recoger un poco de lana merced a diez días de «*script doctoring*». Les he hablado a los de Feltrinelli de tus dos nuevos libros, de manera que harías bien en enviárselos a:

Valerio Riva
Giangiacomo Feltrinelli, Editore
Via Andegari 6
Milano

También leí el excelente ensayo de Sarduy sobre *El lugar sin límites*; es decir, Severo me lo leyó en París; saldrá en *Mundo Nuevo*.[143] Yo adelanto mis ensayos sobre *El lugar* y *Este domingo*, pero dentro del conjunto del ensayo de más de cien cuartillas sobre la novela reciente en Bananaville. Quiero incluir, en contrapunto con el texto crítico, conversaciones con los autores; ya te bombardearé al respecto.[144]

También en Roma he reafirmado mi *reseau* de trabajo europeo (Roma-París-Londres) con excelentes contactos para cine. Claman por nuevas ideas y obras. Te sugiero que, al alimón, saquemos un argumento cinematográfico de *El lugar*, veinticinco cuartillas en inglés, luego se lo vendemos a un productor italiano y ganamos tres mil dólares

[143] «Escritura/Travestismo», *Mundo Nuevo*, n.° 20, febrero de 1968. En el mes de esta carta, Sarduy publicó un análisis de *Zona sagrada*: «Un fetiche de cachemira», *Mundo Nuevo* n.°18, diciembre de 1967.
[144] Primera mención de lo que será el libro *La nueva novela hispanoamericana* (1969), que sin embargo no tendrá páginas dedicadas a las novelas de JD ni entrevistas a autores.

chacun, más tu parte íntegra como autor de la obra original. ¿Qué dices?

No sé qué hacen en ese horrendo lugar. Roma es tan barata como Madrid, sabiéndola vivir. ¿Cuándo van a París? Avisen y cruzo La Mancha para verlos. O mejor, ¿cuándo nos visitan en Londonium?

Keep in touch, kisses for Pilar, happy New Year,
Carlos

DE JOSÉ DONOSO A CARLOS FUENTES

Pollensa, 27 de diciembre de 1967

Querido Carlos:

Por favor, me urge saber si me vas a hacer el artículo sobre «Política-Literatura» en Latinoamérica para el *Tri-Quarter-ly*, como te lo pedí en mi carta anterior. Sin eso, no puedo seguir mi trabajo... te ruego que me pongas dos líneas contestándome.

Tu carta llegó, y nosotros picadísimos porque hablas de una tercera edición de *Cambio de piel* en italiano y uno ni siquiera la ha divisado en español. Trataré por todos los medios de conseguirla, pero no creo que será posible en este país y en esta isla menos. ¿O no ha salido en español todavía?

¿Te conté de mi paternidad? Adoptamos una hija de tres meses. Me he quedado despierto toda la noche para darle biberones cuando está enferma. ME SIENTO HEROICO, y asquerosamente normal, casi como Andy Hardy.[145]

---

[145] Personaje interpretado por Mickey Rooney en una serie de películas entre 1937 y 1946.

¿Viste mis reviews americanos de *Este domingo*? ¿No son fabulosos? ¿Viste el del *Saturday Review*?[146] Es absolutamente increíble. Vamos a ver si vendo un *printing* por lo menos, lo que ya sería muchísimo. Veremos.[147] Estamos en el periodo más crítico y más difícil. ¿Cuándo sales en USA?

Un abrazo de Navidad y Año Nuevo para todos ustedes, y especialmente para ti. No seas animal y contéstame respecto al artículo del *Tri-Quarterly* (¿te llegaron los números?).

Un abrazo,
Pepe

José Donoso
«Son Donaire»
Pollensa, Mallorca
España

---

[146] Gerald Kersh, «This Sunday», *Saturday Review*, 9 de diciembre de 1967.

[147] Hasta ahora, *This Sunday* no se ha reeditado en inglés.

1968

DE CARLOS FUENTES A JOSÉ DONOSO

Londres, 6 de febrero de 1968

Querido Pepe:

Ya sé, ya sé, *hold your horses*, soy una mierda, miéntame la madre, y además soy fresco, cínico y descarado, pues cuando te escribo con un retraso total, no es solo para excusarme de lo que me pides, sino para pedirte yo un favor. Por partes. Regresé hasta fines de diciembre de Italia (donde conocí a y cené con tus primos Yáñez-Echeverría), la casa se nos llenó de visitas (Chaneca Maldonado, José Luis Ibáñez), cayó Octavio Paz, el cuento de nunca acabar y luego la convicción de que no tengo absolutamente nada que decir sobre un tema tan V A S T O como me pedías para el número de la revista. Si no es demasiado tarde, ¿no quieres o puedes incluirme al nivel ficción —quizás con algo de *Cantar de ciegos*? Apenas sé algo sobre «literatura y política» en México, y lo que sé es tan deprimente que nomás de pensarlo (no digamos de escribirlo) me ensimismo y entristezco.

Ahora mi —nuestra— solicitud. Esto es algo que urdimos con Mario Vargas Llosa y Jorge Edwards en París. *We've peddled the idea* y el libro, aun antes de ser escrito, ha sido tomado por Feltrinelli, Gallimard y Jonathan Cape. Se trata de «Los Padres de las Patrias», una teratología digna de Madame Tussaud en la que hemos pensado que, por razones de promiscuidad y otras, tú podrías hacer un espléndido

Melgarejo. No hay escritores bolivianos y el tipo es demasiado extraordinario para dejarlo fuera de un clan que incluye, con sus escritores al lado, al siguiente elenco:

Machado: Alejo Carpentier
Somoza: Tito Monterroso
Maximiliano Martínez: Claribel Alegría
Mosquera: Gabriel García Márquez
Sánchez Cerro: Vargas Llosa
Balmaceda: Jorge Edwards
Francia: Roa Bastos
Rosas: Carlos Martínez Moreno
Eva Perón: Julio Cortázar
Juan Vicente Gómez: Otero Silva
Melgarejo: José Donoso
Santa Anna: Fuentes

Mario Vargas y yo estamos conduciendo los hilos desde aquí, y Carl se encargará de manejar ediciones y derechos. Te aseguro que tenemos un gran éxito internacional en las manos —y con los *royalties* se propone comprar una villa en la costa amalfitana para *footloose expatriate Latin scribes*. Ojalá puedas y quieras colaborar con nosotros —tu perdón mediante—.[148]

Ni qué decirte con qué alegría leí la estupenda reseña de *This Sunday* en el *New York Times*. En qué lamentable posición quedan tus críticos chilenos. En cambio, a *Cambio de piel* (¿la recibiste?, le pedí a Joaquín que te mandara un ejemplar) la puso de asco, precisamente, un crítico

---

[148] El proyecto fue asumido con entusiasmo por los participantes —las reacciones e ideas de Cortázar, García Márquez y Vargas Llosa pueden leerse en *Las cartas del Boom*—, pero solo Claribel Alegría, en coautoría con su esposo Bud Flakoll, envió a CF unas diez páginas de un relato titulado «Audiencia matutina», que se conserva tanto en los papeles de CF como en los de Alegría en Princeton.

anglochileno, David Gallagher, en el mismo *NYT Book Review*. Tu compatriota es el rey del *literal-mindedness* y cree que he escrito una apología del nazismo! ¡Es lo único que me faltaba![149]

Besos a las mujeres de la casa y para ti un fuerte abrazo de Carlos

DE JOSÉ DONOSO A CARLOS FUENTES

Pollensa, 9 de febrero de 1968

Querido Carlos:

I quite sympathize: te lo propuse *on the stray chance* de que agarraras pero no puedo dejar de entenderte que rehúses. Claro que usaré algo de *Cantar de ciegos*, aunque no me parece que sea lo más rico ni representativo tuyo. ¿Sugieres algo especial de *Cantar de ciegos*? ¿Te parece que «La muñeca reina»? ¿No se te ocurre además algún artículo tuyo, ya escrito y publicado en español, sobre algún tema ultra combativo, que pueda hacer traducir? A mí, «La muñeca reina» me encanta realmente, pero si prefieres otro, dímelo. Sería interesante que fueras representado como cuentista y como ensayista. Serías el único.[150]

¿Se te ocurre alguien, polémico, interesante, que me pudiera escribir un artículo sobre la relación política-literatura en Latinoamérica? *Can you suggest someone?* Los mexicanos

---

[149] David Gallagher, «Stifled Tiger», *The New York Times*, 4 de febrero de 1968. El 3 de marzo se publicó una réplica de CF y una contrarréplica de Gallagher alrededor de interpretaciones sobre esa novela.

[150] CF solo apareció en el número de *Tri-Quarterly* con el cuento propuesto, traducido como «Doll Queen». El resto de cuentos de *Cantar de ciegos* no ha sido traducido aún al inglés.

son buenos para esas cosas. ¿Y Sabato? ¿Cuál es su posición política?

Cambio de piel no me ha llegado. Pero Asunción Claro y Mauricio Wacquez descendieron aquí en Mallorca por Año Nuevo y les robé *Cambio de piel*. Lo comencé, fascinado, mucho más que con *Zona sagrada* aunque te dije que esta me gustó muchísimo en una segunda lectura, pero lo tuve que dejar porque, como estoy escribiendo mucho ahora, y estoy en un estado extremadamente <u>poroso</u> y *tend to imitate you outrageously* y eso no puede ser.[151] Debo terminar el primer *draft* del *Pájaro* (700-800 carillas) justo antes o justo después de Pascuas. Entonces, me daré una vacación de por lo menos quince días: puede ser viaje (¿Londres? ¿Barcelona? ¿Sevilla?) o simplemente dedicarme a *lotus eating*. Desde luego, donde vaya, *Cambio de piel* irá conmigo, ya no peligroso. Lo curioso, me parece, es que no es tanto el estilo, pegajoso, insistente y fascinante, lo que influencia, sino que cierta manera de manejar la estructura que me sería muy útil para el *Pájaro*, pero que debo no mirar, no ver cuando hago lo mío. Lo del *New York Times* puede haber sido malo (no sé, no lo vi ni sabía) pero aunque el *Time* es antipático ciertamente te dan una enorme importancia y sin duda están muy *impressed*.[152] Te envidio de todo corazón: acuérdate

---

[151] Según sus *Diarios centrales*, JD había leído completa la novela casi un mes antes: «Acabo de terminar de leer *Cambio de piel* de Carlos Fuentes, y me siento alborozado y sorprendido, asqueado y rabioso, con una visión mayor de la literatura y la vida y un hambre por entender mejor la unidad de este libro, dialéctico, paradojal, oscuro como un poema, ecléctico, imitativo, y antes que nada riquísimo. Más que nada, siento envidia por la labia y la inteligencia de Fuentes. Y la pena de tener que conformarme con ser solo José Donoso» (14 de enero de 1968).

[152] «Volkswagen of Fools», *Time*, 26 de enero de 1968. Es una crítica entre negativa y apreciativa: «Como en las mejores partes de los libros anteriores de Fuentes, *La región más transparente* y *La muerte de Artemio Cruz*, su última novela exhibe la influencia de casi todos a quienes el ambicioso mexicano profesa admiración». En *Diarios centrales*, JD escribió: «Carlos con foto apareció en *Time* y la envidia me corroe y me mina. Me

que en América del Sur, el *Time* y la Biblia son más o menos lo mismo, de modo que... te apuesto que lo tuyo lo ha leído hasta Trouyet.[153]

De tu padre recibí una cariñosa carta ayer. Nos vimos poco pero hicimos buena amistad: te das el lujo hasta de tener padres no solo presentables sino que encantadores, cuando todos los demás tenemos que cerrar la puerta de la casa para que las visitas no vean a los nuestros, buenos o malos.[154]

En cuanto al proyecto, me parece sensacional, y claro, que hables del <u>favor</u> que me pides es bastante exagerado... reverencia por japonesa reverencia, soy yo el honrado con la invitación. Melgarejo me parece que sería el único de todos estos monstruos sobre el que podría escribir. Estoy feliz. ¿Qué hace Claribel en todo esto? Es encantadora y muy buena poetisa, pero no conozco sus capacidades de ensayista.[155] En fin, estoy feliz con la invitación. ¿Cuál es la línea? ¿Análisis cultural, retrato, ensayo político, fantasía? ¿Cuándo es el *deadline*? Me imagino que mientras más fantasía, mientras más vívida la cosa, mejor, además con Melgarejo no se puede inventar mucho, porque lo hizo todo.

Valerio Riva está, ahora, leyendo *Este domingo* y *El lugar*. ¿Sabes algo? Si estás en correspondencia con él, cuéntame un poco qué le han parecido. Me escribe hoy Carl que se los ha mandado.

---

alegro por él pero me da envidia, frivolidad pero qué se le va a hacer» (29 de enero de 1968).

[153] Carlos Trouyet, magnate mexicano de los años sesenta.

[154] Rafael Fuentes escribió una carta a JD el 5 de febrero de 1968: «quiero felicitarlos en nombre de todos nosotros por la adopción de María del Pilar Donoso y Serrano. Sabíamos por ustedes del gran deseo que tenían de hacerlo y nos damos cuenta de su felicidad [...] Carlos sigue instalado en Londres, donde dice que trabaja muy a gusto, entre la neblina y la nieve».

[155] Como se dijo, el único texto terminado enviado a CF fue el de Claribel Alegría.

¿Vienes a Mallorca? Habrá sol en cuestión de semanas más, y puede ser interesante. El mundo de las amistades aquí no existe ya que todo el mundo es *retired* —los coroneles de la India usan, como en el mito, bigote enorme blanco como la espuma— y desde ese punto uno se aburre. Nos encantaría tenerte por acá cuando comiencen los baños de mar, como dicen las señoras. Puede ser un buen cambio de Londres. ¿Recibiste un paquete con diez o más *Tri-Quarterlys* que te mandé hace siglos?

Aquí todos bien, y las dos Pilares de mi vida te mandan saludos. Yo también, y espero que esta vez no tardes tanto en responder.

Un abrazo muy grande,

Pepe

José Donoso
«Son Donaire»
Pollensa, Mallorca
España

DE CARLOS FUENTES A JOSÉ DONOSO

Londres, 29 de febrero de 1968

Querido Pepe:

Perdona el retraso en contestarte; me cayó encima una *flu* londinense que me tuvo inmovilizado tres semanas, y apenas ahora empiezo a recuperar mi ritmo. Me dio una inmensa alegría saber de ti y contar con tu colaboración para el libro de los monstruos. Mario Vargas comparte mi entusiasmo y gratitud por tu adhesión. Se trata, desde luego, de tratar literariamente el asunto, en todo caso llegar al *portrait* pero quedarse lejos del ensayo. Cortázar trata el tema Eva Perón como lo que es: pura literatura fantástica, un cadáver que poco a poco infesta con su corrupción a Buenos Aires.[156] Y, como bien dices, Melgarejo ni siquiera necesita literatura; es la ficción encarnada, lo *unbelievable* con charreteras. Nos congratulamos de haber dado en el clavo con el de tu preferencia y esperamos tus cuartillas (treinta máximo) a principios de julio. De nuevo, mil japonesas caravanas.

Me parece excelente que incluyas «La muñeca reina» en el número de *Tri-Quarterly* (sí, recibí y te agradezco los números de la bellísima revista). No creo tener ningún ensayo tan fogoso como me pides a la mano y creo que con el cuento basta; luego todo mundo me critica por excesivo y glotón y hedonista. ¿Qué es precisamente lo que quieres? ¿Política y literatura? ¿A qué nivel? El más alto es Octavio Paz, que él sí debería estar representado como poeta y como ensayista. En México hay Benítez, Pablo González Casanova... Vargas Llosa estaría muy bien para ese tema, desde luego.

El trabajo me tendrá capturado en Londres hasta el 20 de marzo. Estoy muy metido en la nueva novela y terminé una obra de teatro (que será estrenada este otoño en Milán y luego en Berlín; en Kafkahuamilpa de los Aztecas *they would squash ripe tomatoes on my face and then tar and feather me and dump me in beautiful Xochimilco*).[157] El 20 de marzo voy una semana a París y luego diez días a Italia, donde debo dar un ciclo de seis conferencias y llenar los teatros de ópera de Turín, Milán, Génova, Roma, Nápoles y Bari, como si fuera María Callas. ¿Dónde andarán ustedes en esas épocas? Sería espléndido encontrarlos en alguna de

---

[156] Para «Los Padres de las Patrias», Cortázar había propuesto extraer unas páginas de una novela suya escrita muchos años antes, *El examen* (inédita hasta 1986). Ver *Las cartas del Boom*, p. 219.

[157] «Me arrojarían tomates maduros en la cara y me emplumarían el cuerpo con alquitrán, dejándome botado en el hermoso Xochimilco».

esas escalas. Quiero huir de Londres. El clima es implacable, todo se está derrumbando como un castillito de arena, la preocupación nacional es el *tea-break*, *swinging London* es un mito inventado por *Time Magazine* y un infinito aire de tristeza, sordidez, impotencia, insularidad, lo rodea todo. Hay cierta belleza *bleak*, dickensiana. Pero no basta. No hay donde estar. Todo se cierra a las diez de la noche. Suspiro, como un Edwards Bello o Subercaseaux cualquiera, por los bulevares y las terrazas y esa posibilidad de apropiarte a cada instante el rinconcito o la totalidad de una ciudad que te ofrecen Roma o París.

Mauricio y Asunción me escribieron sobre sus andanzas mallorquinas con ustedes. Derivo de ellos una brillante imagen donosiana de tensiones creadoras y barbas doradas por, como lo llama el maestro Ezra, Pollo Phoibee.[158]

Hace tiempo que no sé de Valerio Riva, pero pronto le escribiré para coordinar el viaje italiano y preguntarle por tus libros. En todo caso, lo veré en abril y sabré con exactitud dónde estamos. Feltrinelli hace lanzamientos bárbaros de los escritores latinoamericanos (a los que descubrió cuando los gorilas lo echaron de Bolivia; vaya una cosa por otra) y encuentras tus libros en todos los *binari*, quioscos y tiendas de anchoas de la bota.

¡Qué maravilla! ¡*Draft* completo del *Obsceno pájaro*! Te abrazo y felicito; *I know what has gone into that!* Y te envidio. Yo solo estoy arrancando, con dolores y suspiros. Algo que se llama «Tántalo Seis» y que por el momento es un pulpo de papeles surtidos y asfixiantes.[159]

Saludos a las Pilares y para ti todo el cariño de tu amigo
Carlos

---

[158] Apolo/Febo, dios de la luz y del sol, mencionado en el poema «Cino» de Ezra Pound.

[159] La novela que será *Terra nostra*. Polo Febo es el nombre de uno de los personajes centrales.

DE JOSÉ DONOSO A CARLOS FUENTES

Pollensa, 3 de marzo de 1968

Querido Carlos:

¿Por qué, después de Roma, etc., a fines de marzo, no te vienes a pasar unos días aquí en Mallorca con nosotros? María Pilar dice que cuidará tus heridas del corazón maternalmente, *and that she will minister to the least of your whims*. En serio, esto es muy lindo, y creo que por unos días, muy pocos, es una excelente cura de reposo. Ya te habrá dicho Mauricio de mi falta de hospitalidad, pero es distinto cuando uno invita a alguien que cuando alguien simplemente se descuelga sin previo aviso. De modo que —aunque esto es en un sentido, España— ponnos en tu *carnet*.

Me encantaría conseguir algo de Paz. ¿Dónde me puedo poner en contacto con él? ¿Qué libros reúnen sus ensayos? ¿Qué ensayo recomiendas?

Esperamos aceptación a esta invitación, pero avísanos pronto si podemos contar con tu presencia. Esto es LA SOLEDAD, eso sí, pero por eso mismo será divertido.

Contesta pronto,
Pepe

José Donoso
«Son Donaire»
Pollensa, Mallorca
España

DE JOSÉ DONOSO A CARLOS FUENTES

Pollensa, 4 de marzo de 1968

Querido Carlos:

Perdón por la insistencia, pero es una consulta importantísima y muy urgente:

Y muy confidencial hasta que te diga *go*:

El editor de *Tri-Quarterly* me dice que muchas de las traducciones las harán en un instituto en Texas que dirige Keith Botsford, traducciones que serán buenas y gratis. Te transcribo lo que dice a continuación: «*There is some possibility that* Tri-Quarterly *and his magazine* Delos *will have something to do with one another in a year or two, but not at the moment. He has no editorial say*».[160] Ahora, entiendo por rumores no fundamentados que todo lo que toca Botsford está sucio. Entiendo que a ti, que a Ibaretc. [sic], que a varios otros les hizo porquerías relacionadas con dinero de la CIA, etc. ¿Es cierto? ¿O es *witch burning*? ¿Qué me aconsejas en este caso? ¿Crees que debo advertir a las personas que darán *contributions*, como Cortázar, etc., que está Botsford, y es tan cuco Botsford o es leyenda negra? ¿O es tan grave que me aconsejas de *to drop the whole thing*?

Te ruego que me contestes a vuelta de correos, ya que estoy aterrado. Sabes lo cretino que soy en estas cosas, pero por ningún motivo quisiera arrastrar a gente a algo que pudiera ser sucio —y tampoco me gustaría a mí estar metido.

---

[160] «Hay posibilidades de que *Tri-Quarterly* y su revista *Delos* tengan algo entre ellas en uno o dos años, pero no de momento. Él no tiene injerencia editorial».

Voy a esperar respuesta a esta carta sentado en la puerta de calle y no haré nada hasta saber.

Un abrazo,
Pepe

José Donoso
«Son Donaire»
Pollensa, Mallorca
España

DE CARLOS FUENTES A JOSÉ DONOSO

Londres, 15 de marzo de 1968

Querido Pepe:

Botsford es uno de los tipos más siniestros del mundo, una especie de Dean Rusk con *charm*, un transparente espía (razón por la que, finalmente, no es peligroso) pero, SOBRE TODO, el güevón *number one* de la historia. Una vez que tus originales caigan en sus manos, despídete de ellos: jamás serán traducidos. Me parece, en consecuencia, que *you must base your case on this practical matter*. Todas las tareas similares que se le han encargado a Botsford han fracasado, y si el material del *Tri-Quarterly* pasa por él, estarías, conscientemente, enterrando tu trabajo *per secula seculorum*. Creo que bastaría invocar estas razones para zafarse de la relación e imponer, como condición de tu trabajo, que las traducciones se lleven a cabo de manera pronta y eficaz (lo cual, sin más consideraciones, excluye a Botsford).

Octavio Paz y Julio Cortázar están en la India, Mexican Embassy, 136, Golf Links, New Delhi. Paz tiene varias colecciones extraordinarias de ensayos recientes: *Corriente alterna*; un libro espléndido sobre Lévi-Strauss, etc.[161]

Les agradezco la magnífica invitación, agradezco la cariñosa carta de María Pilar, pero por desgracia tendré que ir a la carrera a Italia a dar las conferencias y regresar como bólido a Londres; quiero aprovechar al máximo las facilidades de la biblioteca del British Museum antes de salir, en junio, de Inglaterra. Quizás, durante el verano, sí pueda aterrizar por vuestros rumbos. ¿Hasta cuándo seguirán allí? Tengo, desde luego, problemas oficiales con España, pero me parece que son salvables si me dedico, como los *épiciers* de Lyons y Nancy, a una dócil y admirativa actitud turística. Se me antoja mucho ir allá en pleno calor. El sol sí hace falta después del invierno inglés. He trabajado mucho: pieza de teatro, pieza para la radio alemana, dos cuentos largos para libros en colaboración con pintores, y 150 cuartillas de «Tántalo Seis». ¡Y me falta mi dictador! ¿Cómo va el insigne Melgarejo?[162]

Rita y Cecilia les mandan besos; la primera estudia el día entero en el Central School of Speech and Drama; la

---

[161] *The Tri-Quarterly Anthology of Latin American Literature* fue editado por JD y William A. Henkin (E.P. Dutton, 1969). Octavio Paz fue incluido con el ensayo «Literatura de fundación» y una serie de poemas, y Cortázar con «Ocupaciones raras» de sus *Historias de cronopios y de famas*.

[162] La pieza teatral es *El tuerto es rey*. De los otros trabajos solo podemos especular. Sobre la pieza para la radio, un año antes CF relató a Octavio Paz que empezaba a escribirla y pregunta si puede ofrecer para esa serie radial una pieza de Paz, *La hija de Rapaccini*: «Pagan muy bien y la compañía es excelente: Nathalie Sarraute, Marguerite Duras, etc.» (10 de junio de 1967). Los cuentos largos pueden remitirse al proyecto con Gironella que terminó integrado a *Terra nostra*, aquí todavía con el nombre de «Tántalo Seis». En cuanto al texto sobre Melgarejo, esta es la última vez que en este libro se menciona algo relacionado a «Los Padres de las Patrias». Muchos años después, CF retomó el interés en su dictador al escribir el libreto de la ópera *Santa Anna* (Ediciones Originales, 2007), con música de José María Vitier.

segunda, en una escuela primaria donde ha sentado plaza de surrealista con la única frase en inglés que conoce y que aplica a todas las circunstancias imaginables: «Is birthday of dolls». Ellas regresarán en el verano a México; necesito testigos próximos para que me cuenten cómo se desintegra mi ridículo país con esas Olimpiadas que pagaremos con sangre, como Don Porfirio pagó los bailes del Centenario.

Besos y abrazos,
Carlos

DE CARLOS FUENTES A JOSÉ DONOSO

Roma, 3 de abril de 1968
[postal]

Querido Pepe:

Unas rápidas líneas para decirte que Riva está encantado con tus libros. Me dijo que eras una «revelación» y las novelas «dos obras maestras». Riva te escribirá en estos días; yo te felicito entusiastamente.[163]

Un beso a María Pilar; para ti la amistad de
Carlos

---

[163] Feltrinelli no publicó *Este domingo* ni *El lugar sin límites*. La primera todavía no existe en italiano y la segunda aparecería en 1972 como *Il posto che non ha confini* editada por Bompiani.

DE JOSÉ DONOSO A CARLOS FUENTES

Pollensa, 3 de junio de 1968

Querido Carlos:

¿Cuáles son tus planes para el verano? ¿Nos cuentas entre ellos? Esperamos que sí, pero que nos avises con anticipación.

Nada he sabido de Valerio Riva. Me temo que va a ser otra Éditions du Seuil, que les gustan mucho mis cosas y patatín y patatán, pero nada de publicación. Carl tampoco dice nada.

¿Quién, exactamente, es David Gallagher? Me lo proponen para que haga un *«overall study»* de la literatura contemporánea latinoamericana. Pero a ti te lo he oído nombrar, me parece que negativamente. Por favor cuéntame. ¿Es profesor o algo así?

Escribe. Un abrazo familiar mutuo,
Pepe

José Donoso
«Son Donaire»
Pollensa, Mallorca
España

DE CARLOS FUENTES A JOSÉ DONOSO

Londres, 14 de junio de 1968

Querido Pepe:

Mi proyecto sería pasarme el mes de agosto tumbado al sol y leyendo; el invierno londinense solo lo soportan Dr. Watson y Margaret Rutherford *and I look like the Blanched*

Soldier about to be devoured by Miss Marple. Not a consummation devoutly to be wished.[164] Terminé la obra de teatro y llevo unas cien cuartillas de «Tántalo» (*working title*), de manera que ha llegado la hora del merecido reposo. Quisiera pasar agosto en Mallorca. ¿Debo entender que me invitas o debo procurarme la casita de Alastair Reid en Galilea o buscar algún acomodo? Todo depende, por supuesto, de que me den la visa —el odio oficial es grande y los hornos no están para bollos.

Me es difícil ser ecuánime con Gallagher. Posee los peores defectos de América Latina (la intriga estéril y sin gracia) y de Inglaterra (*common sense*, positivismo, horror del experimento literario) y una siniestra intención de enemistar a la gente y denunciar políticamente, como lo comprueba su artículo del *New York Review of Books* sobre la literatura cubana, lleno de *hearsay* y falsedades.[165] Se puede decir que *El siglo de las luces* es una buena o mala novela; no se le puede despachar, como hace Gallagher, como «*a reactionary novel*»; ni se puede despachar medio Cortázar como «*existential metaphysic phantasies*». Dicho lo cual, mi *grievance* con él es muy definida: atacó *Cambio de piel* en el *New York Times Book Review* como un libro fascista después de una lectura literal que le impidió entender los aspectos paródicos, críticos o irónicos del libro. Estoy perfectamente compensado: Arthur Miller, Styron y Mailer protestaron contra esta interpretación y en su lista de *Summer reading* el *Book Review* incluye mi libro y tácitamente desautoriza a Gallagher, pues ahora resulta que, políticamente, se trata de una denuncia del fascismo a nivel público, privado y

---

[164] «Y parezco el soldado de la piel decolorada a punto de ser devorado por Miss Marple. No es una situación en absoluto deseable». Referencias al cuento «El soldado de la piel decolorada» de Arthur Conan Doyle y *Miss Marple y trece problemas* de Agatha Christie.

[165] «The Literary Life in Cuba», *New York Review of Books*, 23 de mayo de 1968.

universal. Juzga a partir de estos datos. Para mí, Gallagher es un terrorista, un soplón y un arribista con pretensiones demasiado obvias de convertirse en el árbitro de la literatura latinoamericana en el mundo anglosajón. *Over my dead body!*[166]

Regreso mañana a París por una semana. Ya te contaré en detalle lo que ha sucedido allí. Es demasiado importante para comunicarlo en unas cuantas líneas.[167]

No te preocupes con Feltrinelli; las cosas allí marchan muy despacio, en estos momentos están en crisis y Riva es mal corresponsal. Pongo los güevos en el platillo por tus libros *vis-à-vis* los italos.

Espero encontrar carta tuya cuando regrese el 21 de *Parigi*. Mientras tanto, besos a María Pilar y para ti un gran abrazo de

Carlos

---

[166] Mario Vargas Llosa tuvo una opinión radicalmente distinta de la de CF, al encomiar siempre la labor crítica de Gallagher. Del libro de este, *Modern Latin American Literature* (1973), escribió que era «uno de los más lúcidos y penetrantes análisis de la contribución de los poetas y prosistas latinoamericanos a la renovación de la literatura contemporánea [...] este ensayo de David Gallagher no ha sido aún superado como derrotero iluminador de la revolución literaria que vivió América Latina en el siglo veinte» («Profesor de idealismo», *El País*, Madrid, 22 de agosto de 2004).

[167] Referencia a las revueltas en Francia y sobre todo en París, en mayo y junio de 1968, conocida como la «revolución del 68» (temida por unos, deseada por otros). CF se entusiasmó con los acontecimientos, viajó de Londres a París hacia el 30 de mayo por unos días y, como cuenta a JD, hizo ese viaje de nuevo el 15 de junio.

DE CARLOS FUENTES A JOSÉ DONOSO

Londres, 26 de junio de 1968

Querido Pepe:

Recién regresado de París y de la revolución, que, cual debe ser, ha tenido lugar ante todo en las cabezas y en los corazones: es otra ciudad, abierta, de permanente discusión y diálogo en las calles. Familias destruidas, parejas separadas y otras parejas telescopadas al amor a partir de las barricadas. Camus: ratas en las calles. Victor Hugo: las alcantarillas de París comunican de la Sorbona al Champ de Mars: trayecto de los cócteles molotov. Flaubert: jornadas de la educación sentimental. Lautréamont: la poesía hecha por todos. Bakunin, Breton, Blake, Rosa Luxemburgo y René Char en los muros del Quartier Latin. Y Fuentes enloquecido, defendiendo a señoritas chilenas con una espada toledana contra las injurias de los fascistas, y Fuentes borracho arrojándose al Sena a las seis de la mañana *in the total rape of a grey and gold and blue Lutetia.*[168]

Bueno: tomé la casa de James Jones en la Ile St. Louis, frente al río y Notre Dame, de fines de julio a principios de septiembre. Hay miles de recámaras. Y un bistrocito de la esquina manda la comida. Y allí estaremos Gabo, Goytisolo, Sarduy, Cortázar y tus músicos chilenos, y pasarán sin duda Cabrera y Vargas y también estará allí Carpentier. ¿Qué dicen? ¿Se animan a darse una vuelta? (Y Buñuel, por supuesto). (Y María Félix).

Hablan los muros de París:

---

[168] «En la destrucción total de una gris, dorada y azul Lutecia». La ciudad galorromana Lutecia fue precursora de la actual París.

LA RÉVOLUTION EST INCROYABLE PARCE QUE VRAIE
VIBRATION PERMANENTE ET CULTURELLE
VIVE LA CITÉ UNIE/VERS CYTHÈRE
MERDE AU BONHEUR
DESSOUS LE PAVES C'EST LA PLAGE
L'INFINI N'A PAS D'ACCENT
SOYEZ RÉALISTES: REVEZ L'IMPOSSIBLE
NOUS SOMMES TOUS DES JUIFS ALLEMANDS
NE VOUS EMMERDEZ PLUS! EMMERDEZ LES AUTRES!
ATTENTION LES CONS NOUS CERNENT!

Y en la arcada de la Rue de Seine al Quai de Conti, un cartel pintado por Julio Silva y redactado por Julio Cortázar:

REFUSEZ LA MORT CLIMATISÉ

Los abraza,
Carlos

PS. Y *Les Temps Modernes* publicó *«La poupée reine»* dedicada a ustedes.[169]

DE JOSÉ DONOSO A CARLOS FUENTES

Pollensa, 26 de junio de 1968

Querido Carlos:

Sorry, te invitábamos en abril, pero ahora no podemos hacerlo. Te voy a explicar. Nuestra casa es pequeñísima (dos dor-

---

[169] Traducción de «La muñeca reina», *Les Temps Modernes* n.º 264, mayo-junio de 1968.

mitorios, un *tiny studio*, salón-comedor). Pero en esos meses que te llamábamos, Mauricio Wacquez tenía tomada la casa del lado, pegada a la nuestra y sabíamos que no venía. Ahora Mauricio no tiene esa casa y no tenemos dónde meterte. Arrendar casa aquí por esta temporada es caro (la casa que le tenía por cuatro mil a Vargas Llosa está ahora en nueve por los meses de verano).[170] Yo creo que quizás, a través de amistades, te podría encontrar algo por aquí cerca en la Huerta de la Font (pero no es playa y necesitarías auto) o en Puerto Pollensa o la Cala San Vicente (quince minutos de aquí). Dime hasta cuánto puedes gastar y veremos si te encuentro algo. Por otro lado me dices de Galilea: es realmente precioso (nosotros quisimos tomar casa allí al principio pero no encontramos) pero para ti, que presumo vendrás de *bachelor*, sería terriblemente aburrido y muy, muy solo, fuera de ser la parte más solitaria de la isla y lejísimo del mar, según creo. Pregúntale a Alastair. Queda a una hora diez de nosotros, pero sin auto allá arriba te mueres. Voy a ver una casita chica en Puerto esta tarde y otra en la Cala, *and going to try to hold them down for you*, hasta que me contestes. No sabes la ilusión que nos hace tenerte por aquí durante un mes. Dime qué hago. La casa del lado, aquí arriba, la tiene ahora un señor Wilson Carter y aloja allí a unos maestros que le están haciendo su palacete. No sé hasta cuándo la tendrá y Wilson no está aquí ahora, en cuanto llegue le pregunto y te escribo: es una pieza grande con linda vista, baño y cocinita. Es baratísimo. Claro que, de nuevo, quedas a un cuarto de hora en auto de la playa y no hay forma de bajar el cerro más que en auto (esto es en la cumbre de un cerro) y creo que no sabes manejar. En fin, como te digo, voy a ver un par de casitas para ti y quiero que me contestes a vuelta de correo para saber qué hago.

---

[170] Vargas Llosa y su familia visitaron Palmanova (Mallorca), a 67 kilómetros de la Pollensa de JD, entre fines de marzo y comienzos de abril de 1968.

De alguna manera tenemos que arreglarnos para que vengas. Hay varias *local Bovarys who are panting for your arrival.*

El *Pájaro* está al terminar. Tengo 600 páginas, y luego tendré unos cuatro días de trabajo y estaré libre. Me daré un *break* más bien largo, y dentro de un mes comenzaré a trabajar en el *cutting room* y a montarla para llegar a un copión decente y mostrable —eso es más corto como trabajo y creo que estará listo en diciembre. Es rarísima la sensación de que tengo solo cinco días más de trabajo en el *Pájaro* y dejar de trabajar en él es como divorciarse, me parece, de alguien con quien uno está casado hace mucho tiempo y a quien uno le ha sido muy fiel. Acabo de salir de uno de mis «*nervous breakdowns*» al final de trabajo —recuerda mi derrame ulceroso nervioso en México, y un *surmenage* terrible al final de *Coronación*— en que me durmieron durante días y días y yo estaba con cáncer y leucemia y lloraba todo el día porque me iba a morir y el *Pájaro* iba a quedar inconcluso y no iba a ver crecer a mi hija y no iba a ver el verano en Mallorca. Mi *headshrinker* de Palma me ha dado pildoritas (se usan más que el psicoanálisis ahora, si quieres estar a la última moda) y después de largo dormir y largo estar obnubilado, revivo recién: en este último mes he hecho cien páginas, que es mucho para mí y me quedan cinco días de trabajo: no lo puedo creer. Y no sé si lo quiero.

Tú, como de costumbre, eres el *modern* Leonardo: teatro, biografía, ya te veré construyendo cerebros electrónicos y haciendo planos para basílicas hippies. ¿Cómo se te está dando lo del teatro? Es algo que me intriga y que me tienta. Tenemos mucho que hablar al respecto. Luego del *Pájaro*, voy a escribir un libro de ensayos críticos (creo) analizando doce novelas latinoamericanas, completamente sacadas de su contexto histórico, y sin nada que ver con la persona que las escribió: puro análisis de forma y de símbolos (sin llegar a Sarduy, por otro lado, más bien). Los autores de las doce novelas serán *i soliti ignoti* —tú, Gabo, Mario, etc. Lo escribiré directamente en inglés para que terminen de odiarme. Y si me preguntan por qué lo hago en inglés diré que porque en Latinoamérica no hay público para algo así.[171] También necesitamos hablar de esto. Contesta rápido.

Un abrazo como siempre,
Pepe

DE CARLOS FUENTES A JOSÉ DONOSO

París, alrededor de agosto de 1968[172]

Querido Pepe:

Tu carta me llegó por *roundabout ways* —desde fines de julio estamos aquí, esperándolos, con las ventanas abiertas de par en par frente a un Sena de menta y aceite, lento y caluroso. Las vistas se extienden del Pantheon a la Torre Eiffel, pero el paso de amigos las obstruyen: una *minimoveable feast*:[173] Buñuel, García Márquez, Vargas Llosa, Goytisolo, Margot Benacerraf, Semprún, Louis Malle, Gallimares y Seuiles, Carpentier y desde la semana entrante los Pacheco de *house-guests*. Una extraña biblioteca dedicada al *Civil War*, un baño forrado en piel de leopardo con una tina de esmeraldas digna de Claudette Colbert *in a minor Cecil B.*

---

[171] Primera referencia a *Historia personal del «boom»*. El proyecto pasó por varias modificaciones, como irá contando a CF. El abandono de la idea de escribirlo en inglés se comenta en sus *Diarios centrales*: «[...] es evidente que soy poco sensible al idioma español y su belleza. Daría mi vida por escribir en inglés. Pero tampoco puedo. Ni intentarlo. Todo el mundo me ha disuadido de mi proyecto de escribir el *Boom* en inglés (Carmen Balcells, Carl Brandt, ambos se oponen)» (15 de julio de 1970).

[172] Esta carta aparece fechada por error en «París, 15 de mayo de 1968».

[173] Referencia a *A Moveable Feast* (*París era una fiesta*) de Ernest Hemingway.

epic opus. Y una cama redonda, como la de la reina Margot. *But all good things must come to an end*: el 6 de septiembre regresan los dueños y los Fuentes se desparraman. Pensaba regresar a México por unos meses para prepararle un libro de ensayos a Joaquín.[174] En el clima actual, todo indica que iría a dar con mis huesos al Palacio Negro de Lecumberri, aparte de que no veo la posibilidad de publicar ensayos políticos con la represión de la puta que se viene encima para salvar esa olimpiada que cada día se parece más al centenario de don Porfirio. Total: Rita y Cecilia regresan a pasar el invierno *Under the Volcano* y yo me quedo en Europa a adaptar el *Idem* para Buñuel.[175] Pero antes NECESITO dos semanas tirado en una playa y bajo el sol. ¿Seguirán ustedes en la isla entre el 7 y el 21 de septiembre? Esto me decidiría a ir allá (si Paco me da la visa) a verlos y releer Proust como un beato. Contéstame pronto —*at once*— como yo lo hago para, desgraciadamente, negarte la autorización de utilizar mi viejo texto sobre la novela latinoamericana.[176] Pienso revisarlo *de fond en comble*: han pasado demasiadas cosas, *El lugar sin límites, Cien años de soledad, Tres tristes tigres, Gazapo*; los textos sobre Carpentier y Cortázar que aparecen allí ya los he revisado y publicado por separado. En fin, ese texto es un primer *approach* que de ninguna manera publicaría hoy. No porque la interpretación central

---

[174] En 1970 CF publicaría una recopilación de artículos de literatura y cultura en general escritos en la última década, *Casa con dos puertas* (Joaquín Mortiz) y otra de política, *Tiempo mexicano* (Joaquín Mortiz, 1971).

[175] Hubo un intento de adaptar al cine *Bajo el volcán* de Malcolm Lowry con la participación de CF y Guillermo Cabrera Infante en el guion, que se frustró aunque Cabrera terminó por su cuenta una versión en 1972 cuyo manuscrito se conserva en Princeton. El director John Huston hizo otra versión en 1984.

[176] El «viejo texto» es mencionado en su carta a JD del 1 de septiembre de 1964: «La nueva novela latinoamericana. Señores no se engañen: los viejos han muerto. Viven Vargas Llosa, Cortázar, Carpentier», que sería ampliado en *La nueva novela hispanoamericana* (1969).

este *dated*, sino porque necesito enriquecerlo. No hablo de Onetti, por ejemplo... En fin, no puede ser. Soy demasiado consciente de las lagunas. Lo lamento. Escribe rápido sobre vuestros planes (qué lástima que no se decidan a tomar un avión para pasar los próximos diez días aquí, en la casa) y dime qué posibilidades hay de encontrar una choza junto a la playa, o un cuarto de hotel, de perdida...

Sobre todo, FELICIDADES POR EL *PÁJARO*.

Los quiere y abraza,

Carlos

DE CARLOS FUENTES A JOSÉ DONOSO

París, 3 de septiembre de 1968

Querido Pepe:

Una simple nota para avisarte que Dominique Éluard, la viuda del poeta, me ha prestado su apartamento en Palma hasta fines de mes. Espero salir el viernes a Barcelona y llegar el lunes a Palma. Apenas lo haga, me comunicaré con ustedes y con los Flakoll. Ojalá encuentre buen clima. *I need it*. Me falta el sol por dentro y por fuera. Rita y Cecilia salen el jueves a México. Ya hablaremos largo.

Un beso a María Pilar y para ti toda la amistad de

Carlos[177]

---

[177] Rita Macedo escribe en sus memorias sobre esta época a partir de cartas que le enviaba su esposo CF: «Pasaba mucho tiempo con José Donoso y su esposa Pilar, pero su amigo se había convertido en un hombre autocompasivo, neurótico y totalmente dependiente de su mujer. Fuentes, en cambio, se sentía fuerte y testado como una pantera negra; leía a Proust y estaba acompañado por dos novias en turno» (*Mujer de papel*, Trilce Ediciones, 2020, p. 303).

DE CARLOS FUENTES A JOSÉ DONOSO

París, 1 de noviembre de 1968

Querido Pepe:

Los hacía atrapados en el Mapocho y defendiéndose de las infanterías lafourcadovaldiviesas, pero he aquí que anoche hablé por teléfono con Carl y me dijo que siguen en Mallorca. ¡Cabrones! De haberlo sabido, habría pasado el mes con ustedes en la casa-museo de Lo Duca, escribiendo y hablando, en vez de andarme arrastrando acatarrado de casa en casa y de vagina en vagina. Además andan sueltas por aquí las fotógrafas argentinas que están haciendo para Sudamericana el libro integral de los novelistas latinoamericanos, y yo acababa de enviarlas a Chile a fotografiarte![178] Están ahora en Londres con Cabrera Infante, de manera que las deroutaré hacia Mallorca... pero ¿hasta cuándo siguen allí?

Yo renuncié definitivamente al viaje al reino resurrecto de Huichilobos. México es la infierna y el mierdo. Hay un editorial cada día llamándome deturpador de la nación, traidor a la patria y miserable expatriado. Rita dice que ya no puede salir de la casa por miedo a los insultos en plena calle. Hay un clima de delación, terrorismo, cacería de brujas, encabezado por la Garro y la Paz. Elena Garro me denunció ante la Procuraduría por «instigar a la rebelión». De paso, denunció a Cuevas, Leonora Carrington, la Chayo Castellanos, Villoro, Zea, Flores Olea —sigue y suma quinientos nombres más! La renuncia de Octavio fue una bomba. Su hija le dirigió una carta abierta, denunciándolo y acusándolo de haber enseñado el amor a la historia dialéctica en vez del amor a Dios. Funda sus argumentos en una

---

[178] Sara Facio y Alicia D'Amico, *Retratos y autorretratos* (Crisis, 1973), no incluyó a JD.

extraña exaltación del héroe germánico, de Sigfrido a Bobby Kennedy, pasando por Tristán, Novalis y Ernst Jünger!!! Como verás, *la folie*.[179] Octavio pasa por Barcelona a fines de mes y luego viene a instalarse a París. Yo he encontrado una casa barata en un *formal garden* de Saint-Germain-en-Laye. Apretarse el cinturón y comportarse como exilado ruso del siglo XIX.

Te envío crónica de *Le Monde* sobre la Feria de Francoforte donde te pronostican la gloria mundial. ¿Qué tal?[180] A mí, en cambio, la crítica inglesa me hizo puré con *A Change of Skin*: dicen, *and that's that*, que *it's not a book one can read on the train to Surrey and over the weekend!* Los demás me acusan de *hubris* literaria. *Maybe so, maybe so.*

El lugar quedó en manos de Guillermo en Londres.[181] Te tendré al tanto de los movimientos —una vez que tú me informes de los tuyos.

---

[179] Tras las protestas estudiantiles en México y la masacre de Tlatelolco del 2 de octubre de 1968, la escritora Elena Garro, exesposa de Paz, y la hija de ambos, Helena Paz Garro, publicaron en la prensa acusaciones contra Paz, CF y otros intelectuales. Bajo el argumento de que habían sido los comunistas quienes dispararon tanto a los estudiantes como al ejército, Garro solicitó un telegrama de apoyo al gobierno de Díaz Ordaz por parte de sus contactos en Argentina. Solo firmaron ese apoyo Adolfo Bioy Casares, Jorge Luis Borges y Manuel Peyrou.

[180] Jacqueline Piatier y René Wintzen, «Une nouvelle fièvre: la contestation», *Le Monde*, 28 de septiembre de 1968: «De América Latina es de donde quizás puede llegar la sorpresa con una literatura singular que hablará al mundo entero, ante lo cual podemos retener los nombres de Marta Traba, Vicente Leñero, José Donoso y Gabriel García Márquez [...] La Feria del Libro de Frankfurt permite anticipar estos desarrollos, captar las tendencias originales».

[181] No hay registro de que ninguno trabajara en una adaptación de *El lugar sin límites*. Cabrera Infante escribió un guion titulado «*Birthdays*», que nunca se filmó pero cuyas copias se conservan en los papeles de CF y Cabrera en Princeton. Basado en un cuento de CF («Tlactocatzine, del jardín de Flandes», de *Los días enmascarados*), fue a la vez punto de partida de una *nouvelle* escrita en esas fechas por CF, *Cumpleaños* (Joaquín Mortiz, 1969).

Iré la semana entrante a Madrid a ver a Buñuel y a despedirme de mis padres, que regresan a México (como supones ya, los ataques en los periódicos se extienden a la posición oficial del viejo). Quizás pase por Barcelona de regreso a París. Te escribiré a ver si coincidimos.

Fui muy feliz con ustedes en el Berchtesgaden de Pollensa. Besos a Pilar y Pilarcita. *Not so for you, you bearded horror.*

Carlos

DE JOSÉ DONOSO A CARLOS FUENTES

Puerto de Pollensa, 6 de noviembre de 1968

Querido Carlos:

Aquí nos tienes. *We just couldn't face* el viaje a Chile: a María Pilar le dieron una serie de soponcios a tiempo, le bajó la presión, ataques histéricos y demás con la perspectiva: resultado, nos hemos cambiado a la zona más civilizada de Puerto de Pollensa y somos felices.[182] Nuestras madres, ambas, llegan a pasar un tiempo con nosotros, el 12 de este mes, algo que contemplo con *mixed feelings*, pero, en fin, hace cuatro años que no veo a mi madre y será bueno, supongo, verla. Se quedarán cuidando a María Pilar y María Pilarcita mientras me voy por nueve semanas a USA.

En USA tengo que dar una conferencia, y la daré sobre *Zona sagrada*, sobre *La casa verde* y sobre *Cien años*. Esta conferencia se publicará luego en un folletito que se difundirá

---

[182] Hay ocho kilómetros de distancia entre Pollensa, donde vivían, y Puerto de Pollensa.

—I hope it helps the sale of your books.[183] Quiero que, si es posible, a vuelta de correos me mandes unas diez-quince líneas sobre las influencias que crees haber sufrido (literarias) y de qué manera las has sentido en tus libros. Esto será un testimonio interesante y, para mí, buen material de comparación con mis propias ideas. *Please.*

Quisimos ponernos en contacto contigo para decirte que la casa de Lo Duca está todavía a tu disposición pero no sabíamos adónde escribirte. Sigue. Claro que ahora no estamos en El Calvario-Berchtesgaden, de modo que no sé cómo descenderás ese cerro, en fin, tú te arreglarás. Nos encantaría tenerte aquí, y María Pilar tiembla por los catarros vaginales que habrás contraído en la fría capital de Francia.

¿Sabes que Gustavo Sáinz se fue por último a USA con la beca para la cual lo recomendé? Parece estar contento. Que le dure, ahora con Nixon. ¿Qué te parece? ¿Cómo estará Vargas Llosa? ¿Viste en *Le Monde* lo que dicen de la intervención en Cuba sobre los fallos de la UNEAC? Por suerte no fui.[184] No tengo vocación de mártir político, como tú.

---

[183] La conferencia no se realizó pero un apunte sobre CF ha sobrevivido en sus *Diarios centrales*: «Fuentes: obsesión en el antihéroe, el hombre *"exemplum"* en *Artemio Cruz*. Conscientemente escribe algo que es político y casi un/a partido/a: *Zona sagrada*. Pero la obsesión del héroe antihéroe permanece: Claudia [protagonista de *Zona sagrada*], una mujer, y todo toma la forma de un gran sacrificio, que no es más que la otra cara de Artemio Cruz. Aquí —acusada de novela frívola— conscientemente hace una novela que no denuncia nada exterior. Pero justamente porque tiene la atención fijada en otras cosas —en su eclecticismo— se desliza su personaje —símbolo obsesión— el antihéroe sin entrañas, que se disfraza de mujer y es Claudia Nervo» (29 de diciembre de 1968).

[184] La Unión de Escritores y Artistas de Cuba criticó los premios otorgados a Heberto Padilla (poesía) y Antón Arrufat (teatro) en el concurso de Casa de las Américas, calificando los libros de «ideológicamente contrarios a nuestra Revolución». JD fue invitado a ser jurado en el género cuento pero declinó y el texto que menciona es «L' offensive culturelle" pourrait

Francamente, creo que México está imposible, *you or no you*, y que siempre fue inútil y absurdo tomar a la Garro en serio —es una verdadera fiera. La recuerdo sentada en tu conferencia entre la Tongolele y Arruza: *it was the right place for her.*

Olvídate de los *reviews* ingleses. Son apestosos. Peor que los chilenos. O más o menos parecidos. Me imagino que de todas maneras venderás. En todo caso, Inglaterra carece hoy de la importancia que una vez tuvo —*how are the mighty fallen!* Mismo en USA, no sé si a ti te pasa, es dificilísimo encontrar una crítica seria y pasable. *Who cares anyway?*

Me dicen que Mario Vargas Llosa piensa ir a Cuba y publicar una crítica a las intervenciones de Castro en cuestiones artísticas y literarias.[185] Bravo. Y me dicen que Cortázar está cada día más enloquecidamente a favor de Cuba y sus desmanes. ¿Es posible? No lo conozco, pero creí que su ironía rioplatense le serviría para ver las cosas con algo de perspectiva.

Escríbeme a esta dirección, donde me quedaré hasta fines de año (parto el 2 de enero a Colorado vía México —no puedo dejar de pasar dos días allá). Avanza la segunda versión del *Pájaro*. Daría oro por que la leyeras. El tuyo es el único juicio que realmente me importa. ¿No piensas pasar unos días en el futuro con nosotros? Creo que Cortázar y

---

amorcer une refonte de certains organismes révolutionnaires», *Le Monde*, 5 de noviembre de 1968: «La UNEAC finalmente decidió aceptar el veredicto, pero proponiendo una discusión pública de las obras premiadas. Este enfrentamiento podría ser el punto de partida de la "ofensiva cultural" que inicie una revisión total de las organizaciones y políticas de la Revolución cubana en este ámbito».

[185] Vargas Llosa no viajó a Cuba pero semanas antes había publicado una crítica, que hizo historia, al apoyo de Fidel Castro a la invasión de Checoslovaquia por parte de las tropas del Pacto de Varsovia, en agosto de 1968. «El socialismo y los tanques», *Caretas* n.º 381, 26 de septiembre-10 de octubre de 1968.

Aurora, cada uno por su lado naturalmente, vienen a pasar unos días con los Flakoll.[186] Escribe. Tenme al tanto de nuevos libros y nuevas vaginas.

Un abrazo fuerte,
Pepe

José Donoso
General Mola 143
Puerto de Pollensa, Mallorca
España

DE CARLOS FUENTES A JOSÉ DONOSO

París, 24 de noviembre de 1968

Querido Pepe:

Salgo mañana en auto a Barcelona, para llegar el viernes y recibir el martes 3 a Octavio Paz en el muelle.[187] Sería una gran ocasión para verse y hablar de mil cosas. Ojalá te animes. Avísame vía Gabo.

El 5 regresaré a París con Gabo para reunirnos con Cortázar y salir el 8 en tren a Praga.[188]

---

[186] Cortázar y su esposa, la traductora Aurora Bernárdez, se habían separado a mediados de 1968.

[187] Tras la masacre de Tlatelolco, Octavio Paz dejó en protesta el cargo de embajador en la India. El 20 de noviembre, CF había escrito a Paz dando por descontada la presencia de JD en ese recibimiento. Como se verá en la siguiente carta, JD no pudo hacer el viaje.

[188] Cortázar, García Márquez y CF pasaron ocho días en Praga invitados por la Unión de Escritores. Fue un acto de solidaridad tras la invasión soviética que reprimió las reformas democratizadoras de la llamada Primavera de Praga.

He empujado al máximo *El lugar sin límites* en Gallimard con Mascolo y en Seuil (donde no conocen esa novela
tuya) con Durand. Espero tenerte noticias el mes entrante.
Feltrinelli es la debacle y debes insistirle a Carl que ofrezca
la novela a *il sagittario* de Bompiani.

Besos a las Pilares y para ti un gran abrazo —espero que
muy pronto!

Carlos

DE JOSÉ DONOSO A CARLOS FUENTES

Puerto de Pollensa, 30 de noviembre de 1968

Querido Carlos:

Hoy tengo tu carta de París. Por desgracia, por razones económicas, no podremos hacer el viaje a Barcelona cuando tú
estés ahí, sino que lo haremos el 10 de diciembre. De modo
que ya no nos veremos, seguramente, hasta mi regreso de
USA. ¡Cómo me gustaría saber lo que ven en Checoslovaquia! Nosotros habíamos pensado ir allá en el verano, pero
con las cosas como están me parece imposible.

Todo el asunto de las editoriales francesas e italianas *is
a mess*. Prefiero no pensar en ello. Siento que lo de Valerio
Riva no haya resultado. Du Seuil conoce el «Lacayo». Y en
todo caso, no quiero preguntar sobre nada ni preocuparme
de nada hasta terminar esta novela: creo que será en junio,
if all goes well. Vamos a Barcelona a buscar casa, para que yo
regrese a ella directamente de USA y me instale a terminar
mi novela sin perder tiempo. Recibí carta de Mario Vargas
Llosa de USA, en que me dice que no han logrado ahorrar
ni un cinco y que por lo tanto no vendrán a Barcelona, sino
que tendrá que volver a Inglaterra a enseñar. *Too bad*. Me

hubiera gustado tenerlo cerca.[189] En todo caso, pensamos que la casa que tendremos cerca de Barcelona será lo suficientemente grande como para recibir en ella los amigos y, ya en el continente, es muy fácil desplazarse. Ahora tenemos aquí a mi madre y a mi suegra, por tiempo indefinido, de modo que el ambiente está tenso y los ánimos siempre un poco revueltos. Están <u>horriblemente</u> viejas. Mi madre, especialmente, física y espiritualmente; me ha producido un *shock* ver su deterioro después de cinco años sin verla. Qué se le va a hacer. Aguantar la mecha.

No dejes de escribirme a esta dirección inmediatamente que regreses de Checoslovaquia. Me muero de ganas de saber qué pensaste y cómo te fue.

Un abrazo,

Pepe

José Donoso
General Mola 143
Puerto de Pollensa, Mallorca
España

---

[189] Vargas Llosa le escribió desde Pullman, donde enseñaba, el 25 de noviembre de 1968: «Yo también estoy harto de vivir a salto de mata, y pronto ese vagabundear ya no será posible (los chicos tienen que ir al colegio, etcétera). Pero mi drama es que no sé dónde echar raíces. Sé que no será el Perú, y ahora menos que nunca. Me gustaría en Barcelona, pero hasta ahora no consigo ahorrar ni un centavo [...] Tengo una puerta abierta en la London University, una oferta de contrato por dos años, a partir de septiembre, y si no hay más remedio me agarraré de esa frágil rama, sin demasiada alegría». Enseñó allí hasta mediados de 1970.

DE CARLOS FUENTES A JOSÉ DONOSO

Barcelona, 4 de diciembre de 1968
[telegrama]

RUÉGOTE TELEFONEARME MAÑANA JUEVES TEM-
PRANO HOTEL ROTONDA BARCELONA 2460400
ABRAZOS CARLOS FUENTES

1969

DE JOSÉ DONOSO A CARLOS FUENTES

Fort Collins, 9 de enero de 1969

Qué sabio fuiste, amigo Fuentes, en no aceptar este horrible puesto en que ahora estoy clavado en el medio del desierto. No puedes saber la espantosa calidad de los alumnos ni el escandaloso estado de ignorancia y baba mental de la facultad ni la fealdad y lo remoto que es todo esto. Mientras tanto, María Pilar languidece en Mallorca y tenemos pagado desde ya un departamento en Barcelona que nos espera, aunque no amoblado: en cuanto esté listo, ahí sí te podrás alojar y ser bienvenido y *pampered*, y haremos lo posible por llevar una vida agradabilísima y civilizada. Imagínate, en Barcelona hay hasta cines, cosa que ni en Mallorca ni en Fort Collins existen más que en sus formas más increíblemente rudimentarias. Estuve con Gabo, sonriente, triunfante, delicioso, irreal, edificándose una casa en Barranquilla por telégrafo según entendí, una casa que no piensa jamás habitar, y tratando de impedir que erijan una estatua suya en la Plaza de Armas de Bogotá —Gabo no es materia escultórica, diría yo, ya que sería imposible ponerle calcetines blancos a una estatua, pero bien podrían hacer de él un gran mural, por ejemplo, donde sus dientes blancos podrían ser dientes verdaderos y sus calcetines tejidos a mano por alguna admiradora, incluidos (una vez usados por el susodicho) en el mural, todo muy pop.

En fin, a pocos seres como a Gabo le ha sentado tan bien el triunfo.[190]

Me hablaste hace un tiempo de un discurso de Marta Traba en contra de los escritores cosmopolitas que no viven en sus países, etc. Me interesa vivamente, por razones de trabajo, saber dónde se publicó el tal discurso —¿no fue en Perú? ¿Pero en qué revista? Trata de hacer memoria y ponme si puedes lo más pronto posible un par de líneas diciéndome dónde puedo encontrar el tal artículo que me va a ser muy útil.[191] En qué se mete esta chica del diecisiete.[192] Contéstame pronto, mira que tu carta me traerá un fresco hálito de *dry martini* hasta aquí, en el desierto de Fort Collins.

Un abrazo,

Pepe

---

[190] García Márquez tuvo intención de vivir por temporadas de nuevo en Barranquilla y con tal fin pidió consejo a sus amigos Álvaro Cepeda Samudio y Plinio Apuleyo Mendoza, que tenían propiedades allí. Finalmente desistió.

[191] Ese año, Marta Traba realizó una gira por Montevideo, Santiago de Chile y Lima, donde hizo críticas frecuentes al Boom. Declaró a su vuelta a Bogotá: «Mi reparo es ideológico, a través del comportamiento tanto político como estético de las cinco figuras estelares del Boom [Cortázar, Fuentes, García Márquez, Vargas Llosa y Cabrera Infante] [...] Mi impresión es que, al lanzarlos a promociones similares a las de cualquier producto de la sociedad de consumo, entregarles el "estrellato", los premios, las invitaciones a universidades norteamericanas, las revistas financiadas por la CIA, etc., se está operando un proceso muy claro de neutralización de la agresividad, el inconformismo, el "gran rechazo", que debe mantenerse sin atenuantes en el escritor o el artista». Camilo Restrepo, «Marta Traba. Su más y su menos», *Cromos*, Bogotá, n.º 2655, 30 de septiembre de 1968. Véase también «Marta Traba contra el "boom"», *Oiga*, Lima, n.º 288, 30 de agosto de 1968.

[192] Parafrasea una canción de los años veinte interpretada por Libertad Lamarque. Años después, en la *nouvelle* «Sueños de mala muerte» de *Cuatro para Delfina*, un personaje es asociado a esta misma canción: «él se iba con las manos en los bolsillos silbando *La chica del diecisiete...*».

¿Cómo les fue a Vargas Llosa y a Cortázar en Cuba?

José Donoso
c/o Crome
Department of English University of Colorado
Fort Collins, Colorado
USA

DE CARLOS FUENTES A JOSÉ DONOSO

Tenerife, 10 de febrero de 1969

Muy querido Pepe:

Apenas en Barcelona, vi a Gabo y Mercedes, me he enterado de tus terribles aventuras. Espero que estés ya muy convaleciente y, según le escribe Pilar a la Gaba, salvado para siempre de la irracionalidad ulcerosa. Cuídate mucho, querido hermano —instálate pronto en Vallvidrera, danos pronto tu *Pájaro and forget the rest*. Está visto que ese Fort Collins es un lugar salado-salado —¡tanto como su promotor Mr. Crome! Por algo me resistí a ir allá.[193]

---

[193] El 1 de febrero de 1969, María Pilar Donoso le escribió a Patricia, la esposa de Vargas Llosa, que el «22 o 23 [de enero] creo, una hemorragia de úlcera feroz, y operación de urgencia [...] Y ayer me llamó su agente, que había volado desde Nueva York ante la gravedad de su caso [...] diciéndome que acababa de hablar con el médico, quien le había dicho que como operación había sido todo un éxito, que probablemente nunca más tendría molestias de estómago (conociéndolo, lo dudo) pero que estaba demasiado débil física y moralmente y que lo mejor era que se vuelva a Mallorca». JD regresó en febrero sin poder ahorrar tras los gastos de la cirugía y la hospitalización y recordó el episodio así en 1981: «Un par de semanas después de mi llegada a Colorado (solo: mi familia se había quedado en Mallorca) tuve mi tercera hemorragia por la úlcera, esta vez

Voy, lentamente, de regreso a México, vía La Guaira y Puerto Rico, donde veré a Mario Vargas.[194] Si regresas a España, ¿piensas pasar por México? El mejor vuelo es Iberia México-Madrid. Ojalá nos podamos volver a ver en Tenochtitlán. Regreso, como podrás suponer, con *mixed feelings*, pero en septiembre debo estar de vuelta en París para atender los estrenos de la obra de teatro.

Te escribo de prisa, aprovechando la escala en Tenerife, última antes de cruzar el charco.

No me dejes sin tus noticias.

Te quiere y abraza,

Carlos

DE JOSÉ DONOSO A CARLOS FUENTES

Vallvidrera, 3 de agosto de 1969

Querido Carlos:

Llegan rumores sobre tu persona: que vas a Chile, que no vas, que vas a Roma al estreno de tu obra, que no vas a Roma sino que a París, que vives en Cuernavaca, que tu vida privada está cambiando, que... en fin, la leyenda, con

---

sumamente grave, y tuve que someterme a una operación de urgencia. Creo que este episodio fue el punto de quiebre en la biografía de *El obsceno pájaro de la noche*. La constante enfermedad y el dolor me habían imbuido de un sentimiento casi aterrador de inferioridad e inseguridad, al enfrentarme a mis escritos» (*Historia personal del «boom» y otros escritos*, p. 288).

[194] Por necesidades económicas, Vargas Llosa se encontraba dictando cursos en la Universidad de Puerto Rico. El 22 de febrero de 1969, CF fue impedido de desembarcar en San Juan por orden de las autoridades de inmigración estadounidenses. MVLL subió a bordo para encontrarse con él.

sus contradicciones y versiones diferentes, sigue montando. Y yo no sé nada de ti hace tanto tiempo más que por estos rumores, a través de los García Márquez (están en Pantelleria —imagínate, Pantelleria en agosto), a través de Sergio Pitol que cuenta cosas terribles y después cosas menos terribles.[195]

En fin. Me gustaría tener noticias directas tuyas. Después de nuestras dos terribles operaciones, nuestra vida ha cambiado tanto y mi estabilidad psíquica la sostiene solo el trabajo. Termino el *Pájaro* el mes que viene. No sé qué haré con él, no sé cómo es, daría oro por que lo leyeras y me dijeras algo, ya que es tan poca la gente que tiene juicios estimulantes y que no se sienten en competencia con el escritor, y andar mendigando una lecturita es un poco humillante. A ti, en cambio, me atrevería a pedirte todo. Pero no estás aquí y qué le vamos a hacer.

Noticias: abandonamos Europa. Estamos cansados de vagar. Siempre tendré que enseñar en una universidad americana y en otra, de modo que USA *is a fixture in my life*, a no ser que me suceda *Cien años de soledad,* que no me sucederá, por lo menos no con el *Pájaro*. Estamos cansados de vivir en departamentos alquilados y regalar plantas y abandonar «amigos» después de unos meses, para seguir a otra parte a hacer otros. Resolución: vivir enseñando en USA, y vacaciones de verano (cuatro meses) y de Navidad (tres semanas) y de *Easter* (tres semanas) en México. Posibilidad de comprar algo. En todo caso, con el *Pájaro* terminado, probablemente en noviembre y después de dar

---

[195] García Márquez le informaba a CF sobre Pantelaria (*Pantelleria* en italiano): «He tenido que venirme a esta isla fuera del mapa para poder escribirte sin interrupciones. Es una roca volcánica frente a Túnez, batida por los vientos eternos del canal de Sicilia, donde no suenan los teléfonos y el correo llega en burro, y donde solamente al loco de Enrico Cicogna, nuestro traductor italiano, se le pudo ocurrir comprarse una casa» (*Las cartas del Boom*, 15 de julio de 1969).

una vuelta por el sur de España que no conozco, nos iremos a México. Cuernavaca nos encanta. Estamos mal de dinero. Mi suegro, que es silencioso, y que no ha visto a su hija y no conoce a su nieta, se ofrece para alquilar la casa de Acapantzingo o equivalente, desde noviembre de 1969 hasta agosto de 1970, fecha en que debo volver a USA. Mientras tanto, en Cuernavaca, buscar algo que comprar, algo permanente a que volver. Yo no tengo más que un traje y un abrigo. No tengo libros, los he ido dejando en el camino. Todas nuestras pertenencias caben en cuatro maletas. Ya no tengo edad. Estoy cansado. Y Europa significa viajes en avión, desplazamientos inmensos a través del Kennedy Airport *which is my idea of hell*, mientras que México significa *door-to-door traveling* en auto. ¿Cómo está México? ¿Cómo está Cuernavaca? ¡Cómo me gustaría tener noticias tuyas, ya que solo tengo rumores! Barcelona *is not heaven*: es algo inventado por Carlos Barral, Gaudí y Carmen Balcells, una combinación más bien letal. Escribe. No te escribo más porque no sé si te llegará esta carta. A Joaquín [Díez-Canedo] estoy aburrido de escribirle y de no recibir respuesta. Pero te mando esta a su casa. Ponme dos palabras.

Te recordamos mucho, un abrazo,
Pepe

José Donoso
Corberas 18
Vallvidrera, Barcelona
España

DE CARLOS FUENTES A JOSÉ DONOSO

Cuernavaca, 27 de agosto de 1969

Muy querido Pepe:

Te agradezco profundamente tu carta; te había escrito a Fort Collins apenas supe de tu enfermedad, y me quedé siempre con la duda: ¿la recibiste?[196] Ahora, me das la gran noticia de que pronto nos veremos; imagínate la alegría que eso me da, sobre todo en este páramo de Huichilobos, donde sobran dedos para contar a las personas con las que realmente se puede hablar de lo que realmente nos importa (y quizás a nadie más).

Regresé a México en febrero, después de los incidentes que conoces en San Juan de Puerto Pobre, donde el sosías de John Wayne me encarceló a bordo. Por fortuna, pudo subir al barco Mario y con él envié un telegrama a Carl, que movilizó a la inteligencia norteamericana, con el resultado de que Fullbright se convirtió en mi paladín en el Congreso y ha obligado al State Department a modificar, si no la monstruosa ley McCarran, por lo menos su aplicación en mi caso y en todos los casos similares (gente sospechosa de comunismo o anarquismo). *Which means that one of my legendary atouts has gone down the drain!*[197] Te podré visitar en tus Ohios y Iowas e Idahos.

---

[196] JD recibió la carta —reproducida más arriba— escrita a mano desde Tenerife el 10 de febrero de 1969, pues consta en sus papeles de Princeton pero, al parecer, no la respondió.

[197] «¡Lo que significa que uno de mis activos legendarios se ha ido por el desagüe!». Hasta entonces, a CF se le negaba con frecuencia ingresar a EE.UU. La McCarran-Walter Act era una ley de 1952 que impuso restricciones a la inmigración en Estados Unidos y bloqueó el otorgamiento de visas en razón de ideas o afiliaciones políticas. Estuvo vigente hasta 1990.

Aquí, me encontré con un país en plena crisis. La matanza de Tlatelolco dejó una herida abierta en todas las conciencias y en muchos cuerpos. La represión ha sido brutal al nivel anónimo y, en el caso de los intelectuales, sorda, mañosa, definitiva: se trata de cercar a la gente por hambre. El presidente prohibió la filmación de *Zona sagrada* con la Félix por ser el autor yo, mero petatero. Abundan los anónimos, los rumores provocados y provocantes, los libelos, los ataques a la vida privada. Qué le vamos a hacer. Aquí nos tocó. A mí me interesaba demostrar —como lo he hecho— que no me pueden espantar y ni siquiera afectar, pues no dependo ni de la burocracia ni de las empresas privadas mexicanas. La lucha prosigue. El gobierno ha dado orden a los periódicos que no comenten los dos últimos libros de Octavio Paz y mío; no todos siguen el *diktat*, por supuesto: *Excélsior* y *Siempre!* son las dos únicas tribunas libres que quedan. Pero todo el ambiente de México es mussoliniano, en la arquitectura, el periodismo, el miedo, los estilos de vida (teléfono blanco con Tullio Carminati acodado): un asco. De manera que me retiré a Cuernavaca, donde encontré una casa divina que pensamos pasarte si te interesa; en casa vecina, aunque no gemela (aquella es *Schloss* Drácula) viven Bob Wool y Jack Richardson. El chiste cuesta cuatrocientos dólares mensuales. Manda un cable a Mortiz si te interesa y haremos los arreglos: piscina, jardín, una espléndida logia, tres recámaras, tres baños y a *pigeon-toed maid called Tomassa* que ya se acostumbró a los *quirks and oddities* de los escritores (aunque contigo, espejo de fidelidad, no verá pasar mi *assortment of Aztec nymphets*).

No fui a Chile por dos razones. Primero, ha habido crisis matrimonial con Rita y *we play with the idea of a divorce*; aún no sabemos, pero en estas circunstancias personales me es difícil salir de México (aunque lo haré, de todos modos, en febrero para ir al estreno de mi obra de teatro en

París).[198] Segundo, porque era obvia la intención de sentarnos en el banquillo de los acusados a los «traidores» y «formalistas» que nos atrevemos a vivir fuera de nuestros países (y lo que es peor, a tener éxito lejos de la mirada vigilante de los prohombres de Toluca, Iquique o Arequipa). Las cosas están claras: de un lado estamos Gabo, Julio, Mario, Sarduy, Cabrera Infante, Puig, Sáinz, tú, yo, y unos cuantos más; del otro, los Arguedas, Marta Traba, Murena, Sabato y demás liendres provincianas dedicadas a hacer el *trottoir* literario en los cafés del Cono Sur. Me lleva la chingada si esta sarta de pendejos va a juzgarme.

Avisa tu llegada para ir con mariachis al aeropuerto. Ardo en deseos de leer tu novela. *High time!* ¿Recibiste mi *Nueva novela hispanoamericana*?[199] Es un exitazo de venta aquí; sigo con un tomo de ensayos sobre literatura, cine, teatro, pintura y otro sobre política; [200] en octubre, sale mi *novella Cumpleaños*; llevo las tres quintas partes de «Tántalo» (*roman*) y estoy muy metido en la segunda obra de teatro.[201] La primera la estrenan Lavelli y la Casares en París en marzo, en seguida el Teatro Municipal de Praga, Peter Lotschak en Polonia y la Valli en el Piccolo Teatro de Milán. En Londres, la está leyendo Olivier para ver si la pone su mujer, Joan Plowright.[202]

---

[198] Meses después CF confiaba a Cabrera Infante: «Estoy un poco con el agua al cuello por causa de los gastos del divorcio, y necesito mucho el dinero que nos caería por [el guion] "*Birthdays*". No cejemos» (29 de enero de 1970). Se divorciaron el 23 de febrero de 1973, según un acta conservada en los papeles de CF en Princeton.

[199] *La nueva novela hispanoamericana* se imprimió el 1 de julio de 1969 y, como se dijo, no dedicó ningún capítulo a la obra de JD pero sí a un autor más «excéntrico» y más popular entonces, Juan Goytisolo.

[200] Los mencionados libros *Casa con dos puertas* y *Tiempo mexicano*, respectivamente.

[201] *Todos los gatos son pardos* (Siglo XXI, 1970).

[202] *El tuerto es rey* se estrenó en el Festival de Viena de mayo de 1970 y tuvo representaciones en Avignon, París, entre otras. Los montajes con los otros grupos nombrados no ocurrieron.

Comunícate pronto, viejo y querido Monty Woolley peripatético; besos para las dos Pilares y para ti todo el afecto de tu viejo cuate.

Carlos

DE JOSÉ DONOSO A CARLOS FUENTES

Vallvidrera, 28 de octubre de 1969

Querido Carlos:

Dos letras para decirte que recibí tu carta. No te he contestado porque estoy *in the midst of* sacar en limpio el *Obsceno* que desventuradamente me va a salir más cerca de las 850 páginas que de las 650 o 700 proyectadas, y además corregir y limpiar... y luego, después de terminarlo todo, rehacer los dos últimos capítulos a la luz de las correcciones. En fin... salió y eso, *my dear, is something*.

Es para decirte que vayas preparando los mariachis. Creo tener todo listo la última semana de noviembre, si no antes, y estaremos en México alrededor del 15 de diciembre, *for better or for worse*, durante por lo menos seis meses, en Cuernavaca porque el clima de Mexico City *is beyond redemption*, y como el de Barcelona es fatal (dicen que nos ha tocado un año fatal, *but they always say that in the Mediterranean*, estoy pensando en el Báltico) añoro falta de resfríos, olvido de sinusitis, niña sin gripe, Peregrine sin tos, etc.

La casa que me ofreces no sé, prefiero ver allá antes de decidirme, y en todo caso necesitamos cuatro dormitorios. Tengo muchas ganas de verte y abrazarte, mucho, muchísimo que hablar contigo. Creo que estos no han sido tiempos fáciles para ti. Te he acompañado en el pensamiento como diría un argentino. La idea de «volver a ver» a gente, amigos y enemigos, en vez de tener que hacerse amigos y enemigos nuevos, me parece sencillamente celestial. Te echamos de menos, queremos verte, practicaremos la conversación («le daremos a la sin hueso», como dicen en Chile) y la gran amistad.

Un abrazo,

Pepe

DE JOSÉ DONOSO A CARLOS FUENTES

Vallvidrera, 19 de diciembre de 1969

Querido Carlos:

Ha sido difícil seguir el rastro de tu itinerario estos últimos tiempos. Te escribo, en todo caso, donde Joaquín. Ya no vamos a México. Me quedo a vivir en Barcelona. No sé de qué voy a vivir, pero no podemos seguir cambiándonos de casa y de sitio continuamente, tenemos un síndrome de cambio-de-casa: se acerca el momento y María Pilar se pone llorona, yo gritón, tres días antes de cambiar o yo o ella nos enfermamos de gravedad, con fiebre y todo y como nos tenemos que cambiar nos cambiamos a gatas y pasamos meses convaleciendo del cambio de lugar y de casa: en ocho años de casados hemos tenido dieciséis casas y ya no podemos más. De modo *that it's Barcelona.* No puedo enfrentarme con cruzar el charco otra vez, con hija, perro, maletas, regalar mis libros —*such as they are,* porque en cada cambio de casa voy regalando los que acumulo—, avisar a los amigos, los poquísimos que nos quedan porque con tanto cambio de casa la gente nos pierde el rastro y se aburre. No. Barcelona. Con sus cualidades, que son muchas, y sus defectos, que

178

también son muchos. Chile ni hablar. No existe. Y USA está demasiado insoportable. ¿O no?

Terminé el dichoso *Pájaro*: entregado a Carlos Barral y ya lo mandaré a Joaquín. Parece que es bueno. Barral *raves*. Yo feliz. *On the strength of it* me quedo en Barcelona. Parece que la cosa va a comenzar para mí... Faltan los amigos, tú, específicamente. A Gabo casi no lo veo, muy de tarde en tarde se escuchan rumores de pachangas descomunales, pero no es amigo amigo.[203] Es este periodo de aprendizaje de nuevas amistades, cada vez que uno se cambia de casa, lo que hace los cambios tan intolerables. Hasta ahora, durante el año pasado, yo no vivía en Barcelona sino que en una habitación con una máquina de escribir. Ahora, voy a comenzar a necesitar contactos, amigos, ver películas, museos, gente... anoche con los Barral fuimos a un *night club*: mi primera salida en un año. La gente dice que somos poco amistosos. No comprenden —o no quieren— que uno trabaje... y después del trabajo terminado, como ahora, la BIDA.[204] El *Pájaro* cambiará de nombre. A nadie le gusta. Y además, como creció la novela, no tiene nada que ver con ella.[205]

---

[203] Años después, cuando García Márquez se mudó de vuelta a México, JD ratificó esta impresión en su diario: «Dudo que vuelva a ver a Gabo más que de pasada en lo que me queda de vida. *Je ne le regrette pas*. Es simpático, pero no me gusta la gente simpática, y es una de las tantas gentes que han pasado por mi vida. En su momento, importante: envidia y deseo de emulación. Pero ninguna relación personal» (*Diarios centrales*, 20 de enero de 1976).

[204] En una de las reseñas para *La Cultura en México* (17 de febrero de 1965), JD escribió: «Los habitantes del mundo rarificado de Luisa Josefina Hernández hablan continuamente de la "vida", de "vivir", palabra que frecuentemente va entre comillas. Es tal el énfasis que se le da, que debía ir con mayúscula, si no con B: BIDA, parece que dijeran».

[205] En sus *Diarios centrales* hizo una lista de hipotéticos títulos como «El sueño de nadie», «Martes toda la semana» y «Las puertas condenadas» (2-3 de julio de 1968), «La agonía de los objetos» (8 de septiembre de 1968) y «El arcángel» (15 de julio de 1970).

En cuanto tenga pruebas te haré llegar un set. ¿O prefieres esperar el libro?

¿Cuándo vienes? Oímos que te separabas de la Rita y después que no, oímos que estabas en Chile y después que no, oímos que te fuiste a New York a vivir y después que regresaste a México. ¿Qué planes tienes? ¿Cuándo Europa otra vez? ¿O estás demasiado metido en las cosas mexicanas para abandonarlas así no más? Corren rumores que pronto vendrás no sé si a Barcelona pero por lo menos a Europa... avisa y se te irá a ver, recuerda que esto no es Mallorca, no es isla, y uno se moviliza facilísimamente en nuestro Seat 600. O pasarás un tiempo con nosotros aquí. Hay tanto que hablar, es necesario que nos quitemos las máscaras de una vez por todas y que se las quitemos a otros, que esto ya parece un baile de fantasía. No es que me sienta con atribuciones mesiánicas ni mucho menos: pero me molesta no saber quién es quién, si el puñal es de madera plateada o de acero... por último si las heridas infringidas son heridas o son parte de mi propio disfraz. Te juro que eres la única persona con que quiero y puedo hablar. Ven. Se te echa de menos. En todo caso espero que leas mi novela pronto *and we'll go on from there*.

Un gran abrazo,
Pepe

Corberas 18
Vallvidrera, Barcelona
España

1970

DE JOSÉ DONOSO A CARLOS FUENTES

Vallvidrera, 15 de abril de 1970

Querido Carlos:

Esta es una botella al mar, a ver si te llega. Es increíble que ni siquiera sepa tu dirección y te tenga que escribir a través de Brandt. En fin. Las cosas cambian y la gente cambia. Esto es una casa de putas. Seix Barral reventándose, Carlos [Barral] desesperado, la mierda volando por todas partes, yo metido en todo esto con el asunto del Premio Biblioteca Breve, y no sirvo para estas cosas. En fin, no tiene importancia, porque de alguna manera se solucionará.[206]

---

[206] El 3 de marzo de 1970 se había suspendido la adjudicación del premio en solidaridad del jurado con Carlos Barral, que había sido forzado a renunciar a la editorial Seix Barral, en el que se daba como hecho que el galardón era para *El obsceno...* En sus *Diarios centrales*, JD dejó escritas sus expectativas: «PREMIO BIBLIOTECA BREVE. ¿Para qué ocultar que ese es mi sueño, pese a que no me significará tanta plata como, por ejemplo, si Planeta, a través de Baltasar Porcel, se interesara en pagarme en contante y sonante? La faja Premio Biblioteca Breve significaría mucho, muchísimo, quizás una consagración total a escala M. Vargas-G. García-Fuentes-Cortázar. ¿O es una ambición loca y desmedida?» (6 de septiembre de 1969). Otro tanto comunicó a sus padres: «¿Pero se imaginan lo que significa para mí ganarme el Biblioteca Breve? Hasta en Chile tendrían que reconocerme y tendrán que reconocer, pese a sí mismos, que en Chile HAY novelistas [...] Carlos Barral me dijo que desde que leyó *La casa verde*, de Vargas Llosa, y *Rayuela*, de Cortázar, no ha leído nada que lo haya conmovido más y le haya interesado más profundamente [...] ¡No saben la ilusión que me

181

Lo que sí tiene importancia es que —dicen— has escrito otra vez una gran novela y yo no he leído esa gran novela y no me ha llegado y no me la han mandado, y no me la has mandado, y no hay dónde conseguirla. Llegan noticias de que Milena Esguerra (ex Monterroso) aterrizó en París y se espera su llegada triunfal a Barcelona en breve: se están haciendo obras de ensanche en la Av. Generalísimo. Quizás ella llegue con un ejemplar.

Dicen que vendrás en junio. Es triste saber noticias tuyas por gente que nada tiene que ver con nada. Puede no ser verdad. Dicen que estuviste en New York. Dicen que vas a ser *resident writer* en Columbia, dicen que te estrenan en París, en Milán, en Checoslovaquia, en Viena. Dicen...

No sabes lo que ha sido terminar esta novela. Recién comienzo a resucitar, con ayuda de píldoras, psiquiatras y reposo en climas templados. Pero llego de regreso a Barcelona y me encuentro con esto, la calabaza abierta, podrida, *maggoty*, y yo adentro de la calabaza. No entiendo nada. El placer de haber terminado una obra que es, de todas maneras, buena o mala, lo más grande que he escrito, lo más ambicioso, lo menos pegado al incidente, ese placer al que tenía derecho me lo han destruido o robado o ensuciado. Tengo que recuperarlo. Ayúdame. Ven a Barcelona. Que sea verdad. Escribe. Mándame tu libro.

Un gran abrazo,
Pepe

José Donoso
Corberas 18
Vallvidrera, Barcelona
España

---

hace sacarme el dichoso premio! Podría significar, incluso, que me atreva a regresar a Chile. ¿Se dan cuenta de que, en ese caso, su hijo será, junto con Neruda, el escritor chileno más conocido en el extranjero, y el hombre de letras número dos de Chile? Sería la consagración» (26 de febrero de 1970, citado en Pilar Donoso, *Correr el tupido velo*, 2009, p. 94).

DE CARLOS FUENTES A JOSÉ DONOSO

México DF, 27 de abril de 1970[207]

Queridísimo Pepe:

Tu carta me llegó hoy, vía Brandt; por poco no la recibo: salgo pasado mañana a Nueva York, donde me embarcaré en el *France* el día 8. Mi itinerario aproximado es el siguiente: París hasta el 23 de mayo; el 24 a Viena al estreno de la obra de teatro; de allí a Italia una semana, regreso a París y a mediados de junio inicio en Barcelona *tournée* española con harén mexicano. Te avisaré con tiempo mi llegada. ¿Por qué no me envías a París, a cargo de Gallimard, tu teléfono?[208]

Me extraña sobremanera que no hayas recibido el ejemplar dedicado a ti y a María Pilar de *Cumpleaños*; se los hice enviar por Mortiz.

Te felicito, a priori, por la novela; sé todo lo bueno que de ella se dice y circula por los continentes; entusiasmos de Barral y Brandt, etc. Carl me decía que esta vez irá a Harper, ¿es cierto? Ojalá: ya ves lo bien que han lanzado *One Hundred Years of Solitude*. Es una lástima que su aparición y premio hayan coincidido con el desbarajuste de Seix Barral; pero eso es, *finally*, secundario. Lo importante es que, según todos los rumores, tú inauguras, and *how! wow!* el Boom de los setenta. *So you have written a blockbuster, Magister?*

Si te intentara hacer el resumen de mi añito en México, me/nos fatigaríamos en exceso. He publicado cinco libros (dos de ensayos, la *nouvelle* y las dos piezas de teatro), me he puesto más *feathers in my cock than you'd care to*

---

[207] Fechó por error esta carta en 1969.

[208] JD se encontraría con CF durante la presentación de *El tuerto es rey* en el Festival de Avignon, a mediados de agosto de 1970. Continuaron juntos un periplo al «ranchito» de Cortázar en Saignon.

count[209] (qué fatiga; qué exigentes son todas las viejas, qué ilusión de permanencia las devora), he dado más de una batalla política. Pero para limitarme a los últimos meses: el fin de año coincidió con el encuentro apasionado con Jean Seberg y la fuga a *the dismal prairies of Durango*, donde vivimos juntos dos meses mientras ella filmaba un *épouvantable western* y terminar la segunda obra de teatro, *Todos los gatos son pardos*.[210] Luego, pagamos con cóleras satánicas y maldades sadistas el hecho imponderable de haber nacido el mismo día y bajo el mismo signo: *Scorpio and each one went his way*.[211] Llegó un momento en que nos adivinábamos las intenciones malignas, pues la propia era la ajena. Qué horror. Denme mexicanitas plácidas, amasadas cabe el metate, y no estas gringas furibundas: *General Patton with skirts*. Bueno, pero pude terminar en las soledades durangueñas la obra, que está a todo dar. Hace dos semanas leímos escenas en el Teatro de la Universidad con un reparto *hors commerce*: Rita, la China Mendoza, Monsiváis, Benítez y Cuevas. Imagina el tumulto. La primera obra, *El tuerto es rey*, se estrena en Viena el 25 de mayo con María Casares y Sami Frey dirigidos por Jorge Lavelli; con estos elementos, sigue en el verano a Avignon y Edimburgo y se estrena en París en septiembre. Luego, en Milán con la Valli, *hopefully* en el Old Vic con Plowright o Maggie Smith, y estrenos en Colonia, Copenhague, Estocolmo, Oslo, Varsovia y Praga. Yo daré dos cursos en NY a partir de octubre: un semestre

---

[209] «Más plumas en mi gallo de las que merecen contarse». Hay un juego de palabras con el término *cock*, que es también un modo procaz de referirse al falo.

[210] Esta relación pasajera con la célebre y trágica actriz Jean Seberg sería convertida en novela en *Diana o la cazadora solitaria* (Alfaguara, 1994). Seberg rodó en Durango *Macho Callahan* (1970).

[211] «Escorpio, y cada quien por su lado». Como en un caso anterior, CF yerra —acaso a propósito— pues Seberg nació un 13 de noviembre y él un día 11.

en NYU y otro en Columbia. Mientras tanto, he terminado un guion con Buñuel (*the soap opera to end all soap operas*; reparto: Libertad Lamarque, Sara García y Fernando Soler), preparo el debut teatral de María Félix con una adaptación de *Zona sagrada*, escribo la nueva obra de teatro («Arriba y abajo»; *upstairs*, Mae West; *downstairs*, el Che y Stalin) y mal que bien afino la nueva novela, «Tántalo». Uff. Tiempo de mover el abanico en Europa.[212]

Escribe a París; nos veremos en junio. Besos *mirabilis* a María Pilar y para ti todo el cariño de tu cuate,

Carlos

DE JOSÉ DONOSO A CARLOS FUENTES

Vallvidrera, 26 de noviembre de 1970

Querido Carlos:

De pronto, *El obsceno pájaro de la noche* sale la semana que viene. Y más de pronto todavía, me doy cuenta de que no sé dónde mandártelo, que no sé dónde estás, y claro, tu

---

[212] CF no publicó una tercera obra teatral sino hasta 1982 (*Orquídeas a la luz de la luna*) y luego rehízo *Todos los gatos son pardos* con otro título, *Ceremonias del alba* (1991). En 1998 hizo esta reflexión sobre su labor como dramaturgo: «Es una tentación que tienen muchos novelistas. Henry James, Flaubert, Balzac, escribieron para el teatro con muy malos resultados. Lo que uno aprende en el teatro es que el novelista no debe escribir teatro, porque es muy distinto del discurso novelístico, este hecho terrible que es incomparable: encarnar en escena, con seres vivos, una acción dramática. Eso requiere un talento muy especial que lo puede tener Ibsen, pero no Flaubert. Entonces mis intentos fueron eso, intentos, de los cuales me retiré prudentemente como se retiran aquellos generales mexicanos que dicen: "¡Adelante mis tigrillos, por aquí no hay nadie!". Y bueno, yo me voy por el flanco de la novela». Entrevista de Carlos Rubio en *Carlos Fuentes: Territorios del tiempo. Antología de entrevistas* (FCE, 1999), compilación de Jorge F. Hernández, pp. 285-286.

opinión es LA opinión que vale, las demás son adjetivas, de modo que ni decirte tengo que estoy angustiadísimo sin saber dónde mandártelo, y por lo tanto, sin posibilidad de saber al menor plazo posible tu reacción a mi novela, que sabes que me importa mucho.

Prefiero mandarte esta carta a lo de Carl Brandt para que él te la haga seguir, ya que te he perdido la pista y no sé dónde estás, pero no quiero que lo mismo pase con el libro, que será un monstruo enorme como *Cambio de piel.*

Carlos, estoy muy excitado y muy titubeante con este libro, pero creo que es de veras como libro. En fin, ya me dirás lo que es, que tú serás capaz de verlo mejor que yo, de eso estoy seguro.

Un abrazo, y ponme dos letras al instante,
Pepe

José Donoso
Corberas 18
Vallvidrera, Barcelona
España

DE CARLOS FUENTES A JOSÉ DONOSO

México DF, 12 de diciembre de 1970

(Día de la Virgen de Guadalupe,
*la poufiasse, son maquereau aztèque
et les roses de décembre!*)

Querido Pepe:

Tu carta llegó hoy a mis manos, después de darse su vueltecita por la insoportable Gun City, NY, donde pasé un mes maldiciendo y convencido de que es ciudad para diez

186

días de visita y *no more*. Pero a lo importante: ¡FELICI-
DADES POR LA APARICIÓN DEL *PÁJARO*! Me pare-
ce increíble, pues he sido testigo de los sudores, temblores,
sufrimientos, úlceras, fantasmas, ojeras, canas y agonías de
ese libro escrito con sangre. Envíame volando mi ejemplar
a la tradicional 2ª Cerrada de Galeana 16, donde por el
momento vuelvo a disfrutar un poco de mi biblioteca, mi
chimenea feudal y los castos servicios de Cata, El Enano
y Froilán. *PLEASE*, POR AÉREO *AND BEFORE SPAIN
BLOWS UP*.²¹³ Será mi delectable lectura de *Xmas and Noo
Yeer* y en seguida escribiré un largo ensayo sobre el libro. Y
conste que yo sí cumplo con mis obligaciones de crítico, no
como tú con *Zona sagrada*, huevón. Porque el hecho es que
si los propios novelistas no hacemos la crítica, quedamos en
manos y a merced de los Carballos, Piazzas, Lafourcades y
Droguetts de este mundo. La gran especialidad latinoamericana es cultivar el resentimiento hasta el profesionalismo,
e.g., la estúpida, inadmisible e ilegible crónica de Lafourcade contra Julio Cortázar.²¹⁴ La rebelión de los pigmeos, *or
Lilliput Revisited*.

Pasó por aquí Lavelli rumbo a B.A. y urdimos varios
proyectos, entre ellos el de una *musical comedy* latinoamericana que produciría Lars Schmidt, el marido de Ingrid
Bergman. Pensamos que podría hacerse en colaboración y
por áreas y a ti queremos encomendarte a Chile, como a
Mario el Perú, a Julio la Argentina, a Gabo Colombia y
Venezuela, a Alejo el Caribe y a mí Mexicalpán de Lara. El

---

²¹³ «Y antes de que España estalle». Referencia al Proceso de Burgos
iniciado el 3 de diciembre de 1970, que sentenció a militantes de ETA a
la pena de muerte o a reclusión hasta por setenta años. Las sentencias de
muerte fueron conmutadas tras la intensa presión internacional y en 1977
se otorgó a todos los procesados la amnistía.
²¹⁴ Enrique Lafourcade, «Julio Cortázar y el neo-culteranismo», *Imagen*, Caracas, n.° 83, octubre de 1970. La minúscula de CF al nombrar a
Lafourcade es intencional.

thread es muy sencillo: las vicisitudes, en el trabajo, la guerra, el crimen, el amor, la revolución, la fiesta de un puñal fraguado en España. Cada uno escribiría una media docena de *sketches*, pensando en su fusión con la música y Lavelli le daría la unidad escénica, como Luigi Nono la musical. Dime si estás de acuerdo en entrarle a la empresa. Tendremos un gran éxito. Si no quieres o no puedes, también avísame.[215]

Por aquí pasó Jorge Edwards rumbo a La Habana, donde va a reinaugurar la embajada chilena. Prometió regresar con la Pilita para Año Nuevo. Sabrás que Pablo va de embajador a París, y Jorge será su consejero. ¿Qué sabes de Chile por tus conductos? Parece que todos los Mattes y Larraínes se han puesto del lado de Allende. *O tempora, o marcial mores!*

Un gran abrazo, besos a las Pilares,

Carlos

PS. Espero tenerte pronto buenas noticias sobre *El lugar sin límites* para el cine mexicano. ¡Vale!

DE JOSÉ DONOSO A CARLOS FUENTES

Vallvidrera, 23 de diciembre de 1970

Querido Carlos:

Aquí va, después de tantas vicisitudes, el libro, *for what it's worth*.[216] He pasado por absolutamente todo, por la humillación de los premios prometidos, otorgados, quitados,

---

[215] El proyecto no se realizó pero CF escribió a García Márquez y Vargas Llosa sobre este asunto el 24 de noviembre y a Cortázar en la misma fecha en que escribió a JD (*Las cartas del Boom*).

[216] *El obsceno pájaro de la noche* se imprimió en este mes.

vueltos a ofrecer y vueltos a quitar públicamente porque dos empresas, en una lucha tipo balzaciana, pugnaban por prevalecer y en cuyo derrumbe quedé atrapado; [217] el fastidio infinito y sin significado de la política, cuando se había previsto un *cocktail* para la prensa y el *tout* Barcelona ayer, tuvo que cancelarse por telegramas porque había un mitin político y no derecho a reunión; la censura, que después de haber aprobado el libro o algo así —no, hicieron enmiendas que no se acataron y luego, por mostrar la mano fuerte, cuando todo estaba listo para que el libro fuera lanzado con gran tralalá en cierta fecha, los censores dicen no: ustedes no acataron nuestras sugerencias, y para joder, hicieron pequeñas enmiendas estúpidas de modo que hubo que tirar dos o tres pliegos de nuevo y hacer ejemplares nuevos en cuestión de días para que estén listos mañana, perdiendo así todo el *sale* de Navidad; la guerra encarnizada no tanto de Carlos Barral sino de los secuaces de Barral *who out Barral himself*, que sigue siendo mi amigo, como verás por la contraportada:[218] por ejemplo, al *cocktail* monstruo (sin libros,

---

[217] Joan Ferraté, director de Seix Barral tras la salida de Carlos Barral, escribió a algunos de los jurados del cancelado Premio Biblioteca Breve 1970 en un intento infructuoso por declarar ganador a JD: «esta editorial ha decidido tomar en cuenta ante todo la responsabilidad contraída con los autores que concurrieron al Premio Biblioteca Breve y otorgarlo con carácter extraordinario a la novela de José Donoso, *El obsceno pájaro de la noche*, ya que de un lado dicha novela concurrió al mismo, y, del otro, no cabe dudar de su altísima calidad y del hecho de que, "por su contenido, técnica y estilo", responde totalmente "a las exigencias de la literatura de nuestro tiempo" (cito, por supuesto, los propios términos de la convocatoria)» (carta a Mario Vargas Llosa, sin fecha).

[218] Barral escribió el texto de las solapas del *Pájaro*: «La novela es algo así como la formalización de un delirio, la representación de un mundo dual, continuamente bipolar, esquizofrénico, al que Donoso aplica las mismas técnicas de disección literaria que aplicaría a la descripción de una realidad comprobable [...] Estoy convencido de que *El obsceno pájaro de la noche* asegura a José Donoso un puesto definitivo a la cabeza de la generación de narradores latinoamericanos que constituye hoy la vanguardia de la novela en lengua española».

porque ese fue el día que la censura se lo cargó), con Altezas Reales, Grandes de España, costurerillas y periodistillas, Conchita Buñuel, Canogar, sobrinas de García Lorca, Gineres de los Ríos, etc., corrió subterráneamente una orden venida quién sabe de quién y de dónde (ciertamente no de Barral mismo) que periodistas y fotógrafos no debían estar presentes en este *cocktail*, con el resultado que faltaron los rostros más conocidos de la literatura castellana y demás. Creímos que no sucedería lo mismo en Barcelona, donde el control es mayor, pero no hubo *cocktail*. En fin, el libro *is in print*, yo muy bien gracias, harto de todo y de todos y de todas, y aquí te lo mando. Cuando lo leas, y que sea pronto, *please*, escríbeme larga carta contándome qué te parece. No escribas nada sobre el libro aún. Solo tú lo tienes, y quiero que cuando ya esté en librerías en México sí escribas algo importante en los periódicos o revistas de allá, y me digas a quiénes se puede presionar para que hablen del libro, lo comenten y hagan sonar trompetas: estoy decidido a, ya que me ha ido tan conchudamente mal en todo lo demás, que el libro sea un *success* de venta, aunque es un libro asqueroso. Y puede ser hasta bueno. Deja, entonces, ninfas y ninfetas, libros y libracos, y entrégate a este libro inmediatamente. *I'm panting for your opinion.*

Otra cosa: Buñuel. Punto MUY importante. Hace dos meses recibí llamada telefónica de Madrid de los productores de *Tristana*, *messieurs* Época Films, diciendo que tanto ellos como Buñuel estaban empeñados en hacer en cine *El lugar sin límites*. Que fuera inmediatamente a Madrid: te imaginarás que volé. Conversación con el viejo. Tú sabes lo *slippery* que es. El hecho es que está entusiasmado, con el *film* todo en la cabeza, yo muerto de esperanza, él con *cast* y todo, amabilísimo, y dice bien: lo hago si lo aprueba la censura. Transcurrieron tres semanas de horrible espera, y la censura por fin dijo que no. Joder. ¿Qué posibilidades habría, crees tú, de entusiasmarlo para que lo haga en México?

Es demasiado tiempo que está jugando con la idea, demasiadas vueltas que le da, demasiado lo que se ha hablado. Te delego a ti para que, cuando el viejo regrese a México en enero, tú lo palabrees. Habría la posibilidad de USA. Pero Carl *just won't move*. Está cada día más estático, y tú mismo me has dicho que en la parte cine, nada. Yo veré a Buñuel antes que se vaya. Ahora está leyendo el *Pájaro*. Le dijo textualmente a María Pilar: «Lo leeré con vista a una adaptación al cine». Pero es muy difícil. Más vale lugar en la mano que cien pájaros volando. En fin, lo dejo en tus manos. Para qué te digo las esperanzas que tengo puestas en el entusiasmo de Buñuel por mi obra. Significaría tanto, y de aporreo, bueno, no se puede decir que en los últimos dos años no haya recibido mi buena dosis.[219] Ahora, en medio de la publicidad y de las intrigas, de los lanzamientos monstruos a escala Pepsi Cola (fotos mías en las vitrinas de Barcelona, tamaño más que natural), de ancianas onanistas, de editores que quieren ser poetas y poetas que quieren ser vendedores de autos de segunda mano, *I don't know whether I'm coming or going...* en cuanto a «*coming*», estoy *coming* bastante poco, con esto de los nervios destrozados.

En fin, si a ti te gusta la novela, si vale la pena, nada importa, ni siquiera las ancianas onanistas, ni la operación de úlcera, ni la soledad e inutilidad de los cuarenta y seis años que siento horriblemente, y la inutilidad y absurdo aumentante de todo. Imagínate: estoy sacando residencia en España en el momento en que España está más monstruosa que nunca; en Chile, en cambio, donde por lo menos a los

---

[219] JD contemplaba la idea de que el *Pájaro* pudiera ser adaptada por Buñuel incluso antes de que la novela se publicara: «Es muy peliculable [...] Mandarle un Xerox del original a Luis Buñuel, estoy casi seguro de que agarra. Que se entusiasma. Por lo menos con alguna parte —sobre todo la parte de los monstruos—, "El último Azcoitía" (parte II), que es casi un cuento separado del resto» (*Diarios centrales*, 23 y 27 de noviembre de 1968).

dos meses de gobierno las cosas parecen abrirse y prometer, no viviría ni amarrado adentro de un saco, *rather death*.[220] A pesar de todo, de mi distanciamiento de la acción, de mi asco por la política, de mi convicción creciente que lo único positivo es el esteticismo como la forma máxima de la anarquía, me veo acosado por las alimañas de siempre, la decadencia y la inutilidad. Ya leerás mi novela. Ya me contarás. No dejes de hacerlo que espero con ansia carta y noticias tuyas.

¿De lo tuyo, qué pasó con Nueva York? Llegan las noticias más monstruosamente contradictorias, que saliste por política, porque te arruinaste, porque te hartaste, porque una cola de hembras ávidas no te dejaban tranquilo, porque Lucille Ball quería casarse contigo... en fin... Cuenta un poco.

María Pilar me encarga que te pregunte cuándo podemos esperar a la Rita para *El tuerto* en catalán.[221] Si no es para pronto, que les envía a los tres feliz Navidad *and that sort of thing*, lo mismo de parte mía, con un abrazo muy especial para ti, mi viejo y querido amigo Fuentes.

Pepe

José Donoso
Corberas 18
Vallvidrera, Barcelona
España

---

[220] La España «monstruosa» es otra referencia al Proceso de Burgos, que confirmó sus sentencias el 28 de diciembre. En Chile, Salvador Allende había asumido la presidencia el 3 de noviembre.

[221] Rita Macedo y José María Prada protagonizaron una versión de *El tuerto es rey*, dirigida por Ricard Salvat. Se estrenó el 6 de mayo de 1971 en el Teatre Poliorama de Barcelona.

1971

DE CARLOS FUENTES A JOSÉ DONOSO

México DF, 28 de enero de 1971

SALVE MAESTRAZO!!!

Pues sí: atribúyelo a un empleado postal catalán de patas planas y ajosos sobacos, a un distribuidor azteca molacho, desconocedor de los vericuetos de la Cerrada de Galeana, o, *tout court*, al *Pére Nöel*: el hecho es que el *Pájaro* apenas llegó ayer, me zambullí en él y pasé la noche en vela y hoy lo habría terminado si Luis Buñuel no me llama a emborracharme con él toda la tarde, de manera que voy apenas en la página 217 («Encendieron todas la luces del corredor») y minutos antes Jerónimo de Azcoitía le ha robado su herida, su vida, a Humberto Peñaloza y *I am panting* leyendo este novelón magistral, total, delirante, poético, asociativo, onírico, social, bosquiano y dickensiano (si a Dickens se le hubiese parado, ¡pues esta es una novela escrita con la pinga enhiesta!). Todo esto decíamos hace unos momentos con Buñuel, que participa de mi entusiasmo (que por otra parte supongo será un entusiasmo universal: Faulkner sí, Capote no, y qué darían los franceses, los italianos, los alemanes, por llevar a esta zona del alma delirante sus pesadillas regionales o nacionales: no, es como si Beckford hubiese adquirido la respiración de Dickens y Dickens la perversidad de Beckford y entre los dos se hubiesen merendado a Maturin, Emily Brontë, William Blake y Mrs.

Radcliffe: lo gótico metafísico, el horror elevado a poema, movimiento total de la vida, secreto absoluto de la divinidad vergonzosa y de la creación culpable, implacable y vengativo discurso de la sociedad, *Arcimboldo meets Caravaggio and devours his cherries*... qué sé yo, qué largo paréntesis para decir, aun antes de terminar, que has escrito una de las grandes novelas, no solo de la América Española (¿Chile? *Where's that?* De un golpe, canibalizas por tu cuenta toda la novela chilena, *past and present*) sino de nuestro tiempo. *Chapeau, maitre, chapeau mille fois.* Dime cuándo puedo escribir sobre esto, pues ya me arde mi único dedo mecanográfico.[222]

Con Luis [Alcoriza] hablamos mucho de la posibilidad de hacer aquí *El lugar*. Él, como yo, ve muy fácil la adaptación a México; incluso habló Buñuel de la posibilidad de irse al norte, a los paisajes inéditos de Torreón, o Parras, o Baja California, a hacerla. El lunes hablaré con Barbachano para presionar a Buñuel, aunque ya conoces lo difícil que es el gran aragonés. Desde el punto de vista de censura, no habrá dificultades aquí: el nuevo régimen de Echeverría trae un ímpetu nuevo y fresco, como para borrar el espantoso recuerdo del asesino Díaz Ordaz. Se va a exhibir *Les Damnés* sin cortes[223] y me han dado luz verde para *Zona sagrada*, con lo cual andamos de cuchicuchi con la Doña.[224]

---

[222] «Carlos Fuentes [...] escribe solo con el índice de la mano derecha. Cuando fumaba, escribía con una mano y sostenía el cigarrillo con la otra, pero ahora que no fuma no se sabe a ciencia cierta qué hace con la mano sobrante. Uno se pregunta asombrado cómo su dedo índice pudo sobrevivir indemne a las casi dos mil páginas de su novela *Terra nostra*» (Gabriel García Márquez, «El amargo encanto de la máquina de escribir», en *Notas de prensa 1961-1984*).

[223] *La caduta degli dei* (*La caída de los dioses*, 1969) es una película de Luchino Visconti que tuvo recortes en su duración incluso al proyectarse en Estados Unidos.

[224] María Félix.

¡Vuelvo a escribirte apenas termine el *Pájaro*! Besos a las Pilares y para ti toda la admiración de tu viejo amigo,

Carlos

PS. Ya firmé los contratos de nuestro *triple decker Zona, Lugar, Cantantes*.[225]

DE JOSÉ DONOSO A CARLOS FUENTES

Vallvidrera, alrededor de febrero 1971[226]

Querido Carlos:

Por fin, hoy, tu carta. ¿Qué mierda le pasa a correos? Tú sabes que tu carta es la primera en llegar, además con fecha del 28, hablando de mi novela.[227] Pero por fin, aun así a medias te gusta y esto ya es estupendo... y la entiendes: Caravaggio,

---

[225] *Triple Cross* (E.P. Dutton, 1972) reunió en traducción al inglés *Zona sagrada, El lugar sin límites* y de Severo Sarduy *De donde son los cantantes*.

[226] Esta carta ha sido fechada de manera aproximada pues su autor puso como fecha «8 de enero de 1854».

[227] Donoso ya había recibido algunos comentarios de quienes tuvieron la oportunidad de leer el manuscrito. Como jurado del Premio Biblioteca Breve que se canceló, Vargas Llosa lo había leído casi un año antes, y tras ello le escribió un extenso comentario en el que concluía: «Es, de lejos, lo mejor que has escrito, y, además, doy su éxito por descontado» (29 de marzo de 1970). Otro lector del manuscrito, Emir Rodríguez Monegal, escribió a JD: «Creo que conseguís lo que Carlos buscaba en *Cambio de piel*, y lo que muchos otros (y *compris* Cortázar) no llegan sino a vislumbrar: los verdaderos subterráneos del horror y la piedad» (25 de abril de 1970). Cortázar escribió a JD tras leer el libro impreso: «lo he sentido todo el tiempo como una gigantesca metáfora; para expresarlo de alguna manera, siento como si hubieras entrado al Prado y allí, en una hora sigilosa y sin guardianes a la vista, hubieras cumplido la operación indecible de fundir el laberinto especular de *Las meninas* en el clima de las pinturas de la Quinta del Sordo» (7 de febrero de 1971).

195

Arcimboldo, claro, ese es el tono justo (bastante evidente, por lo demás, en la fantasía de la quema de los papeles debajo del puente), tenebrista, etc. Quedo, naturalmente, sentado a la puerta de mi casa esperando el «continuará» de tu carta, cuando hayas leído toda la novela. Alguien dijo que andabas en Colombia, y creí que por eso no escribías. Lo de Buñuel es fabuloso. ¿Qué opina Barbachano? ¿Le gusta *El lugar*? ¿Qué habría que hacer, crees tú, para presionar un poco al viejo? ¿Te das cuenta de cómo me cambiaría la vida con una peliculita de Buñuel? ¿Te das cuenta lo que sería verte proyectado en la mente de Buñuel? Fabuloso. Daría cualquier cosa por que resultara el proyecto, que dejo en tus manos, tu amistad y tu entusiasmo.[228] María Pilar está enloquecida. No duerme de noche pensando en la película. Cuando almorcé con el viejo en Madrid fue *very standoffish*, aunque cuando me hablaba de *El lugar* uno veía que lo había pensado todo, que había decidido en las *locations*, en los actores casi... y la conversación se volvía cálida y el sordo lo oía todo, y a los señores de Época Films, que produjeron el encuentro, les corría la baba del placer. De modo que ánimo, Fuentes, y arremete. Para qué te digo cuánto me gustaría volver a México por una temporadita para ver parte de la filmación. ¿Tú harías el *script*? Siempre le tuviste ganas *and, apparently, you were right*.

La crítica del *Pájaro*, en España, ha sido entusiasta. Aquí en Barcelona se habla mucho de él y los papeles se amontonan.[229] Alemania, *for some unknown reason*, todavía nada

---

[228] JD no exageraba si se atiende al caso de Cortázar, cuya celebridad aumentó internacionalmente tras la adaptación de un cuento suyo por Antonioni para la película *Blow-Up* (1966). CF, en cartas de 1969 y 1970 a Cabrera Infante, también reportó sus intentos de que Buñuel dirigiera el mencionado «*Birthdays*».

[229] Aunque JD no lo menciona, hubo lecturas que mostraban al menos desconcierto frente a *El obsceno*... Dos reseñas así aparecieron ese mes en España. De Joaquín Marco: «es uno de los libros más desagradables, más

dice. Los demás países importantes han caído todos ya. En los primeros tres días de aparición, en diciembre (29, 30, 31), se vendieron tres mil ejemplares, esto no está mal para España. No quiero pensar en lo que pasará en Chile. Será el momento en que los perros hambrientos me destrozarán. Supongo que eso forma parte del placer, *if one is sophisticated enough*. En todo caso, el «lanzamiento» en América Latina será comenzando por Chile y Perú a fines de marzo y creo que en México en mayo, de modo que escribe todo lo que quieras antes pero no publiques nada antes de mayo. Muero de ganas de ver un *essay* tuyo sobre el *Pájaro*. Muero de ganas de recibir la segunda parte de esta carta trunca. Escribe pronto. Un abrazo mío y de mis Pilares,

Pepe

DE JOSÉ DONOSO A CARLOS FUENTES

Vallvidrera, 11 de marzo de 1971

Querido Carlos:

Dos palabras para preguntarte por qué tan largo silencio, y, *so to speak*, en la mitad de una frase... espero a diario carta tuya.

---

inquietantes que hemos leído [...] pone sobre la mesa el tema de lo inhumano, de lo que hasta ahora había sido considerado como albergue de las pesadillas del terror nocturno» («El sueño de la razón produce monstruos», *La Vanguardia*, 4 de febrero de 1971). De Eduardo Chamorro: «sus aburridas quinientas cuarenta y dos páginas aparecen jalonadas por tres o cuatro hallazgos verdaderamente sugestivos y una total huedad de sentido poético [...] Pero creo que la novela merece un mayor detenimiento, pues no deja de tener su magia, aunque a uno —a mí— no le haya gustado» («Del esfuerzo imaginativo y las traiciones de la transcripción», *Triunfo* n.° 456, 27 de febrero de 1971). Ambos textos están recopilados en Joaquín Marco y Jordi Gracia (eds.), *La llegada de los bárbaros* (Edhasa, 2004).

Lo mismo lo de Buñuel. ¿Hay algo de nuevo en eso? ¿Qué pasó que se paralizó todo? Lo que temo —y esto me insta a escribirte ahora— es que de alguna manera se han enterado los chilenos, y anoche recibí una llamada transcontinental de cineastas chilenos proponiéndome a mí —*as far as I could gather*— una coproducción con Chile. Lo que hice fue pedirles, por favor, que te escribieran más bien a ti, para que actuaras a manera de *buffer* entre ellos y Buñuel, para no molestarlos, y en caso de que hubiera alguna posibilidad, no la estropearan, ya que es sabido que al viejo no le gusta que lo presionen. Por otra parte, por precaución, le he escrito cuatro líneas a Buñuel mismo, diciéndole que he oído que de Chile le van a escribir para una coproducción, pero que no es por indicación mía y que yo nada tengo que ver con el asunto, ya que nadie más que yo respeto su independencia y su deseo de no ser presionado. NADA odiaría más yo que el viejo pensara que soy *pushy*, y aunque sabe de sobra la ilusión que me hace una película suya, bueno, yo no voy a empujarlo a ella.

Te repito, espero a diario carta tuya. Es probable que dentro de quince o veinte días esté viviendo en Teruel (Calaceite, a cincuenta kilómetros de donde Buñuel nació, y a cien de donde nació Goya —quizás no sea todo una coincidencia y me he comprado sepultura en el cementerio de Calaceite),[230] pero escríbeme a esta dirección, de donde, hasta noticias definitivas, me reexpedirán las cartas. No dejes de escribir. Un abrazo para ti, Cecilia y Rita —¿cuándo viene a Barcelona para tu obra?

---

[230] JD fue enterrado en el Cementerio de Zapallar, Chile, con un solo epitafio: «Escritor». CF contó a propósito: «Padecía de males que muchos juzgábamos imaginarios y que compartía con su mujer María Pilar, hasta que un día la hipocondría resultó demasiado real, hasta el grado que en la lápida fúnebre de Donoso se ha sugerido como *memento mori* el lema *¿No que no, cabrones?*» (*La gran novela latinoamericana*, Alfaguara, 2011).

Te abraza,
Pepe

José Donoso
Corberas 18
Vallvidrera, Barcelona
España

DE CARLOS FUENTES A JOSÉ DONOSO

México DF, 2 de abril de 1971

Queridos Pepe y María Pilar:

Les envío con Rita estas breves líneas y los ejemplares de *Aura* que me pide María Pilar.[231] Perdonen el retraso en contestar; he estado sumamente deprimido con la muerte de mi padre;[232] ustedes lo conocieron y saben cómo era; desde niño, sostuve con él una relación muy cariñosa y abierta y su pérdida me ha mutilado terriblemente. Mi infancia peripatética me privó de muchas raíces; mi padre fue siempre mi raíz única, mi conducto hacia muchas cosas, personas y lugares de mi origen; quizás solo fantasmas.

Luis Buñuel se dedica a matar moscas toda la mañana; pronto se aburrirá y entonces decidirá qué cosa filma. Por

---

[231] María Pilar escribió a CF el 22 de marzo de 1971: «Por favor a vuelta de correo mándame unos dos ejemplares, por avión, de *Aura*; si le agregaras un tercero dedicado para nosotros yo sería feliz pues me encanta y nuestro ejemplar quedó en Chile entre los libros que no nos han mandado y que estamos desesperadamente tratando de recuperar. Es como sabes uno de mis libros favoritos».

[232] Rafael Fuentes falleció el 25 de febrero de 1971 a los sesenta y nueve años en México DF.

el momento, hay que dejarlo en paz. Además, sus antenas son múltiples, sus gustos varían y de repente anda muy entusiasmado con *Tormento* de Pérez Galdós y a los dos días se le pasa. Creo que sus dos auténticos deseos son hacer una obra italiana que sucede en la sala capitular de un convento y *El lugar sin límites*: son las dos obras que le permitirían filmar cómodamente en México y regresar todos los días a sus perros, fabadas y moscas. Tiene una idea sensacional de *casting* para *El lugar*: Jean-Louis Barrault como la Manuela. No se preocupen; seguiré vigilando los intereses del Monty Woolley de Calaceite, pero a Buñuel no se le puede apurar, como no se puede apurar a Picasso. *Patience.*

Un abrazo, Pepe; un gran beso, María Pilar, y otro para la Pilarcita.

Les quiere su amigo,

Carlos

DE JOSÉ DONOSO A CARLOS FUENTES

Vallvidrera, 10 de mayo de 1971

Querido Carlos:

Cuatro letras para anunciarte larga, larga carta. Estoy en el caos de terminar una traducción, de cambiarme de casa a Calaceite y de mantenerme más o menos lejos de la locura.[233] Tengo que hablarte del triunfo INCREÍBLE de la Macedo y tuyo, tengo que hablar de la muerte de tu padre, de miles de cosas que en estos días nos están uniendo. No lo haré, sin embargo, ahora, porque no escribiría lo que

---

[233] Junto a María Pilar tradujo *La letra escarlata* de Nathaniel Hawthorne (Salvat, 1972).

quiero. Prefiero esperar una semana más y escribirte con calma desde Calaceite para decir todo lo que tengo que decir. En todo caso *El tuerto* es un triunfo de verdad, para mi gusto, *Casares or no Casares, Lavelli or no Lavelli,* más claro en intención, menos juego el de aquí, y Rita a mi juicio le da una dimensión completamente distinta e insospechada a la obra. Te incluyo, por el momento, estos recortes. *More later.*

Un abrazo y mil felicitaciones por el momento,
Pepe

José Donoso
Calaceite
Provincia de Teruel
España

DE JOSÉ DONOSO A CARLOS FUENTES

Calaceite, 23 de mayo de 1971

Querido Carlos:

Estos han sido meses largos, aburridos y complicados. Pero hoy me siento instalado en Calaceite, lejos de todo, y quiero escribirte antes que nada.

Siento muchísimo lo de tu padre. Lo recuerdo como un hombre elegante, fino, pero sobre todo con un amor excepcional —aunque inteligentemente crítico— por tu obra, por ti como hijo y ser humano. Para mí, con los años, producir y crear afecto en otros (no hablemos de comunicación, que eso hasta Antonioni sabe que no existe) se hace dificilísimo, si no imposible. Recuerdo observándote que a ti, aunque me digas lo contrario, te sucede algo parecido. Tu padre, según entiendo, era el gran afecto dado para ti, el que no tenías que cortejar ni regar ni adornarte para merecer. Huérfano es una palabra dura y que nadie se merece, pero me imagino que, de alguna manera, a nuestra avanzadísima edad, es más dura y más definitiva. Le dije a Rita el otro día que a mí me parece —*forgive the presumptuousness*— que lo que tú necesitabas más era hundirte, deshacerte, tocar fondo. Es una crueldad decírtelo, pero quizás la muerte de tu padre, si eres el hombre que siempre he creído que eres, te hará tocar fondo. Perdóname si no puedo ser más efusivo y compadre. Te debo demasiado, y eres de las pocas personas que quiero de veras aun a pesar de nuestros frustrantes encuentros, para decirte solamente lo siento mucho, Carlos, de veras. En cambio, sí, espero de veras que hayas tocado fondo y que vuelvas a salir. Un abrazo.

En lo que se refiere a *El tuerto*: Rita insuperable. Le da una dimensión completamente nueva a la obra, algo que, por muy sutil y fina que fue la Lavelli-Casares-Frey, esa versión no tuvo. ¿El idioma? Quizás. Desde luego una cosa: así como en la versión francesa el final quedaba un mamarracho y las proyecciones también, aquí, aunque siguen no gustándome (tocan la vena que menos me gusta en ti que es la pedagógica, historicista, antropóloga), cumplen con una función y se integran a la obra. La versión francesa daba una especie de Genet. La de Macedo-Salvat da una dimensión mitológica, básicamente por una razón —o dos: una, la presencia insustituiblemente americana de la Macedo, su belleza, su feminidad, su estupenda presencia escénica, la sensación que tuve que <u>esa</u> mujer es la que tú conoces y sobre quien escribiste la obra porque no tienes otro prototipo aunque los hayas buscado y los busques, desconociéndolos siempre: de alguna manera la mujer-Macedo es tu vocación, a lo que estás amarrado, aquello de que no puedes prescindir; las otras mujeres, quizás más complicadas, las mujeres-Casares, son una afición, simplemente, una fascinación, y no están en tu raíz, no constituyen el prototipo del que, *willy-nilly*, escribes, y en el que, a pesar tuyo, encarnas cosas sin explicarlas. Esto en primer lugar. En segundo lugar, que la producción de Salvat fue limpia: es decir, como —veo ahora— Lavelli usó todos los clichés de lo decadente en la producción (la Casares también en su actuación, ignorando la parte mítico-heroica) y te obligó a «situarla». Salvat, en cambio, no te «sitúa» dentro de un tipo de decadencia dada que todos reconocen en cuanto a escenificación; al contrario, te limpia de esos lastres, y la obra surge, liviana, llena de significaciones, riquísima. Sí, Carlos, esta versión me gusta más que la de Lavelli-Casares, aunque le reconozco a la otra cosas que esta no tuvo. En todo caso, para mí, la encontré más integrada aunque menos refinada; más significativa aunque menos inteligente como sutileza de matices; mucho menos banal en cuanto a visión conjunto; y claro, el teatro castellano es una pura gloria y la Macedo pariendo un continente en escena es algo que la Casares no pudo hacer, ni siquiera, creo yo, se lo planteó. En todo caso: VIVA, BRAVO. Sabes que no soy *sycophant* y cuando hay algo que no me gusta o te lo digo o me quedo callado. Aquí te felicito.[234]

En Calaceite hay dos mil habitantes, muy pocos de ellos han oído hablar de Cristóbal Colón. Hay una gran iglesia barroca. Y portales, y algunas casas con escudo. La mía, al hacer el pequeño jardín y destruir parte de la casa, descubrió dos bóvedas, probablemente restos del castillo de Calatrava, emplazado en este lugar. Está helada, con olor a yeso, llena de polvo, pero mi estudio, encaramado en la

---

[234] JD trataría luego de escribir una pieza teatral para Ricard Salvat: «se mostró bastante entusiasta ante una posibilidad de trabajar conmigo. He estado leyendo, sin embargo, el texto de *El tuerto es rey*, de Carlos Fuentes, y lo encuentro tan violentamente "literario" que me repele: la obra en escena, sin embargo, no me parece en absoluto mala. Leída me parece falsa y pretenciosa, y hasta ridícula» (*Diarios centrales*, 21 de septiembre de 1973).

cima, ya funciona y está limpio.[235] Todo lo de Padilla, de Cabrera Infante, de *Libre*, del nuevo Biblioteca Breve, me llega atenuado, como un eco.[236] *I'm a drop out from life.* ¿Ok? ¿Se puede ser escritor desde esta posición? Voy a intentarlo. Significa un rechazo. Pero uno rechaza algo. Ese ALGO, quizás, es lo que busco entender desde aquí. Próxima novela: «La visa». La nostalgia de un escritor de edad madura por jamás haber pertenecido a algo colectivo, a una experiencia de conjunto, la imposibilidad que esto significa de relacionar y la única solución está en el aniquilamiento y la muerte. Veremos cómo sale. Será, estoy seguro, menos larga que el *Pájaro* (estoy feliz: después de 4 meses, sale la segunda edición: quince mil ejemplares de una novela tan hosca, tan desagradable, tan negativa, tan cara, vendida en cuatro meses). Y tomaré mi historia y mi subjetividad fantástica donde la dejó el *Pájaro*: la nada. Deshacerme de las viejas y de Chile y afrontar Barcelona, Calaceite, las mujeres, los hombres, Tetuán, mi hija. Será difícil y curioso. En fin, la convalecencia ya ha sido larga y es tiempo que comience.[237]

---

[235] El periodista Miguel Morer Errea reportó que en Calaceite JD «compró tres casas, medianeras unas con otras, por 40,000 pesetas, de las que ha hecho una». «José Donoso: "Estoy cansado de hacer maletas"», *Triunfo* n.° 497, 8 de abril de 1972.

[236] Por estas fechas se difundían las cartas públicas de protesta por el encarcelamiento y autocrítica del poeta Heberto Padilla, que rompió las relaciones de numerosos escritores con la Revolución cubana, entre ellos CF y Vargas Llosa. En cuanto a la revista *Libre*, JD había sido testigo de las discusiones alrededor de la inclusión en ella de Cabrera Infante —quien finalmente fue apartado—, durante una reunión en Saignon tras el estreno de *El tuerto es rey* (agosto de 1970). De hecho, Cabrera Infante escribió a JD y a otros miembros del comité de redacción pidiendo explicaciones. El «nuevo» premio Biblioteca Breve, es decir sin la participación de Carlos Barral, se convocaba por esas fechas. CF fue invitado a ser jurado pero declinó en solidaridad con Barral.

[237] Varias entradas de sus *Diarios centrales* correspondientes a 1971 se ocupan de «La visa». Preguntado si esta tenía conexiones con *El jardín de al lado*, publicada diez años después, JD respondió: «Ya no me acuerdo.

Buñuel me anuncia visita. Sus hermanas Conchita (a quien el viejo le dice la Peta Ponce)[238] y Margarita me aseguran que creen que se interesa por hacer el *Pájaro*. Otros me aseguran que sigue con la idea de *El lugar*. Otros más me dicen que pierda esperanza. *Chi lo sa?* Lo espero aquí para dentro de poco. Será interesante verlo en esta tierra.

Te ruego que si ves recortes sobre críticas del *Pájaro* me los envíes. Sé que nadie más lo hará en México.

¿Cuándo te veré otra vez? La palabra <u>nunca</u> comienza a asomar su cabeza calva y horrible y a parecer posible. Sé que estás en castellano en manos de Carmen Balcells. Estoy escribiendo un prólogo para *Artemio Cruz*. Lo tendré dentro de diez o quince días. Mircea Eliade me está ayudando.[239]

Querido Carlos, María Pilar y yo te abrazamos y te rogamos que abraces a tu madre y hermana en nombre nuestro. Para ti, mi afecto de veras y de siempre,

Pepe

Si puedes mándame una pequeña lista de la gente a quien crees que debo mandar el *Pájaro* y que lo harán sonar en México.

José Donoso
Calaceite
Teruel
España

Puede ser. Tendría que ver mis cuadernos para ver si hay alguna conexión. Es muy probable que sí. Pero mucho se perdió pues no me vino con la potencia que me vino *El jardín de al lado*» (Carlos Tapia, «Conversación con José Donoso», *América. Cahiers du CRICCAL* n.° 7, 1990).

[238] Personaje de *El obsceno pájaro de la noche*.

[239] *La muerte de Artemio Cruz* salió como parte de la Biblioteca Básica Salvat en 1971 con prólogo de JD, incluido en el apéndice de este libro.

DE CARLOS FUENTES A JOSÉ DONOSO

México DF, 27 de julio de 1971

Querido Pepe:

Perdona el retraso en contestarte. Ante todo, mil gracias por las atenciones a Mme. Macedonia Nazarín, la Flor del Anáhuac y por el *moral support* para la aventura del *Tuerto* en Cataluña.[240] Rita ya ensaya despiadadamente aquí para poner la obra en octubre, y el equipo Lavelli-Casares-Alfredo Alcón hace lo propio en Buenos Aires, donde vamos al Teatro Regina de la avenida Santa Fe. Creo que para esa ocasión me trasladaré al Cono Sur, dándome una vuelta por Chile, desde donde me manda cartas la Tencha Allende.

Retraso, te digo, por mil motivos: mucho cine ganapán; por fin, una espléndida película mexicana, llena de misterio auténtico, basada en «La muñeca reina»; mira la buena suerte que trae dedicarles a ustedes un opus; [241] el mes entrante comienza la filmación de *Zona sagrada* con Félix *et Fils*; espero que el delirio barroco de mi adaptación pase a la pantalla; por lo pronto, Madame ha prestado su auténtica cama de plata, ya es algo.

Mucha actividad política, junto con Octavio, Benítez y Pacheco, por todo lo sucedido aquí.[242] Nuevo libro

---

[240] Uno de los roles más importantes que tuvo Rita Macedo fue en *Nazarín* (1959) de Luis Buñuel.

[241] Como se dijo, el cuento estuvo dedicado a JD y María Pilar. La película dirigida por Sergio Olhovich se estrenó en 1972 y CF comunicó su disgusto con ella (carta del 23 de julio de 1975). Olhovich llevaría además al cine *Coronación*, que JD encontró deplorable (carta del 5 de julio 1975).

[242] El 10 de junio de 1971, en México una manifestación de estudiantes contra el gobierno de Luis Echeverría fue reprimida violentamente por un grupo paramilitar llamado Los Halcones. El evento es conocido como la Matanza del Jueves de Corpus o el Halconazo. Poco después, en septiembre,

de ensayos, sobre temas mexicanos, en prensa.[243] Cerca de cuatrocientas cuartillas de «Tántalo» y obras completas *chez* Aguilar en prensa. Y para esto quiero pedirte un gran favor: sé, aunque no lo conozco, que has escrito el prólogo para el *Artemio Cruz* de Salvat; quisiera pedirte tu autorización para incluirlo como prólogo a la misma novela en Aguilar; vas en buena compañía, pues los demás prólogos a obras individuales son de Paz, Lezama Lima, Sarduy y Goytisolo (Juan). Ah, y una carta de Lázaro Cárdenas sobre *Artemio*.[244]

Sobre tu gran obra, no haría ahora sino repetirte el entusiasmo que su lectura me provocó. Prefiero que esperes a leer el ensayo que estoy escribiendo para *Plural*, la nueva revista literaria dirigida por Paz y publicada por el diario *Excélsior*, cuyo primer número saldrá en septiembre. Donoso y la clave genética. Donoso y el universo de las formas. Donoso y la excepción como regla. Por ahí va. Espero que te guste.

El gran Aragonés empieza a *s'emmerder* en la soledad de su castillo. Buenos signos: se queja de que no hay galletas para el perico y de que no le alcanza el dinero para comprar plátanos dominicos. Eso quiere decir que pronto volverá Rocinante a los sets. Estaré pendiente. Tiene veinte mil proyectos, pero creo que si filma en México hará tu *Lugar* o una historia de monjas; si regresa a Europa, en cambio, hará un guión de su cosecha titulado «*Les Charmes Discrétes de la Bourgeoisie*».[245]

Veremos. Escribe. Besos a las Pilares de tu vida. Un gran abrazo de

Carlos

Paz, CF, líderes estudiantiles y representantes obreros anunciaron la creación de un movimiento o partido político que no prosperó.

[243] El mencionado *Tiempo mexicano*.

[244] El primer tomo (de un total de tres) de sus *Obras completas* en Aguilar apareció en 1974 y con los textos mencionados, incluido el de JD.

[245] Con el título definitivo de *Le Charme discret de la bourgeoisie*, la película se estrenó en 1972.

DE JOSÉ DONOSO A CARLOS FUENTES

Calaceite, 17 de agosto de 1971

Querido Carolus:

Para qué te voy a negar que lo de Buñuel me tiene con las tripas anudadas. Me imagino al viejo dándole galletas al perico con una mano, y con la otra tirando al cara o sello si va a usar o no *El lugar*, y con ellos, mi destino. Trato de mantener *a stiff upper lip*, pero está comenzando a costarme mucho trabajo, y me siento en el escalón del correo a esperar.

Ni siquiera logro concentrarme en lo que estoy haciendo. Mi *Historia personal del «boom»*, que iba bien, está parada. Sin embargo, la retomaré. No será nada sesuda —acabo de releer tu *Nueva novela hispanoamericana* y, aunque no estoy en nada de acuerdo con muchas cosas, me dejas completamente *bouche bée* con tus *insights* y tu inteligencia. Es posible que me meta también con este librito tuyo en mi *Historia personal*. Desde luego, tienes el papel de *STAR*: defiendo la tesis de que —para mí por lo menos— las cosas comenzaron desde el punto de vista «boom» con *La región*. Luego, ensayo sobre tal libro comparado con *Artemio* (el prólogo de Salvat fue hecho entre gallos y medianoche, y si te gusta claro que lo puedes usar) y luego un ensayito que tengo en el tintero desde hace mucho, sobre *Zona*. Habrá un ensayo sobre, conjuntamente (no te horripiles) *Rayuela*, *Sobre héroes y tumbas* y *La bahía del silencio*; y muchas otras cosas, *besides a lot of gossip*, paralelos, *sketches* de personas y personajes, etc., Puede ser divertido, o puedo dejarlo en la mitad.

Para qué te digo cuánto espero tu ensayo sobre el *Pájaro*. La suerte no me ha acompañado: la crítica española es

208

abundantísima, positivísima, pero imbécil. Salgo en Bompiani y du Seuil en octubre. Tiemblo.

Estoy agotado. Fui mantenedor de las Fiestas Mayores de Calaceite, coroné a la reina, oí el Te Deum con ella y el Arzobispo de Tortosa, abrí la plaza de toros, bailé jota en la plaza, etc. No me queda un hueso bueno en el cuerpo, y el calor impide el trabajo.

Si tienes *news*, aunque oficiosas, sobre los proyectos del aragonés, ponme dos líneas. *Beware of Tencha*. Espero que si vas a Chile proclames mi genio, ya que la recepción allá ha sido más bien tibia.[246] Un abrazo a Rita y Cecilia. Para ti, el afecto de siempre de

Pepe

José Donoso
Calaceite
Teruel
España

---

[246] Dos de los críticos más importantes de Chile se ocuparon de la novela. Tibio fue Ignacio Valente, quien afirmó que «en el contexto de la obra novelística de José Donoso, esta obra señala un punto máximo, tanto por la amplitud de su diseño global como por el desarrollo de ciertas líneas particulares», agregando que «este autor resulta, en cuanto al mundo de su ficción, muy limitado de horizontes [...] cuando no se nutre del sentimiento de lo mórbido, decae visiblemente: es un escritor de veras monográfico» («José Donoso: *El obsceno pájaro de la noche*», *El Mercurio*, 20 de junio de 1971). Más severo fue Alone, quien echaba en falta el estilo de *Coronación*: «Esperemos que este vasto desahogo excesivo lo purgue y permita renacer al límpido narrador que iba con paso tan seguro hacia la plenitud» («Crónica literaria», *El Mercurio*, 5 de septiembre de 1971).

DE CARLOS FUENTES A JOSÉ DONOSO

Josephus Maximus, Scribanus:

Abandona el quicio de tu puerta y abandónate al azar. Mi impresión es que Buñuel, de hacer algo, seguirá con *«Les Charmes Discrétes de la Bourgeoisie»*, pues ha estado gozando durante dos semanas de las *charmes indiscretes* de unos baños de lodo en San José Purúa con su guionista Jean-Claude Carrière y por aquí ha andado el productor petiso Silberman vigilando los réditos literarios de su inversión. *The old man* dice que no quiere hacer nada, de todos modos.

Varios pedidos, Hermano José: 1) Si no me mandas tú el prólogo de *Artemio Cruz* para incluir *chez* Aguilar, nadie lo hará. *Please*, pues la *opera omnia* está en prensa ya. 2) Dirijo durante dos meses el suplemento de *Siempre!* Por favor mándame algo de tu *Historia personal del «boom»*, que tan amenazante y suculento, como unas setas, parece. A Severo le he pedido una nota crítica sobre el *Pájaro*. Yo haré otra para *Plural*, la nueva revista de Octavio Paz.

Terminó pues la cena anoche con Buñuel, que me dejó turulato de tanto Chateauneuf, Chartreuse, Buñueloni y Martinis secos; es un roble ese señor y prepara dos nuevos cocteles de su cosecha: el Peta Ponce y el Madre Benita. *Explosive!*[247]

De todas maneras, quedo muy pendiente de tus intereses en el cine mexicano, pues si siento con toda seguridad que Buñuel se va por otro lado, espero promover con

---

[247] En esos ritos, Buñuel daría a CF la fórmula para superar su aerofobia: «Dos martinis antes de abordar el avión, dos durante el vuelo y dos al aterrizar. Se sentirá como en su casa» (CF a Julio Cortázar, *Las cartas del Boom*, 20 de agosto de 1977).

facilidad *El lugar* entre otros, nuevos y jóvenes directores y productores interesados. *After all,* estos pueden pagar entre diez y quince mil dólares. ¿Cuánto pides, o los remito, en el caso dado, a Carmen?

Besos a las Pilares. Para ti, todo el viejo cariño y *saudades* de

Carlos

DE JOSÉ DONOSO A CARLOS FUENTES

Calaceite, 14 de septiembre de 1971

Querido Carlos:

La tragedia me persigue. Parto hoy, rápidamente, a Barcelona, a sacarle la próstata a mi suegro —ya nos llegará el momento a todos de rendirle a los galenos tan preciosa presa— y no sé si será peligroso o no.[248] Mi madre, loca como su propia madre Elisita Grey de Abalos, llega a España dentro de poco, arruinada y deprimida, a morir como un perro a mis pies. No sé qué irá a resultar de todo esto. Quizás que de repente huya no sé adónde —pero creí haber huido a Teruel, y ya ves, aun aquí me persiguen.

Va el prólogo —como verás, pieza circunstancial, y en absoluto lo que diría en un estudio serio sobre ti. En el [libro del] «*Boom*», te dije, está *La región* en el comienzo del Boom, como la piedra angular que sostiene todo ese edificio de cartón piedra como la cabeza del Gigante; y tu persona-

---

[248] Curiosamente, veintiún años después, en la carta de fines de 1992 reproducida en este libro, JD cuenta a CF: «Estoy en cama convaleciendo de una operación a la próstata muy dolorosa e incómoda: la primera próstata del Boom que se va... de modo que anda preparándote».

lidad como la base, porque el Boom es pura «envidia», es algo inventado por los que no pertenecen y quisieran pertenecer, y tú fuiste el primero de nuestra generación que fuiste «envidiable», y de tu «mafia» salió el «boom». En fin, además de otras cosas. Fuera de eso, irá un estudio sobre *Zona sagrada*, como te dije. Son «12 notas sobre el Boom» (hay algo bastante cómico en que digo que Manuel Puig y Vargas Llosa son los dos novelistas que están haciendo las cosas más parecidas en la novela actual —*and what's more I think it's true*).[249]

Para qué te digo el estado en que me tiene el susodicho Buñuel. En cuanto me diga algo definitivo te doy la luz verde para México, estoy en la cochina calle, y si me estoy haciendo el heroico enterrándome en Calaceite —la gran vocación del escritor— es *mainly* por razones económicas. Rehúso, por miedo, no por otras cosas más serias como las que tú pregonas, ir a una universidad de USA. Quince o veinte mil dólares ciertamente me solucionarían varios años de vida. Pero el sordo tiene que hablar primero.

Espero que te parezca bien el prólogo. Un abrazo,
Pepe

Acabo de releer el prólogo y no está tan mal. Quizás ampliado en ciertos sectores me dé para un capítulo del «*Boom*».

José Donoso
Calaceite
Teruel
Barcelona (estaré aquí de nuevo en 3 días —María Pilar se queda en Barcelona)

---

[249] El ensayo sobre Puig y Vargas Llosa no se incluyó en el libro sino hasta la edición hecha por Cecilia García-Huidobro titulada *Historia personal del «boom» y otros escritos* (Ediciones UDP, 2021).

DE CARLOS FUENTES A JOSÉ Y MARÍA PILAR DONOSO

Beverly Hills, 19 de octubre de 1971
[postal]

Queridos Pepe y María Pilar:

Estoy aquí preparando la producción de cine de *Artemio*.[250] Ciudad fascinante: los templos de la gloria convertidos en mercados de las nalgas —todo aquí es *topless* y *bottomless*.
Abrazos,
Carlos

DE CARLOS FUENTES A JOSÉ DONOSO

México DF, 24 de diciembre de 1971

Muy querido Pepe:

Una breve nota para enviarte las reseñas del suplemento de *Siempre!* dedicadas al *Pájaro*. Por fortuna, Severo se «produjo» para balancear la nota de Manjarrez, pero el pro y contra ha ayudado, según sé, a promover el interés en tu gran libro. Espero, por lo demás, que mi breve notita revele el tamaño de mi entusiasmo y el espaldarazo de la revista.[251]
Feliz año a ti y las Pilares les desea su amigo de siempre,
Carlos

---

[250] El proyecto de la película no se realizó.

[251] Severo Sarduy, «El arte narrativo de Donoso: regalo japonés, crónica goyesca, lugar sin límites» y Héctor Manjarrez, «Novela espléndida y mediocre, vasta y mezquina, mágica y cursi», *La Cultura en México* (suplemento de *Siempre!*) n.° 515, 22 de diciembre de 1971. La «breve notita» de CF está incluida en el apéndice de este epistolario.

1972

DE JOSÉ DONOSO A CARLOS FUENTES

Calaceite, 6 de enero de 1972

Querido Carlos:

Gracias por tu carta y por el suplemento de *Siempre!* El artículo de Severo casi no lo entendí, pero se me ocurre que puede ser interesante. En lo que se refiere al artículo de Manjarrez, me entusiasmó, verdaderamente: qué tipo haber «recibido» —*as opposed to* comprendido, que es lo que parece haber hecho Severo y que en el fondo me halaga pero no me interesa terriblemente— el *Pájaro* de manera más compleja y convulsionada y completa y ambivalente. Estoy realmente feliz con la crítica de Manjarrez, que me parece poco lúcida pero estupenda. ¿Dónde le puedo escribir, para darle las gracias? (Mándame su dirección).[252] En cuanto a tu notita, espero que no sea más que un adelanto del ensayo prometido para más tarde, que cuento con él... y para pronto. Me imagino que bastante habrán movido las aguas estas dos páginas de *Siempre!* Gracias, ya que estoy seguro se deben a tus buenos oficios.

---

[252] Con su novela *Lapsus* (Joaquín Mortiz, 1971), Héctor Manjarrez fue, junto a JD y Alfredo Bryce (*Un mundo para Julius*), uno de los tres finalistas del frustrado Premio Biblioteca Breve 1970 (carta de Carlos Barral a JD, 27 de octubre de 1970).

En lo que se refiere a Buñuel, ha estado aquí, afectuoso y divertido como siempre y hemos hablado mucho sobre *El lugar*. Ahora está en Francia. Por otro lado he sabido que Barrault estaría encantado de hacer el papel de la Manuela dirigido por Buñuel. Firmé un contrato —contratito— con Marco Polo. ¿Quién hará el guion? ¿Buñuel mismo, tú... yo... Carrière? En fin, espero que nada de lo que se trae entre manos aquí en Europa le resulte —desde luego fracasó el proyecto español—, y llegue marzo, y la hora del regreso, y ponga manos a la obra con *El lugar*, lo que me hace una ilusión inmensa.

Nosotros haciendo vidas de patriarcas pueblerinos y primitivos. Hace un frío del demonio, pero estamos solos, que parece ser nuestra vocación. El «*Boom*» avanza. Tengo terminada *Historia personal del «boom»*, que es la introducción, y de la cual, naturalmente, tú eres «*my hero*». Luego, en el libro mismo —la introducción es de cien páginas y creo que liviana, sin pretensiones, anecdótica y algo perversa—, hay un ensayo sobre ti, todavía solo en notas, que se llamará «Fuentes: *Artemio Cruz* y *Zona sagrada* o desde la antropología hasta el artificio». Son solo aproximaciones, bastante divertidas, sobre todo aquella en que hago el paralelo entre Puig y Vargas Llosa y llego a la conclusión que son los dos novelistas más hermanos de su generación. Creo que mi argumentación en lo que se refiere a este punto, aunque un tanto heterodoxa, es lúcida *and to the point*. Leo tus notas en *Libre*.[253] Ya te había dicho que algún día llegarías a presidente de México. Eso fue antaño, cuando te conocí en Concepción, y lo sigo pensando: te doy dos elecciones más, a lo sumo tres. ¡Bravo! Ya me habían llegado rumores, por lo demás, que estabas extremadamente

---

[253] CF, «La disyuntiva mexicana», *Libre* n.°2, diciembre de 1971-febrero de 1972, analiza la situación política de México, a partir de los acontecimientos de 1968.

politizado —no sé quién dijo que hablabas por teléfono media hora todos los días con Echeverría— y que poco faltaba para que llegaras a presidente.[254] Por otra parte, tu carta *a propos* de Padilla fue admirable, lúcida y lo mejor.[255] Buen año, Carlos, buen 1972, y a ver cuándo escribes otra vez y cuentas cosas.

Un abrazo de todos y con el cariño de siempre,
Pepe

Por favor trata de armar polémica y alboroto alrededor del *Pájaro* en México.

José Donoso
Calaceite
Teruel
España

---

[254] El apoyo de CF al gobierno de Echeverría tuvo su mayor gesto cuando aceptó ser nombrado embajador en París, cargo que ocupó entre abril de 1975 y junio de 1977. CF comentó décadas después: «Querían que fuera presidente de México, hubo una época en que me lo pidieron muy fuertemente, pero me resistí. Me parecía una broma. Habría convertido el país en Calcuta... Los escritores han hecho grandes cosas en Latinoamérica, y los artistas también. Pero el gran drama es que no existe una correspondencia entre esas grandes creaciones culturales y lo que hemos hecho en la política. Seguimos teniendo una política del tercer mundo, pero eso no se arregla convirtiendo a los artistas en políticos. Son dos oficios muy distintos». Xavi Ayén, «Carlos Fuentes: "Necesitamos policías sin escrúpulos para acabar con los narcos"», *La Vanguardia*, Barcelona, 23 de septiembre de 2011.

[255] CF, «La verdadera solidaridad con Cuba», *La Cultura en México* (suplemento de *Siempre!*), n.º 484, 19 de mayo de 1971.

DE JOSÉ DONOSO A CARLOS FUENTES

Calaceite, 2 de mayo de 1972

Querido Carlos:

Recibí tu libro, que aún no he leído.[256] Gracias. Ya se lo había visto a Jorge Edwards en París y me interesó. Lo leeré en el verano.

Buñuel sigue escribiéndome misivas amorosas desde París: Barrault, con quien estuvo pensando hacer *El lugar*, no le gusta. Vico ha muerto repentinamente. Veremos a quién se le ocurre ahora, o si esta muerte será un contratiempo definitivo que lo hará dejar de lado definitivamente el proyecto, aunque me asegura que lo comenzará en México en septiembre. *I doubt it said the Carpenter and shed a bitter tear.*[257]

Vivo en el más completo aislamiento, con el fin de quitarme el fantasma de las viejas y de Chile, pero es inútil; parece que estoy condenado a escribir sobre ellas, y hasta la más refrescante ninfeta se transforma en vieja en mis páginas: *rather horrible, I'd say*. Mi *Historia personal del «boom»* está en lectura en alguna editorial desconocida: no está completa, es *gossipy* y sin mayores pretensiones y creo que bastante comercial justamente porque decidí no incluir los ensayos sobre novelistas particulares, sino que dejarlo así, solo un ensayo, una historia personal. Veremos. Está sin terminar y no tengo ganas de trabajar en él, de modo que lo di para lectura sin terminar, y depende del *advance* el que lo termine o no.[258]

---

[256] *Tiempo mexicano.*

[257] «Lo dudo, confesó el Carpintero, y soltó una amarga lágrima». Referencia al célebre poema «La Morsa y el Carpintero» en *Alicia a través del espejo* de Lewis Carroll.

[258] María Pilar escribió a CF el 26 de julio de 1972 que «en octubre o por ahí Anagrama le publica un ensayo, *Historia personal del "boom"*, donde tú eres el *superstar of an all-star cast*... Si no fuera por *El lugar* [dedicado

¿Sabes que rompí con Carl Brandt y que Carmen Balcells me maneja ahora? Es bastante espantoso, ya que una gran amistad me unía a Carl, pero tuvimos una desavenencia con respecto a un punto y eso no se pudo arreglar: quedamos, sin embargo, buenos amigos... Estuve en París y conocí al *redoutable* Severo, y es tal como yo me lo imaginaba: *redoutable*. Neruda magnífico; Jorge Edwards comienza a parecérsele: Jorge, Pablo y Pilar han agarrado la misma manera de hablar. ¿O será el tono chileno al cual estoy desacostumbrándome?

¿Cuándo vienes? Cuentan que fundaste un partido político. Te recuerdo mucho y con gran afecto, un abrazo,

Pepe

DE CARLOS FUENTES A JOSÉ DONOSO

París, 18 de diciembre de 1972

Mi querido Pepe:

Aunque no pierdo las esperanzas de verte para el Año Nuevo, te envío esta carta para decirte con cuánta alegría preveo nuestro reencuentro después de tantos años. La fiesta promete ser épica (sé que hasta Filippini va a ir) y quizás sea el capítulo final —el *wake*— del Boom.[259]

---

a CF y Rita Macedo], tendría que ir dedicado a ti, en fin eres el *superstar* como te digo y ya está bien». Anagrama no le era desconocida a CF pues ese mismo año apareció en este sello el folleto *La cultura de la pobreza/ Pobreza, burguesía y revolución*, que reproducía una charla entre CF, Oscar Lewis y K.S. Karol.

[259] JD y CF no se veían en persona desde septiembre de 1968. En *Historia personal del «boom»*, JD ubicó ese «final» del Boom en un Año Nuevo previo, al que no asistió CF: «Para mí el Boom termina como unidad, si

Hoy amanecí con la noticia de que los españoles me negaban la visa por «peligroso e indeseable», pero Mario [Vargas Llosa] y Carmen [Balcells] se han puesto en marcha y espero que todo quede arreglado entre hoy y mañana.

Un beso a las dos Pilares y para ti un abrazote de tu cuate,

Carlos

---

es que la tuvo alguna vez más allá de la imaginación y si en realidad ha terminado, la Nochevieja de 1970, en una fiesta en casa de Luis Goytisolo en Barcelona [...] Cortázar, aderezado con su flamante barba de matices rojizos, bailó algo muy movido con Ugné; los Vargas Llosa, ante los invitados que les hicieron rueda, bailaron un valsecito peruano, y luego, a la misma rueda que los premió con aplausos, entraron los García Márquez para bailar un merengue tropical».

1973

DE CARLOS FUENTES A JOSÉ DONOSO

París, 7 de marzo de 1973

Mi querido Pepe:

Inútil decirte la alegría que me (nos) dio encontrarlos este fin de año en Barcelona. *It was like a happy family reunion —notwithstanding celebrated Tolstoyan dictums on happy families!*[260]

Comí la semana pasada con el viejo Buñuel y quedamos en vernos el 21 de abril en Calanda para *the beating of the drums*. Pienso viajar a Barcelona unos días antes y luego ir a Calanda. Terminados los tambores, me encantaría, junto con Silvia,[261] pasar una semana *chez toi* tanto para hablar largo como para revisar la casi totalidad de mi inmenso *opus* necrofílico.[262] ¿Es posible?

Lo de Calanda, por supuesto, sujeto a que LB no se encabrone por mi largo artículo sobre él que aparecerá el domingo 11 en el *magazine* del *New York Times*, pues empiezo plagiándote y contando la cena funeraria de las hermanas, pongo en escena a una de ellas barajando estampitas y revelo que los sobrinos aspiran al Premio del dinamitero

---

[260] «¡A pesar de las máximas tolstoianas sobre las familias felices!».

[261] La periodista mexicana Silvia Lemus se casó con CF en este año. CF solía también escribir su nombre como «Sylvia».

[262] *Terra nostra.*

Nobel. No se enojaría por las indiscreciones, claro, sino por el *upstaging*...[263]

Mientras tanto, el Demiurgo de Aragón está recluido en un monasterio español con Carrière, debatiendo la próxima película. Ojalá sea *El lugar, but one never knows.*

Propone Buñuel reservar desde ya cuartos en la Posada de Alcañiz. Dime qué piensas sobre esto y, en general, sobre la logística del proyectado viaje.

Un enorme abrazo, besos de Silvia para ti, de mí para las Pilares y nada de promiscuidad, señores.

Tu cuate,
Carlos

Mi dirección:
8, Rue de Bièvre
París 5
Tel: 326-52-38

DE JOSÉ DONOSO A CARLOS FUENTES

Calaceite, 4 de mayo de 1973

Querido Carlos:

Con el escándalo y el caos de la partida a Italia —dejando casa, hija, perro, dos gatos, jardín, etc.— no te pude escribir antes y le pedí a María Pilar que lo hiciera diciéndote que nosotros no estaríamos para Semana Santa en Calaceite.[264]

---

[263] «Spain, Catholicism, Surrealism, Anarchism: The Discreet Charm of Luis Buñuel», *The New York Times Magazine*, 11 de marzo de 1973.

[264] María Pilar le escribió el 14 de marzo de 1973 en reemplazo de —como se lee en las siguientes líneas— un disgustado JD: «Los esperábamos

221

Pasamos un mes en Italia, acabamos de llegar y estamos felices, porque creo que por lo menos superficialmente Italia es donde mejor me siento y donde tengo el mejor *rapport* con la gente.[265] Lo pasé fabulosamente bien, viviendo en casa de mi amigo Al Capone en Campo dei Fiori, sobre el mercado, con el olor a marihuana de los hippies de la esquina que aromaba mi balcón.

En realidad estuve un poco picado que usaras esas anécdotas contadas en la Barceloneta y que expresamente te pedí que no contaras. Pero el tiempo es buen consejero, se me pasó la rabia, las cosas importan poco, Fuentes es Fuentes, *you win*, y ahora no me importa nada. Pero debo decirte que no te escribí a mi partida porque te hubiera escrito una carta puteándote porque estaba furioso con tu deslealtad, pero ahora ya pasó, ya no estoy y las cosas pierden importancia y además *I didn't invent Buñuel and I don't own him (thank God).*[266] Del viejo no he sabido nada. Me imagino por los rumores familiares que no hará *El lugar*. Pero es curioso: se anunció en la prensa que hacía algo que se llama «Los fantasmas de la libertad», y me parece que en una de

---

a principios de marzo y ahora no estaremos aquí para Semana Santa desgraciadamente. Nada de tambores este año [...] No les crean a los calandinos de que esa región es más linda que la nuestra (distamos cuarenta km los unos de los otros) y paseen algo por acá que estoy segura les gustará más...»

[265] JD hizo un detallado resumen de sus previas experiencias italianas en su carta a CF del 13 de marzo de 1967.

[266] JD escribió en 1988 una columna refiriéndose a esto: «Recuerdo que reunido un día con Carlos Fuentes le conté una serie de divertidas anécdotas que circulaban en la familia de Luis Buñuel. Algunas semanas después, en el *New York Times*, leí esas mismas anécdotas firmadas por Fuentes. Le escribí unas palabras, un poco molesto. Me contestó diciendo: "¿Qué importa? ¿No te das cuenta que todos nosotros estamos escribiendo partes distintas de la misma novela?" Creo que las palabras de Fuentes son verdad [...] fue esa sensación de unidad, en aquellos tiempos, lo que hizo que la novela latinoamericana se internacionalizara, y dejáramos de ser todos países islas, culturalmente incomunicados» («Islas y periferias», en *Artículos de incierta necesidad*, Alfaguara, 1998).

nuestras conversaciones su enfoque sobre *El lugar* tenía algo que ver con ese título.[267] Sin embargo, la familia me asegura que no hará *El lugar*. Lo que puede querer decir solo que sí lo hará. En fin, para qué sufrir más.

Italia estupendo. Conocí a Antonioni, admirador del *Pájaro*. Y me harán *Il posto che non ha confini* en teatro, lo que me tiene feliz. Salomón Laiter me ha comprado el *Pájaro* y comenzará a rodar en cuanto José Emilio [Pacheco] termine la adaptación. Quieren coproducción con Chile pero yo no quiero cine didáctico comprometido, me da lata, y el *Pájaro* no es eso, ya les dije. En todo caso, después de <u>diez</u> años de ausencia, y en tiempo de vacas flacas, regreso a Chile en agosto, por unos meses, porque mi madre está muy enferma y porque quiero escribir una novela que tengo planeada sobre el Chile actual, basándome en Rugendas. Extraño, pero te aseguro que la confluencia de historia y fantasía, presente y pasado puede resultar bastante interesante. Creo será una novela política, lo que *is hardly Pepe Donoso stuff*, pero *I want to try my hand*.[268] El *Pájaro* en vísperas de salir en USA: te imaginarás el temor, y la fascinación. ¿Viste el artículo de Michael Wood en el *New York Review of Books*? Nos deja bastante mal, pero a ti peor que a mí. ¡Compararnos con Asturias, *my word*![269]

---

[267] Esta nueva película se estrenó en 1974 con el título *Le Fantôme de la liberté*.

[268] En realidad, llevaba lejos de Chile poco más de ocho años, desde noviembre de 1964. Días después de escrita esta carta, JD concebía la historia sobre Rugendas ya no como novela sino como obra de teatro (*Diarios centrales*, 19 de mayo), y en 1980 hubo algunas conversaciones para realizarla como tal en Santiago. Solo sobrevive un *outline* en sus papeles de Princeton.

[269] Michael Wood, «Latins in Manhattan», *The New York Review of Books*, 19 de abril de 1973. Reseña a *Los ojos de los enterrados* de Miguel Ángel Asturias, *Diario del año del cerdo* de Adolfo Bioy Casares y de *Triple Cross* (el libro que reunía *Zona sagrada*, *El lugar sin límites* y *De donde son los cantantes*).

¿Cuándo nos vemos? ¿Tendré que esperar otra visita de Buñuel a Calanda para que me visites? Te avisaré cuando me venga a ver la Loretta Young, ya que sé que eres aficionado a *old-time celebrities* (Joan Crawford). Escribe, mano, y hazte ver alguna vez.

Un gran abrazo,

Pepe

(Me escribe un loco amigo tuyo que se llama Muchnik. *What does he think he is?*)[270]

José Donoso
Calaceite
Teruel
España

DE CARLOS FUENTES A JOSÉ DONOSO

París, 11 de mayo de 1973

Mi querido Pepe:

Sí, puedes llamarme, como Bernal Díaz a Hernán Cortés, «gentil corsario y en buena causa», y como don Hernando se robó las gallinas de sus vecinos para costear la expedición a México, así nos desvalijaremos los unos a los otros, que para eso somos cuates, y nos diremos, por la misma razón, lo que nos jode, abiertamente. Gracias por eso: *nobody owns*

---

[270] El editor Mario Muchnik propuso sin éxito a JD traducir *Emma* de Jane Austen como parte de una colección de traducciones de clásicos hechas por colegas escritores. Otra propuesta descartada fue *Diario del año de la peste* de Daniel Defoe.

Buñuel and he doesn't own anybody; le encantó el artículo, las referencias a Calanda, Semana Santa, hermanas necrófilas y discípulas de Birjám Young [sic], *so rest in peace on that count*. Y claro, corsario máximo lo es Buñuel: me confesó que de *El tuerto es rey* se voló dos ideas para *Le Charme Discret*: los sueños que yo soñé que tú soñaste que soñábamos juntos, y la aparición final de los guerrilleros que liquidan a Fernando Rey. Así que, según me cuenta Carrière, ahora hará «*Les Fantômes de la liberté*» en septiembre y no quiere adaptar novelas, sino seguir la libertad de *Le Charme Discret...* aunque coleccionando ideas de jóvenes y no tan jóvenes novelistas latinoamericanos, que para eso somos sus cuates, un poco sus hijos y él un Saturno devorador. *Pacem in Coelis*.

Te seguí la pista en Italia. Acabo de pasar dos semanas en el estupendísimo apartamento de mi prima Patricia en Venecia. Por allá cayeron los Gabos y los Mutis, Henry Raymont y consorte Wendy Neiman Marcus, nos emborrachamos viendo los Braques y Picassos y Klees y Ernsts de Peggy Guggenheim, la dragona de la laguna y prima de Roger Straus, etc. Un día en Milán con Filippinis y Rivas, que me contaron de tus andanzas en Campo dei Fiori, con Capone *et Beau Pére* Magisterial y en medio de matanzas en Milán. Tu novela se ve en todas partes y se vende muy bien, en medio del susto de las buenas conciencias que literalmente la leen como su título lo indica: «El cochino pingarrón nocturno». Felicidades, además, por la próxima publicación de la *Historia personal* en italiano. Y al regresar a París he tenido el gustazo de encontrar la MARAVILLOSA edición de Knopf, enviada por Carol Brown. Es lo más bello que he visto, *wow!* Y también el *Cruz* de Círculo: un abrazo de gratitud, súper Pepe, por tu epílogo.

Sigamos en contacto antes de tu sorpresivo viaje a Chile. ¿No piensan pasar antes por París? Ojalá. No veo Españas en mi futuro inmediato, sino el bisturí del Dr. Shuttleworth en St. Thomas Hospital de Londres el próximo 13 de junio para sacarme la piedra renal. *Petrus est*, etc.

Besos a las Pilares y para ti un abrazo de tu Bandido de Camino Real y hermano,

Carlos

DE JOSÉ DONOSO A CARLOS FUENTES

Calaceite, 11 de agosto de 1973

Querido Carlos:

Hace tiempo que estaba por escribirte, sobre todo para saber cómo te había ido con tu operación al riñón. Supe por Mario que había estado contigo en la clínica en Londres, y que estabas bien, pero ahora, instalado de vuelta en París y con un calor de todos los demonios, me inquieto por saber de ti. Ponme dos letras. ¿Y Sylvia? ¿No piensan ir a México? Yo me voy a USA por abril-mayo del año que viene, y no es imposible que pasemos el verano en México, donde nos gustaría verte. Yo estoy que ya no puedo más de odio en España, es un país que detesto, y a los catalanes peor que peor, o detesto a España porque vivo entre insoportables catalanes, y estamos en una crisis existencial —María Pilar y yo— muy fuerte, afincados aquí, con ganas de irnos a otra parte pero sin saber muy bien dónde se puede uno ir a vivir. Vamos de vacaciones a Polonia, el 27 de este mes, por quince días —*not very cheerful*, pero invitados y tenemos zlotys allá—,[271] y a nuestro regreso, posiblemente en octubre, después de la visita que Ivan Illich nos tiene anunciada

---

[271] La versión polaca del *Pájaro* (*Plugawy ptak nocy*) se publicó con la editorial estatal en Varsovia (Państwowy Instytut Wydawniczy, 1975).

226

a Calaceite, me iré a Chile solo para ver cómo están las cosas, y con la esperanza de quedarme allá y llamar después a María Pilar y a mi hija: estoy realmente cansado de ir de un lado para otro y realmente, por mucho esfuerzo que haga, con los catalanes no me entiendo nada, nada. Recuerdo lo fácil que fue hacerse amistades en México, todo un mundo que nos acogió, mientras que aquí en cambio, aunque no te dan puñaladas por la espalda del tipo de las de *Siempre!*, toda relación humana está empobrecida por no sé cuántos siglos de dictaduras de toda clase, y la gente no sabe lo que es relacionarse. No sé, realmente, qué voy a hacer y estoy muy confundido. ¿Será —oh descubrimiento— que me estoy poniendo viejo ahora que me falta solo un año para cumplir los cincuenta?

Me cuentan que Salomón Laiter está gastando millones en la producción del *Pájaro*, que Cuevas es *metteur en scène*, que José Emilio Pacheco ha escrito un guion fenomenal, que filmarán todo en Italia, según parece. Quieren que yo trabaje en la versión final del guion, que espero poder hacer, siempre que me paguen.[272] Mario conoció a Laiter y le gustó, pero claro, Mario estuvo poco con él y no puede juzgar. Dice que es un tipo muy «normal» y que está entusiasmado con el proyecto. ¿Tienes tú algún proyecto cinematográfico en la mano? ¿Y «Tántalo»? Mis *Tres novelitas burguesas*, publicadas aquí hace tres meses —espero que tengas tu ejemplar— han caído en el más completo vacío fuera de una furiosa crítica en contra en *Triunfo*. No entendieron nada, y se enfadaron porque no soy preciso en mis parlamentos de

---

Esta traducción fue la que, según su testimonio, leyó con admiración Olga Tokarczuk, Premio Nobel de 2018.

[272] La película nunca se realizó, pero en los papeles de JD en Princeton existe un guion del *Pájaro* fechado en México, 22 de junio de 1973-24 de marzo de 1974, atribuido a Salomón Laiter, Óscar Dancinger, Alda Laiter y José Emilio Pacheco.

los burgueses catalanes.[273] *Sounds like I wanted to be Mariano Latorre*. Para colmo, publicaron el libro a la sombra de *Pantaleón*, la misma semana, de modo que a nadie se le pasó por la mente hablar del mío y menos comprarlo.[274] Las editoriales latinoamericanas y españolas están cada día peores. Yo no sé si sigue valiendo la pena escribir novelas. Lo mejor, supongo, será conseguir un trabajo en televisión.

Escríbeme pronto contándome de ustedes. Estoy pasando por un periodo muy bajo, muy depresivo y confuso —mi madre está muriendo en Chile, yo tengo una nueva úlcera, *which doesn't help*— y necesito por lo menos el afecto de mis viejos amigos. Nunca pasa mucho tiempo sin que nos acordemos de ti.[275]

Un abrazo,
Pepe

José Donoso
Calaceite
Teruel
España

---

[273] Martín Vilumara, «José Donoso cambia de continente», *Triunfo* n.° 567, 11 de agosto 1973: «No me cabe duda de que, al cambiar de continente, José Donoso ha sufrido un naufragio. Elevo preces para que no sea definitivo».

[274] *Pantaleón y las visitadoras* tuvo «un éxito de público que no tuve antes ni he vuelto a tener» escribió Vargas Llosa en un prólogo a la novela (Alfaguara, 1999).

[275] Salvo por una postal desde Viena, que se reproduce más adelante, esta es la última carta de JD a CF del año 1973 que hemos encontrado. Su reacción al golpe de Estado en Chile del 11 de septiembre tiene algunas entradas escuetas en sus *Diarios centrales*, así como este comentario: «Hoy avisó Mario Vargas Llosa, que había hablado con Fuentes en París, que le dijo que me dijera que en Santiago estaban quemando mis libros en las calles: por inmorales. Es posible que hayan quemado algún ejemplar de *El obsceno pájaro*, pero dudo mucho que estén haciendo una pira con mis obras y quemándolas. En todo caso, verdad o no, la sensación es curiosa, y creo más bien que es un poco la histeria de Fuentes, que está loco, y totalmente irresponsable» (Calaceite, 3 de octubre de 1973).

DE CARLOS FUENTES A JOSÉ DONOSO

París, 17 de agosto de 1973

Mi querido Pepe:

Acabo de recibir tu carta, tan cariñosa y conmovedora. Veo en ella todas las tensiones, depresiones, contradicciones y exaltaciones *qui font* de Donoso, Donoso... y que gestan tus grandes novelas. He compartido contigo el éxito norteamericano del *Pájaro*; nos hemos desayunado entre tu efigie y la de ese monstruo nocturno llamado Ehrlichaldedeankalmbachliddymitchellmagruder en *Newsweek* y *Time*. Me encantó la crítica de Clemons. Él fue el más entusiasta admirador de *Cambio de piel* en *Life*.[276] Carajo, tienes tanto, logras tanto... y solo puedes vivir sufriendo: es la clara condición de que lograrás más. *So be it, remember Fedor Mihailovitch*, no juegues a la ruleta pero tampoco vayas con un psiquiatra.

Te agradezco mucho el envío de *Tres novelitas*. No las he leído aún por dos motivos. El primero es que Bompiani me ha pedido un ensayo sobre ti (y otro sobre Lezama) para completar la edición italiana de *La nueva novela*. Esos mismos capítulos aparecerán en la nueva edición de Mortiz. Para ello, deberé releerme, en secuencia y de golpe, todo el opus donósico, y no quiero comenzar esa tarea con algo que no conozco.[277] El segundo es que salí con muchos bríos literarios del hospital y he escrito más de cien cuartillas de

---

[276] La reseña anónima de *Time* apareció el 30 de julio de 1973. La de Walter Clemons, «The Obscene Bird of Night», en *Newsweek*, 4 de junio de 1973.

[277] Del libro no hubo edición italiana ni tampoco edición ampliada en español. Si bien CF nunca escribió un análisis extenso sobre JD, sobre Lezama escribirá cincuenta páginas para su colección de ensayos *Valiente mundo nuevo* (FCE, 1990).

la novela desde que regresé a París. Y ya sabes que *writing excludes reading*. Me he limitado al *Herald Tribune*, *Le Monde* y una relectura del *Conde de Montecristo*! Esta novela, cuyo título aún se me escapa, va ya para las 700 páginas, pero espero terminar la redacción total —no la revisión— a principios de octubre.

La devaluación del dólar (y en consecuencia del peso mexicano y mis regalías de allá) nos tiene empobrecidos. Encontrar aquí un apartamento, como lo demuestra *The Last Tango*, es casi imposible, y ahora necesitamos uno más amplio. El bebé está por llegar —quizás llegue cuando esta carta te sea entregada por el M. Hulot local de Calaceite— y no cabremos en la rue de Bièvre.[278] Por lo pronto, yo me iré a escribir todos los días a un lindo estudio que me presta Juan Goytisolo mientras Sylvia lidia con niño y con severa *nurse* suiza de nombre Mlle. Ackermann. Nuestra idea, a menos que encontremos pronto un apartamento conveniente, es regresar a México en octubre.

Por fortuna, ahora hay en México un gobierno honorable y que respeta a los escritores y a la literatura. Habrá que soportar los ataques de la extrema derecha y de los grupúsculos de extrema izquierda manejados por la extrema derecha (en todas partes se cuecen habas; lo malo de *Latin America* es que allí SOLO se cuecen habas). Pero todo esto es soportable en México. No sé si lo es en Chile. Parece que las presiones sobre el escritor son terribles, se exigen tomas de posición diarias y la literatura no es *a very valued commodity*. En fin, tú vas en octubre y verás *with your own eyes*.

Debo estar en NY en abril para dar una *lecture* en el Poetry Center. Ojalá coincidamos allí y en el verano mexicano. ¿Cuándo empieza la filmación del *Pájaro*? Proyectos

---

[278] Carlos Rafael Fuentes Lemus nació el 22 de agosto de 1973.

míos de cine abundan. Reichenbach filmará en octubre mi guión del cuento de Rulfo, *¿No oyes ladrar los perros?* Una compañía americana hará *Artemio Cruz* con Brando. Un nuevo director, Cazals, hará *Las buenas conciencias.* Y Glauber Rocha se lanza a hacer *Todos los gatos son pardos.*[279] En todo esto, la única actitud viable es la que aconseja Woody Allen: *Take the money and run!* Estoy, además, muy ligado a Losey para la producción de *Under the Volcano,* con guion de Cabrera Infante.

Pasé una buena operación en Londres. La ciudad, el país, son y serán siempre lo mejor del mundo para una vida tranquila y civilizada. ¿Por qué no piensas en Inglaterra? Te sería fácil, además, conseguir algo en Oxford o Cambridge. Creo que Inglaterra te da la posibilidad de alternar soledad y excitación como ningún otro país. Vivir en un hermoso campo y tener el West End a una hora en tren... *Pensez-y.*

¿Recibió María Pilar las fotos de San Silvestre?

Sylvia les manda cariñosos saludos. Yo, un gran abrazo con la vieja, incesante amistad de *Two Old Grangeonians,*[280]

Carlos

DE JOSÉ DONOSO A CARLOS FUENTES

Viena, 28 de agosto de 1973
[Postal del Kunsthistorisches Museum de Viena ilustrada por *El fuego* de Giuseppe Arcimboldo]

---

[279] *¿No oyes ladrar los perros?* se estrenó en 1975. Los otros proyectos no se realizaron.

[280] Referencia a que CF y JD habían coincidido, aunque en grados diferentes, en The Grange School de Santiago.

En viaje a Polonia nos detuvimos en Viena a ver a Vermeer y a <u>nuestros</u> Arcimboldos, donde te recordamos con el cariño de siempre.

Pepe

Sí, amor, recibí las fotos y te las agradecí a morir. A Silvia, que espero con gran ternura al nuevo agregado al mini-Boom, que me escriba contándome. Para los dos (tres) mi amor,

María Pilar

1974

DE CARLOS FUENTES A JOSÉ DONOSO

México DF, 17 de enero de 1974

Mi querido Pepe:

El Fondo de Cultura Económica me ha pedido, conociendo nuestra amistad, que te escriba proponiéndote formar parte del jurado del concurso de primera novela que esa editorial celebrará todos los años a partir de 1974.

El jurado quedaría integrado por Onetti, Cortázar, Juan Goytisolo, tú y yo. El Fondo te pagaría pasajes de ida y vuelta, dieta *per diem*, te facilitaría viajes y vacaciones en México y te exigiría poco trabajo, ya que los lectores del Fondo desbrozarían la maleza de los originales y solo nos entregarían el grano áureo —de haberlo.

Tuve el gusto de recibir la visita de Kurt Vonnegut y Jill Krementz y hablamos mucho de ustedes.[281] *Idem* con Buñuel antes de su salida invernal a España. Gabriel Figueroa me habló con gran entusiasmo del proyecto de filmar aquí *El lugar* y José Emilio se muestra muy complacido con el guion del *Pájaro*.

Yo salgo a principios de mes a Washington a trabajar seis meses en la Biblioteca del Congreso y a terminar el *roman octopus* que ya va en las 800 páginas. De allí a Columbia

---

[281] Kurt Vonnegut fue colega de JD en Iowa y la fotógrafa Jill Krementz era su esposa.

University a dar un seminario en español para jóvenes escritores exiliados por las dictaduras hispanoamericanas. Veré
allí mucho compatriota tuyo. Tomaré el *Pájaro*, *Paradiso* y
Recuento como novelas de texto; luego, incluiré los ensayos
respectivos en las ediciones mexicana e italiana de mi nueva
novela. Ya te consultaré algunas cosas.

El homenaje a Pablo en el Poetry Center de NY en octubre fue un exitazo: hablaron Miller, Rukeyser, Díaz Casa-
nueva, Ginsberg, y yo, además de la voz grabada de Neruda.
Very moving.[282]

Besos a las Pilares, y abrazos para ti, de Sylvia, el bebé
y tu cuate

Carlos

DE JOSÉ DONOSO A CARLOS FUENTES

Calaceite, 28 de enero de 1974

Querido Carlos:

Estupendo recibir carta tuya, y tus noticias. Veo que tienes
un año característicamente muy ajetreado y complicado.
No sé a qué horas escribes y cuándo tienes tiempo para engendrar una criatura. Pero lo haces y... *chapeau, maitre...*

En lo que se refiere a mi viaje a México, por ahora tengo
que contestarte que no. Aunque no creo para nada en los
premios literarios, y menos aún en los premios de novela,

---

[282] Neruda había muerto el 23 de septiembre de 1973. Un homenaje
tuvo lugar el 24 de octubre en el Kaufmann Concert Hall de Nueva York.
El texto leído por CF, «Remembering Pablo Neruda», se publicó en *The
New York Times* el 11 de noviembre de 1973 y una traducción al español,
hecha por César Dopazo, apareció como «Recordando a Pablo Neruda» en
Tláloc, Nueva York, n.º 6, primavera de 1974.

y menos aún en el futuro del género novela, me encantaría
ir a México y te hubiera aceptado la invitación —pese a
la aterrante presencia de Cortázar, que no es santo de mi
devoción, no por razones políticas ni morales, pero por una
especie de antipatía de piel—,[283] si no estuviera embarcado en otra novela enorme y monstruosa. Acabo de rechazar
una oferta estupenda de una universidad de USA para hacer
un *quarter* allá, porque entre la preparación de clases y mi
novela esta última se me estaba muriendo y a mí —créeme-
lo— se me produjo otra úlcera exactamente en el mismo
sitio de donde me habían quitado la otra. Me deshice del
job americano, dejé de escribir y preparar clases, me dediqué
a la novela, y la úlcera número dos está en vías de desaparecer. Mi nueva novela es grandiosa: se llama *Casa de campo* y
es una fábula romántica basada en el famoso «La marquesa
salió a las cinco» de Breton.[284] Los personajes principales
son treinta y cinco primos hermanos que pasan el verano en
una casa de campo, con un parque encerrado por lanzas, y
cuando los padres deciden hacer un paseo no regresan nunca más y dejan a los treinta y cinco niños, de dieciséis a cinco años, encerrados en el caserón y el parque. De ahí para
adelante, imagínate. Estoy como en la página cuatrocientos
y tendrá me imagino seiscientas: esto es, del *first draft*. Estoy
feliz. Casi no me muevo de Calaceite. Aunque añoramos
la civilización y pensamos, siempre, en un sitio definitivo

---

[283] En sus *Diarios centrales* escribió una opinión similar: «A Cortázar lo
conozco de paso, pero le tengo más bien pavor, me hace temblar una —
supuesta, no comprobada— deshumanización, una afabilidad, una imposibilidad de entrar en él como ser humano. La experiencia de otros puede
haber sido más positiva, pero cuento con mis limitaciones que me hicieron
reaccionar en esta forma ante este escritor tan admirado, y tan repulsivo
por su perfección e impenetrabilidad» (9 de agosto de 1971).
[284] La frase de Paul Valéry fue citada por André Breton en su *Manifiesto
del surrealismo*: «Paul Valéry [...] no hace mucho me aseguraba, en ocasión
de hablarme del género novelístico, que siempre se negaría a escribir la
siguiente frase: *la marquesa salió a las cinco*».

donde instalarnos. ¿Barcelona? ¿Sitges? ¿México? ¿Buenos Aires? ¿Roma? No sabemos, pero tenemos que comenzar a pensar porque la hija ya va echando de menos raíces, amistades, parientes, etc.

Tengo contrato de *Workshop* en Princeton en el *Spring Semester*, 1975. Si tú me pudieras arreglar, con tu influencia, alguna invitación o *job* o algo, para pasar el verano en México, sería sensacional. Anda pensándolo y tramándolo.

Parece que estoy muy popular con el cine mexicano (no sé si esto es bueno o no). Sabes lo de el *Pájaro* y *El lugar* (el viejo Buñuel no la hace ni la deja hacer; me gustaría que se decidiera por una cosa o por otra... aunque siempre hay esperanzas de que el viejo la haga). Ahora me han comprado *Coronación*. ¿Por qué no haces el guion? Tú fuiste el primer admirador de esa novela.

Te incluyo un *brochure* de la película de un amigo chileno que ahora vive en España, que estuvo preso en el Estadio Nacional con Ángel Parra, etc., y que quiere venderla y hacerla circular.[285] ¿Puedes hacer algo? Escribe de cuando en cuando. Mucho me gusta sentir que nuestra vieja amistad no queda más que en papel.

Un abrazo a las güeras, y para ti el cariño de siempre de María Pilar y de
Pepe

José Donoso, Calaceite, Teruel

---

[285] Patricio Guzmán, documentalista que realizó la trilogía *La batalla de Chile* (1975, 1976, 1979).

DE CARLOS FUENTES A JOSÉ DONOSO

McLean, Virginia, 22 de marzo de 1974

Mi querido Pepe:

Perdona que vuelva a la carga. Julio no ha aceptado participar en el jurado del Fondo de Cultura. Onetti y Goytisolo, sí. ¿No te decides? El trabajo será poco; el Fondo pondrá a gente excelente a seleccionar; leeremos solo la *créme*; *we'll make it a cozy little rap*. Si te decides, contéstame para que el FCE te mande invitación formalísima y disipe tus dudas y amplíe tus horizontes. *Ça va.*[286]

Celebro enormemente lo que me cuentas de *Casa de campo*. *Sounds truly Donosian*. Adjetivo que ya se para sobre sus dos patas. Y te felicito por las magníficas críticas francesas de *El lugar...* aunque, ¿de dónde sacaron que eres sordo como Goya y Buñuel? *Ou s'agit-il d'une nouvelle maladie?*[287]

Recibí carta de Luis, escrita en medio de la filmación de «Los fantasmas de la libertad». Ruégale a Dios que se canse de filmar en Europa y habitar el siniestro Hotel L'Aiglon (*where the Divine Sarah lost her leg*),[288] pues creo que apenas se decida a filmar de nuevo en México, no filmará más que *El lugar*. Yo dejé listos en México cinco programas

---

[286] Al final fueron miembros del jurado CF, Juan Goytisolo, Juan Rulfo, Ramón Xirau y José Miguel Oviedo. La novela premiada fue *El infierno de todos tan temido*, de Luis Carrión Beltrán (FCE, 1975).

[287] Claude Fell, «José Donoso: *Ce lieu sans limites*», *Le Monde*, 22 de febrero de 1974. JD opinó sobre esta en sus *Diarios centrales* que era «tonta pero importante y positiva [...] También un artículo en *L'Express*: llamó Jorge Edwards para decirme que era estupendo y muy inteligente, y que él, conociendo el ambiente, lo consideraba muy, pero muy importante y positivo. Usó la palabra éxito, que es un poco fuerte. En fin, estoy satisfecho y contento en ese sentido» (26 de febrero de 1974).

[288] «Donde la divina Sarah perdió una pierna». La actriz francesa Sarah Bernhardt (1844-1923) perdió una pierna en 1915.

de TV sobre la vida y obra de Luis Buñuel, que han sido comprados sin ser vistos por la ORTF y la RAI.[289] Lo cual me lleva a esta proposición en contestación a tu sugerencia de trabajo veraniego en México: nuestro gran cuate Enrique González Pedrero ha sido nombrado por Echeverría director del Canal 13 de TV. Le está dando un enorme impulso cultural y creo que le encantaría contar con tu colaboración. ¿Te interesa? ¿Quieres que establezca el contacto?

Espero que te ticklee una comparación que, a partir de *Historia personal del «boom»*, hago en entrevista a *Review*: Donoso, mezcla de Drácula y Elsa Maxwell, igual un elegante Henry James.[290]

Et bien. Vivimos aquí en una preciosa casa de campo en McLean, Virginia, rodeado de *dogwoods* y abedules y *Walden ponds* y zorras coloradas y ardillas. Se la debo a Tricky Dicky, pues fue la casa que debió abandonar *in a hurry* Archibald Cox, el procurador de Watergate. *Lots of little bow ties left behind, but not tapes.*[291]

Voy en página setecientos de mi «Medusa», y no veo el fin. La Biblioteca del Congreso me permite devorar tomo

---

[289] A requerimiento del canal 13 de la televisión mexicana, CF hizo el argumento para unos programas con el título *Luis Buñuel, retrato de un cineasta.* Véase CF, *Luis Buñuel o la mirada de la medusa (un ensayo inconcluso)* (Fundación Banco Santander, 2017).

[290] John P. Dwyer, «Conversation with a Blue Novelist», en *Review: Literature and Arts of the Americas*, Vol. 8, n.º 12, 1974: «El libro de Donoso es algo infrecuente en América Latina, donde hay mucha solemnidad y todo es abordado a un nivel muy abstracto y algo mezquino. El de Donoso pertenece más a la tradición anglosajona del recuerdo personal, la confidencia, las memorias que resucitan el pasado. Me gustó mucho el libro. Por otro lado, Pepe es un Henry James que hace coexistir de un modo bastante misterioso su lado nocturno y monstruoso con el del buitre en busca de carroña. Creo que es mitad Drácula y mitad Elsa Maxwell. El resultado es un modo elegante de ser un Henry James».

[291] «Muchas corbatas de moño pero ninguna cinta de grabación». Tricky Dicky era el apodo peyorativo del presidente republicano Richard Nixon. Watergate fue el famoso caso de espionaje al Partido Demócrata que le costó la presidencia.

tras tomo sobre la alucinante historia de los locos españoles, herejes, monarcas, enanos, bufones, doctores llamados Don Pedro del Agua *and what not.*

Vi *Obscene Bird* versión Cape en mesa de Carl Brandt. Te felicito por la aparición, pero no por la siniestra portada quetzalculesca. ¿Cree Maschler que Monty Woolley era un seudónimo de Moctezuma? Bah.

Abrazos, Máster, besos a las Pilares, míos y de Sylvia y de Toutoun (de quien les haré llegar fotos),

Carlos

DE JOSÉ DONOSO A CARLOS FUENTES

Calaceite, 29 de marzo de 1974

Querido maestro:

No puedo explicarme qué haces allí. *You can't say Washington, at this point, is a «quiet place to work».* Me imagino que estarás *partying* con Nancy Maginnes, con Kissinger, con todos los bandoleros de Watergate, y que ya te habrás acostado por lo menos con la mujer de Dean (aunque me imagino que las pichulas estarán bastante anudadas en el mundo oficial *these days*), que por las fotos me parece *the most desirable morsel in sight.* Tú, patriarcal, *pater familias,* con una bella mujer con silueta gótica de la escuela de la Isle-de-France, me pareces totalmente *miscast:* como si a la Martha Rayo la hicieran hacer el papel de Anna Karenina. Explícame el porqué de tu estada en Washington, ya que estoy seguro que no lo cuentas todo y que la Biblioteca del Congreso no tiene piernas suficientemente bonitas.

Terminé primera versión de *Casa de campo*: seiscientas páginas *environ*, y con una forma muy sólida. Me voy a Italia pasado mañana por un mes, *chez* mis amigos en Lucca (ya sabes: la villa con frescos *trompe l'oeil* y biblioteca de dos pisos y *ballroom*... perdona: pero tengo que hacerte la competencia de alguna manera), con Pilarcita y María Pilar, para hacer la adaptación teatral de *Il posto che non ha confini* para Giancarlo Nanni (*tu connais?*), con que se abrirá la estación-*season* octubre de teatro en Roma (hay posibilidades de Spoleto; que no me entusiasman demasiado más que como un *out-of-town tryout*). Luego regreso aquí, y fuera de quince días en Cerdeña en verano para que Pilarcita tenga mar, no me despegaré de la máquina para terminar *Casa de campo* antes de fines de año. Creo que será algo bastante positivo.

Luego, tus ofrecimientos. Me apetece aceptarlos todos. Pero *one may have to be careful*. Voy a Princeton como *writer in residence* el primer semestre de 1975. Luego, hay una posibilidad del verano en Aspen como *writer in residence*, lo que puede resultar divertido. Después de Aspen, es decir a fines de agosto, sí me gustaría ir a México por algún tiempo, quizás unas semanas, *to sniff at the old place* y ver si sería posible vivir definitivamente allá, ya que España me tiene hasta los huevos (no es que México no pueda tenerme hasta los huevos en una semana, pero en fin, es distinto, y es grande, y es América y estoy cansado con Europa que ya no es más que una red de turismo) y donde tengo buenos amigos. Haz la conexión con González Pedrero. Pero no tengo demasiadas ganas de <u>trabajar</u> (*meaning not write, read, perhaps even teach in a workshop*), y hazme saber el resultado. Escríbeme aquí, ya que sabes muy bien que *the mail in Spain stays notoriously in the plains (to say nothing of Italy)*. Mi nueva novela, que es contra la represión fascista, termina con un poema de Mandelstam sobre la represión estalinista.

Dale un abrazo —necesariamente lejano debido al porte de su vientre— a Sylvia. Dile que María Pilar está terminando su libro, y que es para matarse de la risa. No lo hemos

bautizado todavía. Gabo sugiere: «Pilar y los visitadores».[292]
Yo sugiero que Jaime Peñafiel lo compre para publicarlo en
fascículos coleccionables de *Hola*. Está furiosa porque no
la toman como mujer de letras en serio. Fuera de bromas,
el libro, polilingüe y *snob*, es de matarse de la risa y muy
bueno. Un abrazo y escribe (recuerda la posible y futura
publicación de nuestra correspondencia; ya estamos en edad
de pensar en esas cosas: este año cumplo cincuenta, *so you
can't be too far behind*).

Un abrazo,
Pepe

DE JOSÉ DONOSO A CARLOS FUENTES

Calaceite, 16 de mayo de 1974

Querido Carlos:

Quiero saber si fue verdad, o si fue solo una alucinación
de mi mente enfermiza, verte en la televisión el otro día
abrazando a Mario Soares, en Bélgica. *Please explain*. Dice
María Pilar que después apareciste besando a una señora,
pero eso sería demasiado.

Buñuel viene por aquí bastante pronto. Espero tener
alguna conversación con él. Seguramente vendrá a visitar-
me, ya que le gusta venir a verme en Calaceite. Tengo poca

---

[292] El libro apareció trece años después con el título *Los de entonces* (Seix
Barral, 1987). María Pilar escribe en el prólogo: «Termino este libro en el
umbral de la sesentena. Lo empecé hace muchos años, tiempo durante el que
escribí poco o nada [...] En mi caso el llegar a poner FIN a este libro se debe
en gran parte al aliento a veces machacón de mi marido, a experiencias psico-
terapéuticas positivas y a mi militancia en grupos feministas que me han dado
valor para "hacer", aceptando la alternancia de entusiasmos y desalientos».

esperanza desde el punto de vista *El lugar sin límites*.[293] Me consuelo con el libreto (guion, *sorry*) del *Pájaro*, que acabo de despachar, y con la posibilidad, que sería necesario empujar, de que Gabriel Figueroa haga *Coronación* con Clasa Films. Veremos qué pasa.

Me deprime de muerte que vivas en Washington. ¿Es por la Güera?, ¿estás pariendo de nuevo? Yo leo todo lo que sale sobre Watergate con una especie de avidez malsana y paranoica. Pero me imagino que en Washington deben circular *titbits* mucho más *juicy* que los que uno sabe. En el fondo te envidio.

Sí, me interesa que hagas la *connection* con González Pedrero. Me gustaría pasar el verano en México, con una beca y sin hacer nada si fuera posible, pero *I would be game for some interesting work in TV*. Te ruego que te ocupes. Después de Princeton (febrero-mayo de 1975) México será una delicia.

Estoy aterrado con la portada absolutamente fatal de *Cambio de piel* en España. Me debías haber delegado para ser tu interventor en sentido artístico con Seix Barral, que me obedecen en ese sentido como perros fieles: la portada es un borrón. *I'll keep you posted* sobre los resultados y los

---

[293] Esta es la última mención que hace JD al proyecto de *El lugar sin límites* adaptado por Buñuel. JD escribió una elegía de Buñuel en 1983: «Creo que si alguien me preguntara cuál ha sido la mayor desilusión de mi vida, yo diría sin titubear que es el que Luis Buñuel no me llevara a la pantalla una de mis novelas, cuyos derechos tuvo comprados durante seis años. Seis años que fueron un calvario de espera y esperanzas destrozadas [...] Mi mujer tenía en el salón de nuestra casa un retrato de Buñuel: cuando él comunicaba que estaba a punto de comenzar la película, lo ponía en el centro del salón; cuando perdíamos esperanzas lo castigaba, dándolo vuelta hacia la pared. Hasta que, una noche de Viernes Santo en Calanda cuando se esperaba a Luis, y mi mujer con un sobrino de Buñuel salieron a la calle a tocar los tambores, otro sobrino de Buñuel llegó de Barcelona con la noticia de que el tío Luis había comenzado a hacer una película llamada *El fantasma de la libertad* en París, con guion propio y de Carrière» («Buñuel», en *Artículos de incierta necesidad*). Una película basada en *El lugar sin límites* se realizó por fin en 1978, dirigida por Arturo Ripstein con guion atribuido al director, a José Emilio Pacheco y a JD. Extraoficialmente también colaboró Manuel Puig.

reviews (los buenos). Pero anticipo una cosa: que han hecho con tu libro una estupidez de las que en Seix son tan aficionados a hacer: largan un libro como las *Memorias* de Neruda casi al mismo tiempo que *Cambio de piel*, los dos latinoamericanos, y un libro *overshadows the other*. Me pasó con *Pantaleón*. Protesté pero no se saca nada. Hay que tener ojo avizor. Publican aquí, finalmente, *El lugar*. Veré que sea bien publicado, ya que es un libro que Díez-Canedo me ha robado, sencillamente, hasta ahora. *What a bastard he is!*

Esperamos ansiosos tu «Medusa». ¿Para cuándo? ¿Qué es? Supe que Paz estuvo aquí en España pero no lo vi por estar yo en Calaceite. Me hubiera gustado conocerlo, más como curiosidad que por otra cosa, ya que no tengo gran admiración por su obra. Supongo que entonces será mejor que no lo haya conocido.

¿Cuándo te vemos? ¿En México en el verano del 75? Estaremos ancianos, hace tanto que no nos vemos. ¿Cómo está la deliciosa Güera? ¿Y los niños? Parece que en Italia Giancarlo Nanni y Manuela Kustermann harán *El lugar* en teatro. Y *Casa de campo* va viento en popa. Los Vargas (*Barcelona's sweethearts*) se van.[294] *Please explain why*. Y España se está llenando de fugitivos chilenos.

Escribe. Un abrazo para la Güera y los niños,[295] y de María Pilar y mío para ti (el libro famoso sobre los *parties* de María Pilar está quedando sensacional).[296]

Un abrazo,
Pepe

---

[294] La familia de Vargas Llosa dejó Barcelona mudándose inicialmente al Perú.

[295] Luego de Carlos Rafael, CF y Sylvia engendraron a Natasha, nacida el 31 de agosto de 1974.

[296] Como suerte de homenaje a *Mrs. Dalloway* de Woolf, María Pilar dice en el prólogo de sus memorias: «He elegido ordenar estos recuerdos alrededor de fiestas para darles una unidad, un hilo narrativo que conecte los distintos episodios de mi personal "tiempo perdido"» (*Los de entonces*).

DE JOSÉ DONOSO A CARLOS FUENTES

Calaceite, 18 de junio de 1974

Querido Carlos:

Cuatro líneas para decirte que le he escrito a Carl diciéndole que sí, que me interesa la cosa que tú tienes de la Smithsonian, *and how to go about it.*

Quisiera que tú me escribieras un poco de esto, diciéndome en qué consiste, qué se hace, cuánto es el periodo de *tenure (does it tie in with my Princeton schedule? Could I take it on after that?),* y qué hay que mostrar *to account for one's stay.* Si tienes un poco de tiempo, te agradecería me pusieras unas líneas. Y si tienes algunos *strings to pull,* hazlo. Tengo algunas ideas *as to projects,* pero dime tú qué clase de *projects* les interesa más. *In fact,* explícame exactamente cuál es el *deal.*

Con Jorge Edwards he estado mucho. Ha quedado muy solo después de la partida de Mario Vargas Llosa. El libro, acá, ha producido olas de intrigas y de mala voluntad.[297] Te recuerda mucho.

Le he escrito también a Carl sobre lo de la Smithsonian. Ponte de acuerdo con él, y escríbanme ambos.

Te recordamos, y a la Güera, y María Pilar pide fotos de tu retoño. Escribe. *Much love,*

Pepe

José Donoso
Calaceite, Teruel
España

---

[297] *Persona non grata* (Barral, 1973), testimonio de su experiencia como representante del gobierno de Salvador Allende en Cuba.

1975

DE JOSÉ DONOSO A CARLOS FUENTES

Hanover, New Hampshire, 5 de julio de 1975

Querido Carlos:

How right you were! Acabo de ver los primeros *stills* de *Coronación* y realmente el alma se me ha ido a los pies. Ernestito Alonso, con el pelo batido, con plateadas canas, caminando por el Paseo de la Reforma vestido de caballero del tiempo de don Porfirio... realmente deprimente. Y no sé de dónde han sacado una escena en que chicas vestidas con lo que parece el guardarropa de la comparsa para la representación de *Manon* en un teatro de provincias, bailan un minué... no sé qué tiene que ver todo esto con *Coronación.*[298] Paciencia. Aquí en Dartmouth —donde estoy enseñando después de Princeton— está Joseph Losey, que ha recibido el OK para su producción de *À la recherche.* Regresamos a España a comienzos de septiembre, pero no es imposible que echemos una escapadita a México antes.

Sabes que Carl Brandt y yo *parted ways.*[299] Había logrado deprimirme totalmente, e innecesariamente, y no se movía para nada conmigo. Además estaba pesadísimo. De

---

[298] La película dirigida por Sergio Olhovich se estrenó ese año. Otra versión dirigida por Silvio Caiozzi se hizo en el año 2000.

[299] En su carta a CF del 2 de mayo de 1972 había comentado lo mismo, pero al parecer este fue un rompimiento definitivo de todos sus contratos internacionales.

modo que le escribí una carta en la que prescindí de sus servicios. Me siento otro, y completamente renovado desde que no estoy en sus manos. Tenía libros míos desde hacía tres y cuatro años que ni siquiera había mostrado a los editores. En un mes vendí *Tres novelitas burguesas*, *Historia personal del «boom»* y *Cuentos*. Estoy contento de que hice esto pero estimo que es mejor que te lo cuente.[300]

Saludos a tus mujeres. Para ti un abrazo de
Pepe

José Donoso
3 Hilltop Drive
Hanover, New Hampshire 03755
USA

DE CARLOS FUENTES A JOSÉ DONOSO

París, 23 de julio de 1975

Sr. José Donoso
3 Hilltop Drive
Hanover, New Hampshire 03755
USA

Mi querido Pepe:

Of course I am right! Yo pasé con «Muñeca reina» por las manos del ínclito Olhovich, especialista en hacer películas

---

[300] Los libros nombrados aparecieron en inglés como *Sacred Families: Three Novellas* (Knopf, 1977, traducción de Andrée Conrad), *The Boom in Spanish American Literature: A Personal History* (Columbia UP, 1977, traducción de Gregory Kolovakos con prólogo de Ronald Christ) y *Charleston & Other Stories* (David R. Godine, 1977, traducción de Andrée Conrad).

de pesantez soviética y con banda sonora que generalmente dura media hora más que la producción misma. En estos asuntos de cine, los dioses no nos protegen, como si quisieran decir zapatero a tus zapatos, o por lo menos equilibrar el excesivo don de nuestro genio literario (ja, ja). Pues sí, tendrás que vivir con Ernesto Alonso disfrazado de Joaquín Pardavé y llorar ante la metamorfosis de Misiá Elisa en Carmen Montejo. Más vale, para las obras que no son de ocasión, tener paciencia y esperar que se reúnan las mejores condiciones. Ojalá no te disturben *El obsceno pájaro* también.

Si ves en Dartmouth a mi amigo Joe Losey dale un gran abrazo y todos mis recuerdos y dile cuánto me gustó su *Galileo* que vi en mayo en el Festival de Cannes. Al propio Joe apenas si pude verlo, corriendo por pasillos, acosado por las turbas que lo perseguían, si no a él, sí a Helmut Berger y a esa señora Jagger que parece bajada de un platanar en Managua.

Lamento de verdad tu ruptura con Carl Brandt. Me parece tan lejano el día en que lo llamé desde México para hablarle de una gran novela chilena, llamada *Coronación*, que merecía ser traducida al inglés...

Ojalá pasen por París antes de regresar a las soledades de Teruel. Los esperamos en la Embajada. Los niños no olvidan a su hermana grande Pilar. Ya te contaré entonces de mis idas y venidas y te proporcionaré algunos escenarios y personajes dignos de tu novela «Sin Geografía». Para ti y para las Pilares todo nuestro viejo cariño,

Carlos[301]

---

[301] María Pilar escribió a CF el 13 de noviembre de 1975: «Pepe se preparaba a escribirte anteayer cuando recibió un cable de Chile diciéndole que su madre estaba muriéndose y tuvo que armar viaje en horas y partir, y me pidió que te escriba yo [...] Nosotros estamos ya instalados en Sitges y muy muy contentos... Estábamos ya cansados del pueblo y esto es perfecto para la niña, que puede seguir teniendo la libertad que tanto gozaba en el pueblo y una vida más sofisticada, y para nosotros, que tenemos también tranquilidad pero cerca de Barcelona y en un medio mucho más *congenial*...»

1977

DE JOSÉ DONOSO A CARLOS FUENTES

Sitges, 22 de febrero de 1977

Querido Carlos:

Esto no es una carta. Te cuento: estoy terminando *Casa de campo* (debo tener el tercer *draft* completo en abril) y necesito «retirarme» de preocupaciones y familia durante un mes para hacer *the final revisions*, fuera de todas las que ya he hecho, y tener el texto final en junio. Para esto, he solicitado que me invite la Rockefeller Foundation a la Villa Serbelloni, un palacio fabuloso en el Lago Como, en Bellagio, para pasar allí seis semanas. Para esto necesito tres *sponsors*, de los cuales tú serías uno. El tiempo apremia: ¿puedes, inmediatamente que recibas esta, escribir una carta llena de alabanzas sobre mi persona a la dirección que te adjunto? ¿Y tu entusiasmo por mi seriedad y por mi diligencia y por la calidad de mi obra? Te lo agradeceré enormemente. PERO TIENE QUE SER INMEDIATAMENTE QUE RECIBAS ESTA.

Dr. Jane Allen
Program Committee
Bellagio Study and Conference Center
The Rockefeller Foundation
1133 Avenue of the Americas
New York, NY 10036
USA

Estoy peleando contra el tiempo y la salud (úlcera *for the umpteenth time*). Pronto te escribiré una carta. ¿Recibiste ya el *Boom* en inglés, publicado por Columbia University Press? Yo recibí el mío ayer.

Un abrazo familiar mutuo, y avísame en cuanto hayas escrito a la doctora Allen.

Un abrazo particular,

Pepe

José Donoso
Villa La Cabaña
Armengol s/n
Sitges, P. de Barcelona
España
Tel: 894-1324

DE CARLOS FUENTES A JOSÉ DONOSO

París, 25 de febrero de 1977
[telegrama]

Carta a Doctora Allen enviada hoy mismo. Abrazos. Carlos Fuentes

DE JOSÉ DONOSO A CARLOS FUENTES

Calaceite, 20 de agosto de 1977

Querido Carlos:

Te escribo para felicitarte por tu Rómulo Gallegos. Nadie lo merece tanto como tú, como *Terra nostra*, y todos aquí estamos dichosos de tu nuevo triunfo, que es lo mismo que si fuera mío. Estamos felices.[302] A mí me habían pedido que fuera jurado, pero me negué porque estoy tan empantanado con *Casa de campo* que si la dejo un solo día se me escaparía de las manos. Espero terminar este año porque estoy muy aburrido. En fin, me imagino que París habrá festejado tu triunfo en forma debida. ¿Qué hay de verdad en la noticia de que serás nombrado embajador aquí en España? NADA nos daría más gusto.

Cuéntame qué te parece todo el inmundo *witch-hunt* de Emir contra Ronald Christ. Aquí llegan y llegan y llegan cartas al respecto y estoy bastante cansado con el asunto. Me parece que teniendo el techo de vidrio de Emir, se debía haber quedado calladito: quizás por eso metió por medio a la Jill Levine. En fin: que el Center siga sus labores, que sabemos son y han sido muy positivas. Yo no le contesté la carta a la Jill porque los *witch-hunts* me repelen. Pero le escribí una carta privada a Ron diciéndole que me parecía un error suyo hacer lo que hizo.[303]

---

[302] CF había recibido este premio el 2 de agosto. Al recibir la novela un año y medio antes, JD dejó escrito en su diario: «estoy choqueado por la dedicatoria de Carlos Fuentes en *Terra nostra*, el snobismo, el *who's who*, el *name dropping*, donde habla de mi "hospitalidad" en Barcelona, que no existió jamás, pues no conoce mi casa [...] Siento un desprecio considerable por esta faceta de Carlos. Y el libro parece que es el cliché de los clichés: una especie de plagio-eclecticismo de todo lo que se ha hecho últimamente» (*Diarios centrales*, 12 de febrero de 1976). No cabe duda que la opinión de JD cambió luego de leer *Terra nostra*, si se toma en cuenta esta felicitación por el Gallegos y otra carta a CF del 21 de abril de 1981. (Una broma, que el propio CF festejaba, cuenta que Carlos Monsiváis pedía una beca para leer *Terra nostra* como su autor había recibido una del Wilson Center para escribirla).

[303] Ronald Christ, director del Center for Inter-American Relations y gran promotor de la literatura latinoamericana en Estados Unidos, había viajado a enseñar a la Universidad Católica de Chile, lo que fue interpretado por algunos como una adhesión al régimen de Pinochet. Christ tuvo que renunciar. El «techo de vidrio» de Emir Rodríguez Monegal hace referencia al escándalo que provocó el destape del financiamiento de la CIA, a través de otras organizaciones, a la revista *Mundo Nuevo* que Monegal dirigía.

¿Leíste el violento ataque de Anatole Broyard contra mis libros en el *New York Times*? Es un desgraciado. Pero supongo que hay que tomar las duras con las maduras, como dicen aquí. Todo lo demás ha sido inmensamente favorable, lo que me tiene muy contento. Hasta ahora y hasta lo que he visto. Veremos lo que pasa y lo que sigue pasando. Pero es muy pesado que el *NYT* se dé vuelta en contra tuyo. ¿Conoces a Anatole Broyard? ¿Qué sabes de él? Te diré que me ha dejado bastante maltrecho.[304]

Verás que vivo aquí de nuevo. María Pilar sigue en Sitges (que detesto) y nos reunimos los fines de semana y estamos pasando agosto juntos (como Alfred y Blanche Knopf). No sé a qué nos llevará esta «separación». En todo caso está aireando un poco la situación familiar que se estaba poniendo ahogante. Cada uno puede llevar la vida que más le gusta, que no tiene por qué ser la misma, y las cosas están marchando mejor. Los «amantes de Teruel» viven separados; un hiato en la historia de la pareja más unida de la literatura latinoamericana: esto puede destruir tus ingenuas suposiciones respecto a nosotros, pero, *I hate to tell you, that's the true, so grow up.*

---

[304] Anatole Broyard, «The Exile Who Lost His Tongue», *The New York Times*, 26 de junio de 1977. Es una reseña de los tres libros de JD que aparecieron en inglés en 1977: «En su breve libro sobre la literatura hispanoamericana, que es más crónica personal que interpretación analítica, Donoso dice que su obra ha recibido influencia de escritores de otros países antes que del suyo propio. El resultado de esa vocación transcultural, en estos últimos libros de relatos, es que su prosa sufre de un distanciamiento algo turístico o antropológico, al menos para mí. Es como de alguien sin país o historia propios. Kafka o Faulkner experimentaron o padecieron con sus temas, pero Donoso parece haber llegado a los suyos a través de lecturas, como un consumidor de literatura comparada [...] *El obsceno pájaro de la noche* era un libro con sobrepeso y en estas colecciones de cuentos y novelitas Donoso sigue viviendo de los excesos. Creo que deberíamos acudir a la sociología en lugar de a la crítica literaria para explicarnos el éxito de aquella novela».

En fin: las cosas, en general (menos mi novela, que se pone lenta y no la puedo juzgar) van mejor. El humor mismo mejora. ¿Y tú y Sylvia? Ustedes sí que son los amantes de Teruel. Para decirte la verdad no sé si los envidio. Escribe. Cuenta. Te echo de menos. Y te felicito de nuevo por tu triunfo.

Un abrazo,
Pepe

Besos a Sylvia y los niños

José Donoso
Calaceite
Provincia de Teruel
España

DE CARLOS FUENTES A JOSÉ DONOSO

Margency, 11 de octubre de 1977

Mi querido Pepe:

Te estoy archi-debiendo una extensa carta. La tuya, tus felicitaciones por el Gallegos, fueron como un segundo premio. No necesito decirte a cada rato que considero nuestra amistad como una de las relaciones más valiosas de mi vida y que comparto contigo esta alegría y muchas por venir —el romulazo del 82 tiene que ser para *Casa de campo*![305] *In any*

---

[305] El Rómulo Gallegos se otorgaba cada cinco años a una novela publicada en los años precedentes. El ganador solía ser jurado en la edición siguiente, y así, tras ganar por *La casa verde* en 1967, Vargas Llosa votó a favor de *Cien años de soledad* en 1972, y García Márquez votó a favor de *Terra nostra* en 1977. En 1982, el jurado integrado por CF votó a favor de *Palinuro de México* de Fernando del Paso.

case, para mí resulta claro que entre todos los protagonistas de maxi, mini, proto, infra, meta, sub, supra, ex y heredo Boom, a nadie me siento ligado como a ti por todo un mundo afectivo, referencial y fraternal.

Por eso mismo me duele mucho lo que me dices de tu actual relación con María Pilar, a quien siempre le he hecho extensivo todo mi cariño hacia ti. Hay que ser muy respetuoso en estos casos de las decisiones de los amigos, pero no me impedirás que le prenda veladoras a la Virgencita Morena del Tepeyac para que las cosas entre ustedes encuentren las soluciones de afecto *which you owe to each other*. Iré en diciembre con Luis Buñuel a la Basílica, de rodillas y con veladoras prendidas. Lo malo es que en el camino nos podemos topar con Rulfo descalzo y coronado de espinas! *Then what?*

No sé si de Teruel o de Verona o del Sena, pero los amores con Sylvia están más que nunca reforzados por la solidaridad y apoyo inmensos que mi güera me dio cuando renuncié a la embajada en París. No era fácil dejar de un día para otro todas las comodidades y privilegios de esa situación, sobre todo porque la mujer es la que más los disfruta. Cuando le informé a Sylvia que habían nombrado al carnicero de Tlatelolco y que iba a renunciar, me aprobó 100% y empezó a disponer todos los asuntos prácticos para dejar la embajada.[306] Hemos pasado un verano maravilloso en esta vieja casa de campo, que fue la de Doré (y location de *Les Amants* de Louis Malle), con un gigantesco bosque y parque donde los niños han sido muy felices. Cecilia vino a pasar dos meses; viajamos con ella a Caracas y a Madrid. Además, entre junio y octubre pude echarme la nueva novela, *La cabeza de la hidra*. No te sorprenderá, tú que conoces mis

---

[306] En abril, el «carnicero de Tlatelolco» Gustavo Díaz Ordaz había sido nombrado embajador de México en Madrid, lo que a modo de protesta provocó la renuncia de CF a la embajada en París, que ejercía desde 1975.

gustos, saber que al fin he realizado mi sueño de incursionar en el *roman noir, thriller*, novela de espionaje y *whodunit* todo junto y con el fantasma del maestro Hammett *hovering somewhere*. Gallimard la ha leído en manuscrito y están entusiasmados; proceden ya a la traducción y Carmen Balcells tiene el original español. Me divertí como nunca con esto. El género te impone problemas radicales de narración, elipsis y sobre todo, paradoja: realidad opaca, escritura transparente.

Bueno, como Francia no posee resortes de supervivencia, *hélas*, salimos el 29 de octubre a NY en el QE2 con *lock, stock and barrel*.

Estaré «*in residence*» en Barnard College en noviembre y en diciembre vamos a México a ver a las familias. A partir de enero, viviremos en NY e iré una vez por semana a Philadelphia a dar los dos cursos que Philip Roth, en sabático-amoroso con Claire Bloom en Londres, ha dejado vacantes. Veré cómo me va con este *fill-in job*. Al respecto, los *pointers* que *an old wolf* como tú pueda darme sobre la mejor manera de conducir cursos en USA, interesar a los estudiantes, etc., serán súper bienvenidos. Daré un curso en *creative writing* (*whatever that is*) y otro titulado *readings in the novel* (bien ecléctico: Sterne, Kafka, Proust, Faulkner, pero con el tema común del tiempo en la novela).

En efecto, el *witch-hunt* de Emir *is just that*. He leído con irritación su antología publicada *chez* Knopf.[307] Es verdaderamente insufrible la condescendencia con que trata a los escritores contemporáneos, distribuye premios y señala influencias. En el caso de Cortázar se sobrepasa para llegar

---

[307] Emir Rodríguez Monegal (editor), *The Borzoi Anthology of Latin American Literature* (Knopf, 1977). CF se refiere específicamente al tomo II, que lleva el subtítulo «The Twentieth Century from Borges and Paz to Guimarães Rosa and Donoso».

al chisme y a la calumnia.[308] Por mucho que los estime, no creo que la novela latinoamericana sea un proceso destinado a culminar en Cabrera Infante y Sarduy. *One must not confuse the kings with the jesters!*[309] Resulta, por lo demás, que solo es digno de atención lo que ha traducido la Niña Jill (ya no tan niña).[310] Finalmente, RM adopta la actitud de los «críticos» realistas-socialistas: la calidad literaria es definida por la posición política. Y en este caso, mientras más a la derecha, mejor escritor!! Como inevitablemente habrá encontrones con el Zhdánov uruguayo (Retamar es el Zhdánov cubano; *birds of a feather*) contame un poco de sus techos de cristal, para saber a dónde dirigir las pedradas.

No te preocupes por Broyard. Acaba de atizarle una columna de injurias a Goytisolo, quien me llamó tan irritado como tú. Broyard es el catecúmeno de un retorno a la *«well made novel»* (*ça veut dire...?*) y sería muy feliz si todo

---

[308] En las pp. 717-719 del libro referido en la nota anterior, Monegal se ocupa de Cortázar y hace menciones a su emigración a Europa «en vez de combatir el peronismo»: «años después, como para expiar su falta de compromiso político de entonces, se convirtió en un defensor enérgico de la Revolución cubana y, recientemente, del régimen de Allende en Chile». De la obra previa a *Rayuela* dice que «eran libros buenos, incluso conmovedores, pero no ganaron al autor un amplio reconocimiento». Y de *Rayuela*: «Aunque provocativa y brillante en varios aspectos, en sus elaboradas teorías apenas hay algo que sea original: la trama es de escaso interés, los personajes no se desarrollan y los mejores episodios son, en esencia, cuentos insertos en el texto (el concierto de Berthe Trépat, por ejemplo). Con todo, *Rayuela* tuvo y sigue teniendo un papel importante al mostrar una nueva dimensión de la narrativa latinoamericana».

[309] «¡No hay que confundir a los reyes con los payasos!». Dice Monegal: «Aquello que Darío y los modernistas habían empezado fue completado por Borges y los nuevos novelistas. Para consolidar su éxito, algunos incluso se mudaron a España (Vargas Llosa, García Márquez, Donoso) u otras ciudades de Europa (Cortázar y Sarduy a Francia, Cabrera Infante a Inglaterra), más cerca de un público internacional existente o en potencia» (p. 687).

[310] Suzanne Jill Levine tuvo una relación sentimental con Monegal, con quien tenía veinticinco años de diferencia en edad. Como se dijo, Levine tradujo *Triple Cross*, que incluía novelas de JD, CF y Sarduy.

el mundo escribiese como Kingsley Amis.[311] Por lo demás, habrás notado el chovinismo creciente de la crítica norteamericana, su exaltación ridícula de los «valores nativos» y su intento de deflación de todo lo extranjero, en particular de lo más vigoroso, que es la literatura latinoamericana. Los sesenta los dejaron muy apaleados e inseguros. Ahora vamos a pagar en el *NYT* los platos rotos de Vietnam y Watergate!

Ojalá tenga noticias tuyas antes de zarpar. Si no, estaré c/o Carl a partir del 3 de noviembre.

Con todo mi viejo cariño,

Carlos

---

[311] Anatole Broyard, «One Critic's Fiction», *The New York Times*, 18 de septiembre de 1977. Es una reseña de la novela *Juan sin Tierra*: «La pasión literaria de Juan Goytisolo no se permite ser diluida ni interrumpida por esos convencionalismos llamados trama o personajes, y se interesa más bien en comunicar su tema bajo el cómputo estadístico de la recurrencia de ciertos *leitmotivs*. El predominante en una escala de 10 a 1 es el tópico del retrete y la defecación. No puedo afirmar qué es lo que quiere decir el autor pues aquellas referencias no llegan a conclusión alguna. Hasta donde puedo discernir, Goytisolo simplemente disfruta riéndose alrededor del asunto de los retretes y su uso, al modo en que lo hacen los niños».

1979

DE JOSÉ DONOSO A CARLOS FUENTES

Madrid, 30 de abril de 1979

Querido Carlos:

Te escribo donde Carl Brandt porque —aunque sea increíble— no tengo tu dirección pese a que sé que vives en Princeton.

El 9 o 10 de mayo llego a Nueva York, donde me quedaré hasta el 13, para partir a México, Caracas, Quito (*please explain*), Bogotá, haciendo el *trottoir* literario en una gira de promoción de *Casa de campo*. Para qué te digo que *top on my priority list* está verte a ti en Nueva York, si es posible muy en privado y solo con Sylvia. Te ruego que en cuanto recibas esta me cablegrafíes, escribas o telefonees a las señas al pie de esta carta. Para qué te digo las infinitas cosas que tengo que contarte, y las infinitas que sé que tengo que oír. Espero entonces tener noticias tuyas inmediatas. Si no, trataré de procurarme tus señas como sea en Nueva York o a través de la Balcells.

Un abrazo para ti y los tuyos de tu amigo de siempre,
Pepe

José Donoso
c/ Castellón de la Plana 17 2ª A
Madrid 6, España
Tel: 262-2968

DE JOSÉ DONOSO A CARLOS FUENTES

Madrid, 8 de mayo de 1979

Querido Carlos:

Es una lástima, pero mi viaje a USA, donde pensaba verte, acaba de fallar. Partía mañana. Ayer despertó María Pilar con la bombilla encendida y me preguntó si había sacado visas. Comenzaron las *frantic telephone calls*, y aunque hablé con Montes de Oca para México, con Virginia Obregón para Colombia, y Dios sabe con cuánta gente para Caracas, nada podía salir antes de quince días, y Colombia dentro de un mes. Se me propuso atrasar la fecha del viaje pero no acepté, no puedo seguir viviendo en una perpetua postergación, una trashumancia, como he estado viviendo estos últimos siete meses: publicación de libro, búsqueda de casa en Madrid, traslado de muebles y vida de Sitges y Calaceite a Barcelona, sin lograr escribir. Cuando colgué el aparato ayer, y me di cuenta que la cosa del viaje había fracasado, sentí tal alivio que comencé una nueva novela en el acto. Se llamará «Homenaje a Chejov». O simplemente «Homenaje».[312]

Por eso no te había escrito. Entre las depresiones y casi separación de María Pilar y yo (que se está arreglando, parece que definitivamente), los cambios, final de la novela y su publicación, francamente no tenía ganas que nadie supiera de mí, ni tiempo para retomar un contacto civilizado. Ahora, instalados en un precioso piso en Madrid, sin viaje que lo cortaba todo, con las relaciones entre María Pilar y yo francamente mejoradas y en vías de mejoramiento su depresión, las cosas están fáciles, y dan ganas de retomar con los

---

[312] No la escribió.

amigos, especialmente tú. El viaje, aunque frustrado, sirvió por lo menos para eso.

Sé que por desgracia no vienes a las Islas Canarias. Yo no pensaba ir, pero ahora que no iré a América no sería raro que fuéramos María Pilar y yo. ¡Para qué te digo la ilusión que nos haría verte! Son una lata y totalmente inútiles estos congresos, pero por lo menos uno retoma con los amigos. ¡Anímate! Sé que no van ni Mario ni Gabo ni Cortázar, lo que puede aclarar un poco los tóxicos de la privilegiada atmósfera canaria, y la cosa no ser tan tensa. Claro que va Dorfman, lo que puede resultar una peste. Pero van también Jorge Edwards, y Barral, y una serie de amigos de aquí. Anda, vamos...[313]

Escríbeme pronto dándome tu dirección en Princeton. ¿Hasta cuándo te quedas allí? ¿Qué cosa nueva estás haciendo? ¿Cómo está la Güera, los niños? Un gran abrazo de

Pepe

Un beso de María Pilar

José Donoso
Castellón de la Plana 17 2ª A
Madrid 6, España

---

[313] Del 3 al 10 de junio se realizó el I Congreso Internacional de Escritores de Lengua Española en Las Palmas de Gran Canaria. Ni JD ni CF asistieron. Por esta época Carlos Barral invitó a CF a presidir un congreso literario, a lo que CF le contestó: «he tomado la resolución de no participar nunca en un coloquio colectivo de escritores hispanoamericanos. Hacerlo es una invitación al masoquismo. Con demasiada frecuencia, crees estar en compañía de amigos y en realidad lo estás de "chicos de la prensa". Amaneces en versiones suramericanas del *Canard enchaîné*. Hay muchas maneras de confundir la verdadera inteligencia. Demasiada razón, en Francia. Demasiada energía, en EE.UU. Demasiada vulgaridad maliciosa, en América Hispánica» (8 de diciembre de 1980).

1980

DE JOSÉ DONOSO A CARLOS FUENTES

Madrid, 10 de enero de 1980

Querido Carlos:

Cuatro letras para decirte, a ti y a Sylvia, que voy a Nueva York —antes de seguir a México, Puerto Rico, *and points South* hasta llegar a Chile donde pasaré quince días.[314] Estaré diez días en New York, daré un par de *lectures*, veré un par de shows, sobre todo un par de exposiciones, y veré un par de amigos, y claro, me encantaría verlos a ustedes. Espero

---

[314] JD y CF se encontraron este año en México. A propósito de este encuentro, JD escribió: «En el Hotel Camino Real, Carlos Fuentes convoca a un pequeño grupo para despedirse antes de su regreso a Princeton, donde enseña y reside: sus dos últimas novelas, *La cabeza de la hidra* y *Una familia lejana*, son relatos más lineales que las experimentaciones de otros años —tendencia presente en muchos novelistas de su generación—, que son como un descanso en géneros populares, como la novela de misterio, después del esfuerzo titánico de *Terra nostra*» («Itinerario II», en *Artículos de incierta necesidad*). CF por su parte escribió: «Pasa por México José Donoso en otro viaje de promoción, ahora de *Casa de campo*, y lo invito a almorzar con Buñuel. El escritor chileno le declara intempestivamente al cineasta: "Usted le ha hecho un daño espantoso a la civilización, Buñuel". Luis ríe a carcajadas, los ojos verdes se vacían como el mar en el crepúsculo; nada le agrada más que esta idea, dañar a la civilización, y sin duda Pepe Donoso lo sabe, aunque dudo que lo supiera de la misma manera Régis Debray una vez que, en mi casa, agredió a Buñuel, física y verbalmente, alegando que sin las películas de Luis, sin sus obsesiones galopantes, nadie hablaría hoy de la Inmaculada Concepción o de la Santísima Trinidad» («Buñuel, a los ochenta», *El País*, Madrid, 30 de mayo de 1980).

que no se hayan ido a Bermuda o algo así a pasar los fríos, y me los pierda. Creo que estaré por allá desde el 17 de febrero hasta el 27-28 más o menos.

¿Cómo están ustedes, los niños, Princeton? ¿Qué escribes? ¿Crecen todos en belleza y sabiduría como en *Las mil y una noches*? Escríbeme dos letras dándome tu dirección personal, que no tengo, y diciendo que *I'm looked-forward-to*.

Grandes abrazos y besos para los dos de todos los de aquí, y muy especialmente míos,
Pepe

José Donoso
Castellón de la Plana 17
Madrid 6, España
Tel: 262-2968

DE JOSÉ DONOSO A CARLOS FUENTES

Calaceite, 13 de agosto de 1980

Querido Carlos:

Acabo de leer *Sophie's Choice* y estoy *époustouflé*. Qué estupendo libro. Dice María Pilar que leyó un artículo tuyo sobre ese libro. Como yo pienso hacer otro tanto para la Agencia EFE, me encantaría leer el tuyo para contradecirte e iniciar así una importante polémica literaria que editaríamos después en un delgado volumen. ¿Podrías mandarme una fotocopia apenas puedas?[315]

---

[315] Una copia publicada en la prensa, titulada «Sofía escoge (La obra maestra de William Styron)», sobrevive en los papeles de CF en Princeton, pero no hemos podido obtener la referencia bibliográfica. En ella escribe:

Me doy cuenta que te estoy escribiendo a Princeton, pero que siendo agosto es muy poco probable que estés ahí. Supongo que estarás en el Cape, adonde te harán seguir la correspondencia. O en Maine. O en Hyannis Port, o donde sea que se va en USA en verano.

Sabes que me voy a vivir a Chile. Compré casa allá, y *Pinochet or no Pinochet*, regreso al terruño para trabajar por la patria. Estoy cansado de ser extranjero, que mi hija se críe hablando el macarrónico español que habla, mezcla de español académico, catalán y chileno vernaculísimo. Saldré mucho, eso sí: en mayo voy a un *symposium* que hacen sobre mí en una universidad del Sur, con «donosistas» de todas partes (creo que hace un tiempo hicieron lo mismo contigo),[316] en junio vengo a España, y a fines de junio voy a Yugoslavia y a Hungría. A la URSS dudo que me vuelvan a invitar, porque me he portado un poquito mal. No te voy a decir que regreso a Chile sin *misgivings* y sin miedo. Pero espero estar suficientemente respaldado por mi nombre como para ser más o menos respetado, y que me dejen tranquilo. Tengo 56 años y me siento algo otoñal y con ganas de paz. Murieron mis padres y se terminó la casa grande. Hay mucho, mucho sobre qué escribir. Y hay que escribirlo, «*coded*», si tú quieres, pero hay que escribirlo. ¡Qué felicidad

---

«Habría que pensar en Bovary y Karenina, en Joanna Burden y Molly Bloom, pero sobre todo en la Nastasia Filipovna de *El idiota* para encontrar comparaciones con esta figura de una belleza y complejidad semejantes. Este es su libro, esta es su vida y Auschwitz adquiere una nueva verdad en él porque en Auschwitz vivió su pasión esta mujer inolvidable [...] *Sophie's Choice* no solo es la novela más importante, más bella y más resistente escrita por un norteamericano en la década de los setenta. Es, simplemente, una de las grandes novelas de todos los tiempos».

[316] El Symposium on Major Modern Writers dedicado a JD se realizó en Winthrop College, Carolina del Sur, del 7 al 9 de mayo de 1981, y las actividades se recogieron en el libro *The Creative Process in the Works of José Donoso* (1982). El dedicado a CF se realizó en Columbia, Carolina del Sur, del 27 al 29 de abril de 1978, recogido en *Simposio Carlos Fuentes: actas* (1978).

ser un apátrida nato como tú, o por lo menos un cosmopolita! Yo, que creía ser el más cosmopolita de todos los escritores latinoamericanos, resulta que a la hora nona echo de
menos su *potato patch*. Qué le vamos a hacer. *Je t'en donnerai
des nouvelles...*

Dale un abrazo muy grande a los amigos de allá. Les
haré enviar *Casa de campo* cuando salga el año que viene
en inglés. Dicen que Vargas Llosa viene de embajador en
España.[317] ¿Sabes algo? Un beso para la Güerita y los niños
(me encantaron las fotos, gracias), y para ti un abrazo con el
cariño de siempre de

Pepe

José Donoso
Calaceite
Provincia de Teruel
España
(estaré aquí sin moverme hasta el 20 de septiembre)

DE CARLOS FUENTES A JOSÉ DONOSO

Princeton, 6 de septiembre de 1980

Mi querido cuate Pepe:

Recibí con gran alegría tu carta. Alegría por ser tuya. *Misgivings*, yo también, por el regreso a Chile. Y hasta envidia.
Mi voz habla en *Una familia lejana* cuando lamento el paso
de mis ciudades del sur, las ciudades de mi adolescencia

---

[317] MVLL rechazó ese y otros cargos durante el gobierno de Fernando
Belaunde, pero en 1983 aceptó presidir la comisión investigadora de la
masacre de Uchuraccay en Perú.

que temo nunca más ver.[318] Sé que hay un secreto, una memoria, un tesoro escondido allí, entre Zapallar, Viña y Santiago, Mendoza y Puente del Inca, no sé, y temo nunca encontrarlo ya.

No voy a abundar en las dudas y reflexiones que tú habrás hecho con más seriedad que yo. Solo puedo decirte que ojalá nos encontremos todos reunidos otra vez, un día, en Chile. Es cierto; no siento tu necesidad dramática y vital de regresar al *potato patch*. El resentimiento monumental de México y los mexicanos, su patetismo horripilante, su inseguridad y solemnidad, su total ausencia de humor, su confusión entre la verdadera inteligencia y la malicia cruel que en México pasan por tal, me mantienen alejado, joven, saludable y optimista! *A dip in time, but that is all*. Y sin embargo... No digo destagua no beberé.

Pero sí, sal mucho, ven a vernos. Ahora acabamos de pasar dos semanas con los Styron en Martha's Vineyard, y desde el año entrante tomaremos una casa allí durante todo el mes de agosto. Bellísimo lugar. Isla-isla, como la Inglaterra de Memo y la de su hijo Próspero. Y la concentración de talento, amigos, diálogo, es el estímulo más grande que contiene este país. Casi todos, por lo demás, amigos y admiradores de ustedes. Vimos mucho a la Hellman, Jules Feiffer, Johnny Marquand, los Kopit, John Hersey, la poderosa Mrs. Graham que pasa como tornado de tul por dondequiera, el senador Kennedy, Diana Ross y todo un mundo de *blues and rock* alrededor de ella y el plan de ser la Baker en cine, Art Buchwald... Sigue y suma. ¿Cuándo nos unimos para tomar una espectacular residencia frente al mar, liberar a Pilarcita, Carlitos y Natasha y, de paso, a sus ufanos parientes? Dime.

---

[318] *Una familia lejana* de CF se publicó en 1980 con Bruguera de Barcelona y Era de México.

No tengo a la mano copia del artículo sobre *Sophie's Choice*. He seguido tu buen ejemplo y toneladas de papeles han ido a dar a Firestone Library, donde los están sorteando apenas.[319] Pero basta que se lo pidas a EFE o a Carmen. Me da gusto que estemos, aunque quizás por motivos diferentes, del mismo lado en la polémica de *Sophie's Choice*. Aquí la crítica y el público están radicalmente divididos sobre esta obra, aunque todo el mundo la lee. Destino de las buenas novelas. Todas acaban por crearse sus propios lectores y por ende su propio destino que acaba por ser el de los pobres autores también.

Me reuniré en un simposio organizado por el hormiguerísimo Oviedo en Bloomington, Indiana (*Help!*) con Mario Vargas y Juan Goytisolo. Voy por ellos, porque convivir con los críticos latinoamericanos (excepciones conocidas) es una soberana lata.[320] No existirían sin nosotros pero hacen creer lo contrario. Lo insoportable es cuando se vuelven inquisidores y sargentos de izquierda o derecha, como Retamar o Monegal. *Vaudeville scene, you know: Possitively, Sergeant Retamar, Absolutely, Sergeant Monegal.* Tweedledum & Twedledee. *Ughh and Eeeek.*

¿Van a pasar por aquí rumbo al Sur? Déjennos saber. Si vienen a Princeton, la casa es suya y es amplia. Si solo llegan a NY, *we'll make the trek.* Nosotros pasaremos diciembre en México y a partir de enero, y hasta junio, nos encontraréis en *the wilds of* New Hampshire, *vide* Dartmouth College.

---

[319] JD acordó la entrega de su archivo posterior al de Iowa con Peter Johnson en 1974, haciendo la primera entrega ese año. Con él se dio inicio a una de las más completas colecciones de manuscritos de escritores latinoamericanos en la Firestone Library de la Universidad de Princeton.

[320] El simposio internacional «La Novela en Español, Hoy» se realizó en Indiana University, Bloomington, del 18 al 20 de septiembre de 1980. La mayoría de las ponencias se publicaron en *Revista Iberoamericana* n.° 116-117, julio-diciembre de 1981.

Mis biógrafos me preguntan mucho por Roberto Torretti por aquello de la primera novela al *citron*. ¿Qué es de él?[321]

Sylvia les manda besos, los niños también y yo, que tanto los quiero, quedo en espera de noticias y más noticias,

Carlos

DE JOSÉ Y MARÍA PILAR DONOSO A CARLOS FUENTES

Santiago, 29 de diciembre de 1980
[postal]

Sr. Carlos Fuentes
42 Cleveland Lane
Princeton, NJ 08540

¡Felicidades para todos! Vivo ahora en forma permanente en Galvarino Gallardo 1747 Santiago, Chile Tel 239169 ¡Escribe!

Un abrazote,

Pepe y María Pilar

---

[321] CF había escrito junto a Torretti una novela durante sus años escolares en Chile, cuyo manuscrito se perdió.

1981

DE CARLOS FUENTES A JOSÉ DONOSO

Hanover, New Hampshire, 6 de febrero de 1981

Muy querido Pepe:

Recibí las señas santiaguinas unas horas antes de salir para Puerto Rico, de manera que no fue una sorpresa encontrarme en San Juan con la noticia —*tres répandue*— de tu regreso al *potato patch* (muchas ps). Debe ser dramático estar de vuelta en Chile después de tantos años, tantas cosas, tantas negaciones. Tú me contarás.

Ves que insisto en seguir tus pasos y ahora pasamos cinco meses en Dartmouth antes de regresar a Princeton en junio, dos meses y medio en México durante el verano y luego una serie de conferencias en lugares tan devastados e inubicables como Portland, Oregon, y Memphis, Tennessee. No sé si los imitaremos el año entrante para regresar al *pulque patch*, o *taco tower* o *mole mausoleum* que es *Mexcity* (*Makesicko City, you know*). Hay que estar cerca, luego hay que estar lejos *et ainsi de suite*. O nos volvemos Andrés Henestrosa o Braulio Arenas, *who knows?*

En Puerto Rico hay gran interés por invitarte. Allí los novelistas hispanoamericanos somos más famosos que Benny Moré o Iris Chacón (o tanto). Me recibió de pie un público de tres mil gentes en el Teatro Universitario y a ti te sucedería lo mismo.[322] País conflictivo, isla narcisista que solo se atiende a sí misma, Rusia tropical del siglo XIX donde en cada jibarito anida un Bujarin, un Herzen, un Turguénev: no saben qué ser, quieren que tú se los digas. Ha pasado la hora terrible, frívola, irresponsable, en que un escritor podía enviar a un muchacho a la muerte con una frase inflamada. Luego nos retiramos a beber piña colada al Caribe Hilton. *Pas possible.* Los escritores solo son socialmente importantes en sociedades sin importancia porque usurpa funciones, las de la propia sociedad cuando es plural, inteligente, saludable.

La universidad rival a la de Puerto Rico, la Interamericana, invitó a Guillermo Cabrera para las mismas fechas y horas que tu servilleta. Querían un *Star Wars* con todo y Darth Vader Fuentes y Obi Wan Infante. Chasco. Somos amigos desde hace más de veinte años y Guillermo es, contigo, uno de los dos o tres latinoamericanos no acomplejados que conozco, de manera que... los recordamos mucho con Miriam [Gómez, esposa de Cabrera Infante].

Y te seguí recordando, viejo, porque buena fracción de mi grupo íntimo del Grange School prospera en Puerto Rico. Bartolomé Stipec economista, Roberto Torretti filósofo. Recreamos las Mañanas del Grange en Hato Rey. *A very unexpected turf for the ghosts of Jackson, Balfour, O'Neil and Co.*[323]

Loveluck me dijo que quizás vendrías a un simposio en Carolina. Si es así, avisa para vernos —en Nueva York, aquí si quieren venir a pasar unos días, etc.

Como tú, he dado los papeles a Princeton y a Peter Johnson.[324] Pero solo he abierto a los ojos curiosos las notas y cuadernos de los libros, no las cartas personales. A medida

---

[322] Al año siguiente, en mayo de 1982, JD participó en un congreso iberoamericano organizado por la Universidad de Puerto Rico de Río Piedras.

[323] Referencia al director, al subdirector y un empleado de The Grange School de Santiago.

[324] Peter Johnson, como encargado de la adquisición de manuscritos en Princeton, tuvo una extensa correspondencia y amistad con JD.

que la corrupción generalizada de Homérica Latina se consuma (¿para qué arrojar aquí la bomba atómica?, se pregunta Guillermo Cabrera Infante) los *soi disant* críticos literarios (y más de un escritor famoso) se revelan como lo que secretamente siempre fueron: chismosos, chicos de la prensa, reporteros. Ten cuidado de que los abejorros caigan sobre tus cartas y las prodiguen a los cuatro vientos. He dicho.

Déjanos saber de ustedes. Un beso a mi supervedette María Pilar. Y otro a la minivedette y miniboomista Pilar chiquita. ¿Cómo os adaptáis?

Un abrazo de tu cuate,

Carlos

DE JOSÉ DONOSO A CARLOS FUENTES

Santiago, 21 de abril de 1981

Querido Carlos:

No me adapto en absoluto. Pero como quemé mis naves —de lo que paradójicamente no me arrepiento, ya que todo lo demás parece tan sin sentido— no puedo volver a salir más que por breves viajes. Por otra parte, me siento un poco viejo, y cansado después de este gran trasvasijo; y el *shock* de encontrarme a todas las amigas de entonces, aquí en Chile, otrora bellezas, transformadas en máscaras sonrientes, llenas de encías, dientes amarillos, arrugadas como poto de elefante, el pelo indiscretamente teñido, que me preguntan: «¿pero cómo, no me reconoces?». Y uno tiene que exhumar en esos *épaves* lo que allí había dejado del corazón; y todos los amados amigos, después de veinte años, cerca del infarto o habiéndolo pasado, o de la catarata, o de la quiebra económica. Y el panorama literario y artístico y social *is a total blank*. En fin. Qué le vamos a hacer, mano... *you know better than I how it feels*. Pero tengo una casa agradable, y esas cosas que uno antes despreciaba, que es familia, hermanos muy queridos, sobrinos y sobrinas, Pilarcita se ha integrado a ellos, y después de un verano en Zapallar está consumista, pinochetista, pololea con un niño Balmaceda, y totalmente adaptada. *She won't hear of going back to Spain*, ella que había sufrido tanto con el desraizamiento de España, cuando nos dijo: «habéis arruinado mi vida». *Oh, to be young, again!* Nuestras heridas, especialmente las mías ya que María Pilar está serena y contenta, *are healing very slowly*, y añoro, ahora, lo que en Europa odiaba, el anonimato, el no llevar las señas de identidad grabadas en toda tu persona de modo que aunque no te conozcan te identifican y clasifican de inmediato y ya no puedes salir más de esa clasificación, la libertad de vivir una vida y transitar tranquilo y privado por la calle: aquí hay MUY poca gente —*I mean literally* diez millones, cuatro en Santiago—, para qué te digo en el círculo que es posible —no digo agradable— frecuentar ¿unas mil personas? No, eso es demasiado, *and with no turnover*, que era lo agradable de allá, lo que te mantenía alerta. Aquí, uno se dedica a cuidarse para no envejecer, no llegar a la atrición total: parece ser la ocupación preferida de todos mis contemporáneos... *AND I REFUSE TO PLAY GOLF!*

Sale el mes que viene mi próxima novela, *El jardín de al lado*: se va a enfurecer todo el mundo, desde Pinochet hasta los exiliados de izquierda hasta la Carmen Balcells, de la que hay una caricatura brutal. Pero me da flojera preocuparme, y ya me importa la reacción de muy pocas personas. También este año, esto aquí en Chile, aparece mi libro de poesía: *Poemas de un novelista* (en el fondo, marginalia): me van a apalear duro por meterme en el coto de otros.[325]

---

[325] *El jardín de al lado* (Seix Barral, 1981) se imprimió este mes de abril. *Poemas de un novelista* apareció con la editorial santiaguina Ganymedes.

Voy a South Carolina el 6 de mayo, y me quedaré paseando por el sur y dando conferencias por allí hasta el miércoles 13, cuando viajaré a New York: allí permaneceré hasta el 23. Ese día viajaré a España, para lanzar *El jardín de al lado*, invitado por Seix Barral, y me quedaré una semana. ¿Será posible verte —verlos— en Nueva York? Esta será, allí, mi dirección y teléfono:

José Donoso
c/o John B. Elliott
46 Perry St.
New York, NY 10014
Tel: 929 WA p-8878 (NYC)

Ponte en contacto conmigo esos días. Escríbeme allá para concertar entrevista en USA, si es que estás allá por esos días, ¿o ya te habrás ido a México?

A México iremos, María Pilar y yo, el 12 de octubre, es decir estamos invitados a Miami para esas fechas para algo tan absurdo como el «Día de la Hispanidad», pero nos pagan pasajes y hoteles por una semana, y Seix Barral me paga viaje a México y a Caracas, de modo que también iré al *pulque patch*, y si estás allá nos veremos.

Escribe de nuevo. Me gusta no cortar el contacto. Me duele que Gabo esté haciendo las estupideces que hace. Pero supongo que uno, con otro estilo, también las hace. Yo comenzaré a escribir editoriales en *El Mercurio* a mi regreso del viaje, un editorial por semana, sobre lo que se me antoje.[326] Autocensura: tiene que funcionar si quiero que me

---

[326] Unas semanas antes, García Márquez había sido noticia por asilarse en la Embajada de México en Colombia ante amenazas de muerte por supuestos vínculos suyos con la guerrilla del M-19. También había empezado a escribir columnas periodísticas, varias de ellas de contenido político, luego recogidas en su libro *Notas de prensa*. Como GGM, JD formaría parte de las «grandes firmas» de la Agencia EFE y su contrato contemplaba la

publiquen. Trabajo siniestro. Pero de otra manera también es una «gabada». Aunque tal vez no tanto: las cosas, desde aquí, se ven tan distintas —no mejores, solo de otra manera— y cada vez es más claro que la única manera de funcionar es ganando posiciones, *edging out* a los inferiores y a los militaristas: una revolución lenta, un cambio que va a paso de tortuga, una ahogante falta de tiempo, una dificultad para mantener vivas las convicciones pese a la aterradora autocensura, pero en este momento de triunfo para Pinochet —triunfo económico, aunque hoy veo huelga en el mineral El Teniente, y Dios sepa qué va a pasar— es lo único que se puede hacer, y lo será por muchos años.[327]

Querido Carlos, soy malo para las generalizaciones políticas, soy malo, *in fact*, para las generalizaciones de toda especie, pero siempre frente a ti —y me está pasando frente a la poca gente que quiero y respeto— me siento profundamente disminuido por mi incapacidad creciente de hacer un *«statement»* sobre casi nada. La materia del pensamiento es la escritura, según parece, más y más, y el pensamiento más y más indistinguible de ella. Vi un artículo tuyo, apasionante por otro lado, en el *NYT*, lleno de preguntas, que es lo que debe hacer, supongo, un intelectual: pero me sucede que ya lo he olvidado, y por qué me apasionó tanto en el momento de leerlo.[328] No he olvidado, sin embargo, ciertas escenas de *Terra nostra* que podría repetir casi *verbatim*, y tantas otras cosas en que para mí hay un Fuentes mucho más vivo que en tus convicciones: las convicciones cambian, *as we all know only too well*, la obra de arte está

---

entrega de once crónicas al año que se publicaban en periódicos de todo el continente, incluido *El Mercurio*.

[327] La huelga duró cuarenta días y mantuvo en tensión al país, según un cable de EFE publicado en *El País* de Madrid, 2 de junio de 1981.

[328] «Latins' Pressing Questions», *The New York Times*, 5 de marzo de 1981. Se trata de una impugnación de la política intervencionista de Estados Unidos a propósito de la guerra civil en El Salvador.

completa y no cambia, y supongo que será por eso que, más y más, escribir, la escritura, aparece como algo muchísimo más importante que todo lo demás, y el quehacer artístico el más digno, más digno que la lucha por la libertad, y que la lucha por la justicia, y la lucha por todas esas cosas que se hacen, inconscientemente, desde el interior de una obra, no desde el exterior de una tribuna. Todo esto, mi querido Carlos, para manifestarte mi temor —siempre presente frente a ti— de que tus ambiciones políticas (en el sentido más amplio, no en el sentido angosto) y la afición por el poder que te señalé una vez, hace muchos años, en un viaje en tren desde Santiago a Concepción, no te hagan hacer una «gabada». Te envidio tus convicciones, tu capacidad para sentir con fuerza las causas generales: yo, cada vez más, me transformo en un ser interior y lírico, egoísta y limitado. Puedo querer mucho a muy pocas personas; me resulta imposible, en cambio, el amor generalizado y el clamor.

Mucho me gustaría conversar contigo sobre estas cosas, y tantas otras, en USA o en México. En mis diarios (me refiero a mis papeles de Princeton) y en mi correspondencia no hay nada que pueda ser presa de periodistas intrusos: al entrar en la edad madura tardía (tengo 57 años y comienzo a sentir la tristeza de tenerlos) me doy cuenta que durante todo este tiempo casi no he tenido vida privada, y lo «ocultable» de ella no me interesa mayormente ocultarlo porque lo acepto como parte integrante de mi identidad. ¿No te parece extraño? Pienso, al leer tu carta, que mi vida ha sido casi ascética, casi monástica, y me encuentro con la extraña sensación de que jamás he traicionado, que sería lo único ocultable, lo único no ascético.

I've been rambling on. Te dejo. *I have «...miles to go before I sleep, miles to go before I sleep».* Estoy metido escribiendo un volumen de fantasías literarias, cuentos basados en hechos literarios o creaciones literarias e históricas: «El tiempo perdido». Uno, es las cartas de un belga que trabajó con

Rimbaud en Somalia; otro, una *mélange* entre Proust y sus personajes, y personajes de la vida real chilena; otro, sobre Lenin y Krupskaya, referido sobre todo al caso Schmidt; otro, sobre Richard Burton, Lord Houghton y Swinburne.[329]

Un abrazo generalizado de esa familia de esta. Y para ti, *the best,*

Pepe

---

[329] Algunas de estas historias se publicaron. La inspirada en Proust apareció como «El tiempo perdido» en *Cuatro para Delfina* (Seix Barral, 1982) y la de Lenin como *Taratuta* (Mondadori, 1990). Sobre Rimbaud escribió un guion no filmado junto a Leonard Schrader a mediados de los setenta, que se conserva en sus papeles de Princeton, y sobre Richard Burton dedicó algunos artículos periodísticos (véase *Artículos de incierta necesidad*).

1984

DE CARLOS FUENTES A JOSÉ DONOSO

St. Louis, Missouri, 27 de febrero de 1984

Muy querido Pepe:

Un mensaje para felicitarte por el éxito, tan merecido, de *Casa de campo* en los Estados Unidos. No se puede abrir un *mass circulation rag* sin encontrar tu cara!

Otro mensaje para recordarlos a ti y a María Pilar en estos últimos siete meses, que han sido difíciles por la pérdida de amigos tan viejos, Luis primero, ahora Julio. [330]

Un tercer mensaje para tenernos al corriente de *whereabouts*: nosotros, en St. Louis Missouri, 7023 Westmoreland Drive, St. Louis MO 63130, hasta fines de mayo, luego en México junio, julio y agosto en nueva casa, Calle del Apóstol Santiago 15, San Jerónimo, México DF (este es el *potato patch*; también construimos un *cabbage patch* en Tepoztlán, cerca de Cuernavaca) y desde septiembre a diciembre, todos los años, mi cátedra en Harvard, Comparative Literature Dept., Cambridge, Massachusetts.

Ahora que han quedado atrás el Protoboom, el Miniboom, la *Croute* y solo miramos el Tanatoboom, no nos olvidemos.

Tuyo,

Carlos Fuentes

---

[330] Luis Buñuel murió el 29 de julio de 1983. Julio Cortázar el 12 de febrero de 1984.

DE JOSÉ DONOSO A CARLOS FUENTES

Santiago, 27 de marzo de 1984

Querido Carlos:

Me encantó recibir carta tuya después de tan largo eclipse. María Pilar le mandó a la Güera un ejemplar de mi (nuestro, ya que se incluye un capítulo suyo) *Historia personal*, segunda edición, y espera *comments* de parte de ella. Lo mandó vía Carmen Balcells.

A House in the Country *has done very well in USA, and we're already into a second printing.*[331] Vintage Books me acaba de comprar el *paperback*. Desgraciadamente, no he recibido comentarios de mis amigos de NY al respecto. Sé que a ti no te gusta este libro, por lo tanto no te exigiré *comments*: tienes todo el derecho en el mundo a que no te guste. Te sigo, te seguimos queriendo igual.[332]

---

[331] *A House in the Country* (Knopf, 1983) fue traducida por David Pritchard y Suzane Jill Levine.

[332] Puede tratarse del hecho de que CF, como jurado, no habría respaldado esta novela en el Rómulo Gallegos 1982. Sin embargo, CF dedicó líneas a la novela en uno de sus libros de ensayos: «El paisaje es raro en la literatura hispanoamericana; los jardines, artificiales evocaciones del mármol. El espíritu civilizado de José Donoso convierte al paisaje en personaje en *Casa de campo* (1978). Se trata, sin embargo, de una nueva manera del idilio salvaje: un paisaje fabricado, monstruoso, que transforma a la naturaleza domeñada en un sofoco. Ha huido el oxígeno de la naturaleza, jardín artificial, y del diálogo, que lo es de niños igualmente artificiales —robots voluntarios y voluntariosos, Midwich Cuckoos del campo chileno—. Eco de la sabiduría paisajística de Rugendas y de la retratística de Monvoisin, la de Donoso es salvajemente artificial, como la del jardín de Goethe ya evocado. Es una nostalgia del mundo primitivo intocado del primer amanecer. El hecho de que lo pueblen niños, artificiales también, prolonga la sensación de inocencia imposible: en *Casa de campo*, David Copperfield ha llegado a la isla desierta del Señor de las Moscas sin más defensa que su buena educación inglesa. Sabe comerse con etiqueta a sus semejantes» (*Valiente mundo nuevo*, FCE, 1990, p. 123).

No sabes lo excitante que fue durante el año pasado mi experiencia con el teatro. Fabuloso, trabajando con gente fabulosa: fue un poco la línea de «creación colectiva», aunque siempre tomando como base un cuento mío, el primero de *Cuatro para Delfina*, y el personaje encarnado por Delfina Guzmán, a quien está dedicado el libro.[333] ¿Te acuerdas de ella en tus tiempos chilenos, debe haber sido niña de tus bailes aquí como hijo de embajador? Es una mujer realmente sorprendente en lo que se refiere a inteligencia y capacidad de trabajo, concentración, abstracción, etc. Tuvimos un éxito realmente ruidoso en Caracas, donde fui con la *troupe* para el Festival de Teatro, y en Buenos Aires donde hicimos una temporada de 15 días a teatro lleno en el Teatro General San Martín, Sala Martín Coronado de 1500 butacas. Esto me ha tomado toda mi libido desde hace bastante tiempo, y solo ahora me independizo, y he comenzado a trabajar una novela nueva sobre los mineros de carbón en Lota, totalmente fantástica. Creo que ya agarré la onda y voy por camino seguro, y esta no se quedará *by the wayside* como tantas otras que he comenzado y dejado.[334]

Creo que voy a USA como *lecturer* por un mes en octubre. Pero no estoy completamente seguro. Si lo hago, *I plan to do several readings*, y te iré a visitar a ti donde estés. Tengo realmente muchas ganas de verlos a los dos. Hace ya demasiado tiempo y nos estamos poniendo viejos. Querido Carlos, dale un cariñoso abrazo a la Güera de mi parte, y a los niños. María Pilar te manda *her best* también, y la niña.

Un abrazo,
Pepe

José Donoso
Galvarino Gallardo 1747
Santiago, Chile

---

[333] *Sueños de mala muerte* (Editorial Universitaria, 1985).
[334] *El mocho* (Alfaguara, 1997), publicada un año después de su muerte.

DE CARLOS FUENTES A JOSÉ DONOSO

Cambridge, Massachusetts, 14 de diciembre de 1984

Muy querido Pepe:

Nos enteramos con gusto de vuestras noticias vía carta de María Pilar a Sylvia. Las nuestras, abundantes aunque resumidas, son estas:

Estoy contratado por Harvard durante cinco años. Los cortaré en dos, para pasar el año 86-87 en Cambridge (la otra) en la cátedra Simón Bolívar. Aquí termino el primer semestre: un *conference course* sobre novela con cuarenta estudiantes: ninguno sabe menos de tres lenguas (claro: la mitad son extranjeros: chinos, australianos, suizos, españoles, ingleses, alemanes, hasta franceses): este changarro merece su fama, o como diría don Cole, *you're the top*. Más curso multitudinario en el Core Curriculum: *«History and Fiction in Latin America»*, que doy en el Sanders Theater (el Escorial de Harvard) ante un público de mil personas dos veces por semana. Con decirte que entre mis alumnos está Rubén Blades, el rey de la salsa.[335]

El ambiente aquí, estimulante y fugitivo: la ciudad es bella, Carlitos y Natasha van a una escuela adventista en Brimmer Street donde han sembrado el pánico *punk* después de un *camping* de verano en California, *chez* Jane Fonda (con quien preparo la filmación de mi *Gringo viejo* en México este verano:[336] *seems like old times* y solo faltan ustedes

---

[335] Rubén Blades egresó en 1985 de Harvard con una maestría en Derecho Internacional.

[336] La novela *Gringo viejo* se publicó el año siguiente, en 1985, y la película homónima se estrenó en 1989, dirigida por el argentino Luis Puenzo y protagonizada por Jane Fonda y Gregory Peck. En 1986, JD hizo un comentario sobre esa novela junto a *El amor en los tiempos del cólera* de García Márquez: «A un nivel, las dos novelas se pueden leer líricamente,

trasladados en palanquín a las siete de la mañana).[337] Del *camp* trajeron los niños novedades del mundo *laid-back* de California que el Boston de Henry James, *The Late George Apley* y los Cabot, los Lodge *and* los God (o lo que de él queda) no toleran, v.g., invitaciones a *frenchies, blow jobs* y *puzzle-locks*, amén de algo llamado *three minutes in Paradise* que consiste en cuarto oscuro, niña virgen y libertad plena. *Shirley Temple never had it so good. Neither did we.*

Te felicito por el éxito de la pieza de teatro. Yo me compraré los *Cuatro para Delfina* en México, adonde partimos mañana: he recibido este año el Premio Nacional de Literatura que De la Madrid me entrega el miércoles en Palacio Nacional. Emigra pequeña caravana literario-política gringa encabezada por Styron para los festejos, luego a NY en la segunda semana de enero para dejar listo el *Gringo* con Roger Straus, luego período de exámenes aquí y de regreso a México para encerrarme a terminar el *Cristóbal Nonato*: 400 páginas y 200 *to go*.[338]

---

como un desesperado esfuerzo de parte de los autores, que envejecen, de rescatar la creatividad de tiempos mozos. Fuentes lo hace planteando una actitud heroica, un tomar el destino en sus propias manos e insertar su vida y su muerte volitivamente dentro de la historia, negándose a quedar fuera de la historia» («Lecturas de verano», en *Artículos de incierta necesidad*). También comentó la película en 1990: «Curiosamente, aunque no es la mejor novela de Carlos Fuentes, es la presencia del autor, su texto ingenioso, irónico, firme, lo que rescata la película en innumerables ocasiones, transformando a los personajes en seres autónomos y complejos, siempre inteligentes y perceptivos, lo que es sumamente satisfactorio después de ver tanto héroe balbuceando o sentimental» («Dos revoluciones», en *Diarios, ensayos, crónicas: la cocina de la escritura*, Ril, 2009).

[337] Referencia a la filmación de *Las dos Elenas* en la casa de CF en México, en 1965, de la que María Pilar escribió: «Una mañana, particularmente dulce y perezosa [...] aparecimos más temprano que de costumbre porque necesitaban una cama matrimonial para una escena y la única de la casa era la nuestra (nos la sacaron prácticamente de debajo de nuestros cuerpos)» (*Los de entonces*). JD también cuenta la anécdota en *Historia personal del «boom»*.

[338] *Cristóbal Nonato* (FCE, 1987).

El encierro: en linda casa nuestra y de ustedes en San Jerónimo, adquirida con devaluadísimos tecolines el año pasado. Allá los esperamos.

Pienso dar *Este domingo* en mi curso en septiembre, pero debo averiguar si está a la mano en inglés (???). Una chica estudiante mía prepara su tesis sobre tus libros y me informa que vienes a Wesleyan. *Vero?* Nada nos daría más gusto que tenerlos cerca. *We grow old, we grow old*, y el mundo, definitivamente, envejece con nosotros.

Dile a María Pilar que cero *Historia personal* cero: nomás <u>nunca</u> llegó y tanto Sylvia como Cecilia ya comen ansias por leerlo. Lo buscaremos en México, donde nuestra dirección, de febrero a agosto, es Apóstol Santiago 15, San Jerónimo, México 15 DF, y el teléfono 595-0511.

Pasamos parte del verano en Martha's Vineyard y pensamos comprar algo allí. Envidio a Styron instalado allí sin otra perspectiva que la de permitir que su siguiente novela se escriba a su propio ritmo. Murió la Hellman pero antes Sylvia y Rose Styron se bañaron con ella en un jacuzzi color de rosa. Diana Ross se paseó como una camelia ondulante entre su casa y la de Bill. Belushi, antes de morir, se disfrazó de agente de la CIA para expulsarme de los USA, acompañado de Aykroyd y Bill Murray.[339] Le pelé tremendos dientes. La paz simétrica de las islas de Melville/Norte, las Desencantadas, Martha's Vineyard y Nantucket y cada día más, querido Pepe, la pregunta: ¿qué es lo que no se puede decir, qué es lo que solo se puede decir? Te leo y creo que vamos a llegar a un despojo creativo final, como el de Milan Kundera en *El libro de la risa y el olvido*: lo huelo en ti, lo espero.

Déjense saber, Pepe, María Pilar, Pilarcita, Humphry Clinker (*still around?*): le he propuesto a Roger Straus que

---

[339] El actor John Belushi murió el 5 de marzo de 1982.

publique la traducción del *Quijote* por Smollett: parece escrita mañana).[340]

Su cuate de siempre, preocupado por ustedes, ganoso de verlos,

Carlos

---

[340] Tobias Smollett (1721-1771), autor de *La expedición de Humphry Clinker*.

1987

DE CARLOS FUENTES A JOSÉ Y MARÍA PILAR DONOSO

Cambridge, Inglaterra, 18 de enero de 1987

Queridos Pepe y María Pilar:

Nos ha dado un alegrón recibir recientemente sus noticias y saberlos huéspedes del Castillo de Otranto-vers-le Potomak.[341] Como sin duda saben, con o sin la ayuda de Mrs. Radcliffe, allí se escribieron por lo menos tres novelas latinoamericanas tres —Rafael Sánchez, Vargas Llosa y yo—[342] y espero que la vieja máquina con teclado castellano siga dando de sí. Lo que realmente lamentamos es no haber coincidido con ustedes en el área. ¿Hasta cuándo permanecen allí? Nosotros pasaremos por NY-Washington-Philly en abril. *Too late?* Antes, dos semanas en marzo en lo que una vez fue México DF (*city deleted, delenda, dolente*). ¿Regresan a Chile después del Woodrow Wilson?

Me quedé pasmado de saber a Pilarcita madre y esposa —cuando la recuerdo sentada, con priápicas emociones, en mis rodillas de Pollensa! De mi *brood*, Cecilia está en Nueva York estudiando: llegó al tope en la producción de TV en Mé-

---

[341] JD había recibido un *fellowship* del Woodrow Wilson Center en Washington DC.

[342] *La guaracha del Macho Camacho* (1976), *La guerra del fin del mundo* (1981) y *Terra nostra*.

xico pero ha querido ir más lejos. Carlos (13) es un joven poeta y pintor que exhibe y trabaja hasta las dos de la mañana, y devora a Keats, Yeats y Cocteau. Natasha (12) es una belleza mediterránea independiente que vive encantada en una escuela en el campo en Normandía. Yo publico el mes que viene *Cristóbal Nonato*, que cierra el ciclo iniciado con *La región*: aparecen hijos de personajes de *La región*, etc. —un responso por el DF, ¿exorcismo o profecía? ¡Todo lo que hemos escrito Donoso y Fuentes parecía fantasía y se convirtió en realidad!

Pasé por Caracas en diciembre e Isabel Allende me informó que *La desesperanza* acababa de salir. ¡Me lo procuraré![343] Estuve en contacto allí con la gente del grupo teatral Rajatabla. ¿Ustedes los conocen? ¿Qué opinan?

Aquí disfrutamos el tiempo para trabajar, leer, recorrer este espacio inagotable y misterioso. No pasa un día sin que descubra un patio, un pasaje, un césped milagroso junto al río, un cementerio para perros del siglo XVIII, una galería embrujada, una biblioteca transparente, y damos vueltas por Londres, una ciudad que ustedes y yo recreamos de noche, arruinada y poblada por ladrones de cadáveres en el río y montañas de polvo y cárceles para los deudores. Dickens inventó esta ciudad, no la describió, pero la descubrió. Veo bastante a Peter Ackroyd y les recomiendo *Hawksmoor*, es de lo poco interesante que se escribe aquí, y es Londres, y es el siglo XVII y es la noche endemoniada, la plaga, el fuego y la muerte.

¿Cuándo nos encontramos? *It's been a long, long time, but our love is here to stay.* Saluden a todos los amigos del

---

[343] *La desesperanza* (Seix Barral, 1986), novela ambientada durante la dictadura de Pinochet, recibió de Mauricio Wacquez el mayor elogio al poco tiempo de muerto JD: «El [personaje del] jerarca muestra facetas hialinas, fantasmales, que se compadecen mal con una literatura *soi disant* militante. Esto es, en fin de cuentas, lo que hace que *La desesperanza* sea una obra de arte, legible hoy y en cien años más, cuando el terror que describe se haya borrado como todos los terrores». «Etapas en la obra de José Donoso», en *Hallazgos y desarraigos: ensayos escogidos* (Ediciones UDP, 2004).

Center, empezando por [ilegible], Fran Hunter, Billington (si no se ha vuelto loco de desesperanza y seriedad) y [ilegible], Mike Lacey, el archivista checo de nombre impronunciable, y el gran Richard Morse. ¡Cuéntennos sus aventuras!

Los quiere y recuerda y añora su cuate de siempre,
Carlos

DE CARLOS FUENTES A JOSÉ DONOSO

Madrid, 15 de agosto de 1987
[postal]

Muy querido Pepe:

Solo llegó a Cambridge el <u>sobre</u> de tu novela —tienes admiradores cacos en Inglaterra! Por fin pude comprar *La desesperanza* en Cádiz y la leo con emoción y renovada admiración. Vamos en septiembre a Harvard. ¿Cuándo nos vemos?

Besos a María Pilar,
Carlos Fuentes

DE JOSÉ DONOSO A CARLOS FUENTES

Madrid, 5 de diciembre de 1987
[telegrama]

CARLOS FUENTES
SPANISH DEPARTMENT
HARVARD UNIVERSITY
CAMBRIDGE MASS (USA)

CARIÑOSAS FELICITACIONES POR EL MERECIDO PREMIO ABRAZOS MARIPILAR PEPE DONOSO[344]

---

[344] El 24 de noviembre CF había obtenido el Premio Cervantes, que, en una entrada de 1992 de su diario, JD dejará escrito que también desea: «Si no me dedico a ganar premio tras premio (¿por qué no hago un poco de *lobby* para que me den el Premio Cervantes?) me voy a morir de hambre. Si me ganara el Premio Extremadura y el Cervantes creo que podría vivir tranquilo y sin mayores preocupaciones» (citado en Pilar Donoso, *Correr el tupido velo*, p. 330). En otra entrada de su diario, dejó esta opinión sobre una novela de CF de esos años: «Esta noche voy a terminar *La campaña* [1990] de Carlos Fuentes, que no me entusiasma, pero me entretiene bastante. / Al terminarla me pareció pésima, pasada la primera mitad de la primera parte, pero después se descompone y se deshace, pedante, grandilocuente, retórica, repleta de datos no digeridos, de personajes que no funcionan como tales, pedagógica, pretende ser un bosquejo del romanticismo que abarca toda América Latina, y en todos los grandes acontecimientos está él. Ve a toda Latinoamérica como algo mucho más exótico —desde otra perspectiva— que Gabriel García Márquez, y es totalmente hueco. Me apesadumbra bastante comprobar esto tan claramente. / Ahora a *Mrs. Dalloway* y seré feliz» (citado en *Correr el tupido velo*, p. 336). El comentario debe leerse junto a la feroz autocrítica de JD, citado en el mismo libro: «De repente veo, considero, que he publicado poco en mi vida, que he trabajado poco. ¿Qué he hecho estos últimos años? Poco y nada desde *Taratuta*, y entre eso y *La desesperanza*, también nada» (p. 353).

1992

DE JOSÉ DONOSO A CARLOS FUENTES

Santiago, alrededor de 1992

Querido Carlos:

Dos palabras para decirte dos cosas: una, que estoy en cama convaleciendo de una operación a la próstata muy dolorosa e incómoda: la primera próstata del Boom que se va... de modo que anda preparándote.

La otra es que en cama he leído *El espejo enterrado*, que me deslumbra quizás más que todos tus demás libros, desde *Aura*.[345] Tiene un horizonte magnífico, con esa España entre dorada y monacal de los Austrias, y esa América de llano y esmeraldas. ¡Qué estupendamente manejas los contrastes,

---

[345] *El espejo enterrado* (FCE, 1992) es un ensayo del que se hizo al mismo tiempo un documental televisivo. En su carta del 24 de agosto de 1964, JD no había sido tan entusiasta con *Aura*, llamándolo «un poco Aspernpaperiano». Curiosamente, el 28 de junio de 1992 el novelista William Styron escribió a su amigo CF una carta con los mismos temas de esta carta de JD: «*El espejo enterrado* me ha enseñado mucho, reúne tantos hilos históricos que estoy atónito ante cómo lo hiciste, creando un intrincado tapiz con talento consumado. Puedo añadir que tus dones como novelista se despliegan aquí al máximo, pues el libro tiene un tremendo impulso narrativo que me ha tenido hipnotizado durante estos últimos días [...] He estado tomado Hytrin desde hace un tiempo y he conseguido aliviar mucho mi angustia durante las comidas (pararme varias veces para lidiar con la obstrucción y el goteo). Si aún no has hecho la prueba con esa pastilla, te recomiendo que lo hagas en cuanto puedas» (*Selected Letters of William Styron*, Random House, 2012).

que no son jamás juicios maniqueos, y en cambio se prestan mutuamente sombras y blancos!

Me encanta tu versión de *El Quijote*, de Zurbarán (la mujer notablemente vestida y la historia de esas vestimentas es uno de los nudos de la novela que estoy haciendo), tu relato de *Las meninas*. Y me abres la historia de América de modo que por primera vez puedo ver el grano dentro de la vaina: una experiencia nueva y sobre todo renovadora para mí. Estoy realmente emocionado. Quisiera abrazarte para sentir físicamente tu ser, tal como me has hecho sentir la variedad palpitante de los tiempos infinitos de que hablas. Estoy feliz. Quisiera verte, lo mismo a Sylvia, a quien veo partícipe en esta fiesta. Mi querido Carlos, mi admiración por ti, ya grande, se ha centuplicado como también mi cariño. ¿Cuándo nos veremos?

Un gran abrazo,
Pepe Donoso

1993

DE JOSÉ DONOSO A CARLOS FUENTES

Washington DC, 12 de abril de 1993
[Membrete de The Woodrow Wilson
Center International Center for Scholars.
1000 Jefferson Drive SW,
Washington DC 20560]

Querido Carlos:

Te incluyo mi CV que, como puedes comprobar, se reduce
a un puñado de libros, a mi mujer, a mi hija y a mis dos
nietas. Espero que te sirva.

Veraneo y otros cuentos (1955, Santiago, Chile).
Coronación (novela, Santiago, Chile, 1957).
El charleston (cuentos, Santiago, Chile, 1960).
El lugar sin límites (novela, México, 1966).
Este domingo (novela, Santiago, Chile, 1966).
El obsceno pájaro de la noche (Barcelona, 1970).
Cuentos (Barcelona, 1971).
Historia personal del «boom» (Barcelona, 1972).
Tres novelitas burguesas (Barcelona, 1973).
Casa de campo (Barcelona, 1978, novela).
La misteriosa desaparición de la marquesita de Loria
        (Barcelona, 1980, novela).
El jardín de al lado (Barcelona, 1981, novela).
Poemas de un novelista (Santiago, Chile, 1981).

Cuatro para Delfina (*nouvelles*, Barcelona, 1982).
Sueños de mala muerte (Santiago, Chile, teatro).
La desesperanza (Barcelona, 1986, novela).
Este domingo (teatro, con Carlos Cerda, Santiago, 1990).
Taratuta; Naturaleza muerta con cachimba (*nouvelles*, Madrid-Buenos Aires-México, 1990).
«Grupo de control» (novela, en preparación).
«El episodio chileno: Sir Richard Burton» (en preparación).

Las obras de Donoso están traducidas a veintitrés idiomas y sus cuentos antologados en todos los países. Tiene el Premio Nacional de Literatura, de Chile; el Premio de la Crítica, en España (por *Casa de campo*); el Premio Mondello, de Italia; el Premio Roger Caillois, de Francia, y doce premios en festivales distintos por el guion de su película *La luna en el espejo* en varios países del mundo. Ha obtenido la Beca Guggenheim dos veces, y la de la Woodrow Wilson Foundation, en Washington DC, también dos veces. Es Comendador con Placa de la Orden de Alfonso X el Sabio, en España, y Chevalier des Arts et des Lettres de Francia.

José Donoso vive en Santiago de Chile (Galvarino Gallardo 1747) con su mujer, su hija y dos nietas. No sabe manejar auto, no usa computador ni lentes de contacto. Es aficionado a viajar, a conocer ciudades extrañas y entiende algo de jardines y de perros. Su dirección actual, hasta junio de este año inclusive, es la del membrete y del pie de esta carta.

Cordialmente,
José Donoso

DE JOSÉ Y MARÍA PILAR DONOSO A CF

Washington DC, 29 de junio de 1993
[postal]

Carlos y Silvia queridos:

Pepe habló con Carlos y yo soñé con los dos, un sueño muy
placentero. Felices los esperamos en Chile. Espero seguir
bien y la pasaremos regio. Nos vamos el 30 de julio contentos de nuestra estadía pero felices de volver a hijos y nietas
y casa y perros.
Muchos abrazos,
Pepe y María Pilar

1995

DE CARLOS FUENTES Y SILVIA LEMUS A JOSÉ Y MARÍA PILAR DONOSO

Cambridge, Massachusetts, 21 de febrero de 1995

Queridos Pepe y María Pilar:

Gracias por el fax![346]
Nos lamentamos aún de haberles «perdido» en Europa. Yo presentaré los *Elefantes* en México el día 8 de abril antes de salir a Oviedo a formar parte del jurado «Príncipe de Asturias». Tengo un candidato. *Guess who?*[347]

También indagaré el mes que viene con Julio Ortega en Brown sobre el «Juan Rulfo». ¡Ya verán qué gloria es estar con Alfaguara![348] Pero lo importante: *when shall we four meet again —in thunder, lightning or in rain?*

Besos y abrazos cariñosos,
Carlos y Sylvia

---

[346] No se ha encontrado en el archivo.
[347] Ese año el premio lo obtuvo el español Carlos Bousoño (1923-2015).
[348] El primer libro de JD en publicarse con Alfaguara fue la mencionada *Donde van a morir los elefantes* y luego con el mismo sello se reeditó su obra anterior.

Todas acaban por crearse sus propios lectores y por ende su
propio destino --que acaba por ser el# de los pobres autores
también.

Me reuniré en un simposio organizado por el hormiguerísimo
Oviedo en Bloomington, Indiana (Help!) con Mario Vargas y
Juan Goytisolo. Voy por ellos, porque convivir con los críticos latinoamericanos (excepciones conocidas) es una soberana
lata. No existirían sin nosotros pero hacen creer lo contrario.
Lo insoportable es cuando se vuelven inquisidores y sargentos
de izquierda o derecha, como Retamar o Monegal. Vaudeville
scene, you know: Possitively, Sergeant Retamar, Absolutely,
Seargent Monegal. Tweedledum & Twedledee.Ughh and Eeeek.

¿Van a pasar por aquí rumbo al Sur? Déjenos saber. Si vienen
a Princeton, la casa es suya y es amplia. Si sólo llegan a NY,
we'll make the trek. Nosotros pasaremos diciembre en México
y a partir de enero, y hasta junio, nos encontraréis en the
wilds of New Hampshire, vide Dartmouth College.

Mis biógrafos me preguntan mucho por Jorge Torretti por aquello
de la primera novela al citron. ¿Qué es de él?

Sylvia les manda besos, los niños también y yo, que tánto los
quiero, quedo en espera de noticias y más noticias.

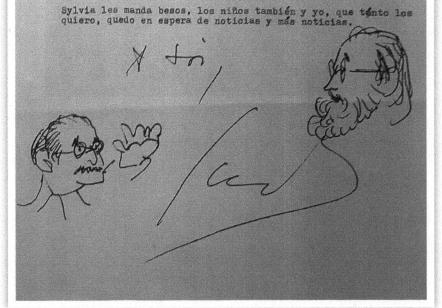

Año Nuevo, diciembre 1972. Mario Vargas Llosa, Carlos Fuentes, Gabriel García Márquez y José Donoso. Cortesía de Silvia Lemus.

Apéndices

¿Por qué Carlos Fuentes en su último libro se suelta el pelo y no se atiene a la vaselina académica tradicional?[1]

José Donoso

Yo no sé muchos nombres de volcanes o de selvas;
esta parte del mundo para mí representa unas
doscientas almas (digo doscientas por decir) que
miran a lo lejos de distinta manera cada una
con cierto dejo de común azoramiento.

Jaime García Terrés

Un escritor inglés me preguntó un día por qué los narradores latinoamericanos son tan serios y escriben siempre sobre cuestiones tan importantes: «*Why can't they let their hair down?*» («¿Por qué no pueden soltarse el pelo?»). Y si uno examina con un poco de *detachment* la narración en este continente, no puede dejar de reconocer que la pregunta del inglés es válida, a pesar de que ya hay señales de que la

---

[1] Publicado en *La Cultura en México* (suplemento de la revista *Siempre!*), n.° 153, 20 de enero de 1965. En sus memorias *Los de entonces*, María Pilar Donoso recuerda la publicación de esta reseña de JD: «Acostumbrado al tono chileno aceptante, casi indiferente, analizó con honradez la obra [*Cantar de ciegos*] según su criterio, destacando sus aciertos y comentando lo que le parecían sus fallos. Fernando Benítez [director de la revista] llamó, horrorizado, a Carlos, ofreciéndole no publicar la nota y preguntándole si iba a "echar a los Donoso de su casa". Carlos Fuentes, profesional, civilizado, inteligente (por lo demás la crítica de mi marido no era negativa), le contestó a su amigo que de ninguna manera nos despediría de su casa, muy por el contrario, le encantaba que viviéramos allí, y terminó diciéndole a Benítez que si él no quería publicar la reseña la llevaría personalmente a la revista de la Universidad de México, donde con seguridad la acogerían» (pp. 202-203).

vaselina académica de nuestra literatura no tardará en ceder el paso a frondosas melenas sueltas.

Pero las cosas no suceden porque sí, y si no sabemos aún soltarnos el pelo por algo será. Es que en Latinoamérica existe una valoración casi histérica de la «seriedad literaria» de la literatura útil, que sirve para algo, que sea, además de literatura, arma combativa o instrumento de educación como fue nuestra literatura romántica, cuya filiación la narrativa contemporánea no puede desconocer. Solo si el escritor asume esta seriedad puede aspirar a los alamares académicos, que son otra versión de los galones tan desdichadamente caros a los latinoamericanos. De aquí nuestra necesidad de temas importantes —nuestra literatura-historia, nuestra literatura-pedagogía, nuestra literatura-geografía, nuestra literatura-antropología. Neruda, hablando de Machu Picchu y de política, Azuela de la revolución, Güiraldes del gaucho, Gallegos del llano y de la selva. Es como una preocupación aterrorizada por buscar la identidad, una urgencia por definirse y conocerse, de trazar nuestros límites dentro de la vastedad del continente, de manosear nuestra historia para asegurarnos que tenemos un pasado. En el fondo ha sido una literatura de inventario —como si los escritores se sintieran señalados para realizar la labor de ratones acumulando datos que servirán al antropólogo del futuro para que este no nos vaya a sorprender sin rostro propio, que no nos vayan a ver en vergüenza de carecer de identidad y de nombre. Por esto, nada más indudablemente «serio» para el público latinoamericano que aquellos ensayos como *El laberinto de la soledad* de Octavio Paz o *Lima la horrible* de Salazar Bondy, en que el autor examina a su medio y a sí mismo dentro de él con la inquietud que un adolescente desnudo examina su cuerpo ante un espejo. Este trabajo literario es considerado útil y serio porque no es gratuito.

En nuestro afán por definirnos, por inventariarnos y filosofarnos, olvidamos aquello que es marginal, los fragmentos «poco serios», «poco importantes» que constituyen gran parte de la vida contemporánea. Prisionera de una historia demasiado reciente y de los mitos que generó, nuestra literatura se está debatiendo para cortar este cordón umbilical y echarse a andar sola y pertenecer a un presente más vasto y más azaroso que las meras definiciones de lo propio. Pocos son los que, como García Terrés, se atreven a reconocer el mundo fragmentado de las doscientas almas que constituye la realidad de cada cual, ya que como Sabato en *Sobre héroes y tumbas* preferimos quedarnos añorando gestos e integraciones en lugar de reconocer el detalle y la disolución. Preferimos la angustia relatada en el anecdotario de Diego Rivera, que en lo oblicuo, lo inesperado y lo turbador de Klee. Y mientras la gran literatura del mundo destierra cada día más lo regional y lo típico, mientras se deshace de lo «diferente» para buscar lo «similar», el escritor latinoamericano sigue enamorado de los exotismos con que cándidamente cree definirse.

Hasta hace poco, lo exótico había sido el *stock-in-trade* de la literatura latinoamericana. Incluso hoy muchas editoriales europeas rechazan la posibilidad de editar obras de este continente cuando son «poco latinoamericanas». Pero hay señales de que los escritores más recientes no aceptan esta condición, y desde hace muy poco tiempo viene surgiendo una nueva modalidad que rechaza nuestra condenación a lo exótico, lo épico y lo filosofante, que se arroga la posibilidad del humor y de lo absurdo, que deshace las retóricas del estilo, de la vida y de la observación. Esta corriente reúne desde Cortázar a García Ponce. Hasta ahora, Carlos Fuentes había trabajado dentro de las más puras tradiciones novelísticas latinoamericanas: barroquismo de estilo y de estructura, ambiciones de definición y de generalización, movimientos épicos y cierta encubierta pedagogía, todo esto una versión nueva y brillantísima de lo tradicional expresado a través de una interpretación de las enseñanzas formales de los grandes novelistas experimentales contemporáneos. Pero en *Cantar de ciegos*, su nuevo libro de relatos, Fuentes corta amarras con la tradición en que se injertaba y se rebela contra su prisión en lo histórico y en lo «serio». Es un conjunto de siete relatos en que aparecen apenas fragmentos de vidas, sin generalizaciones, sin filosofías ni mitos. Vidas esencialmente contemporáneas, que transcurren en México y en otra parte porque no tiene importancia dónde transcurren. Relatos gratuitos que no significan nada, porque tal vez no importa su significación sino el relato como «cosa literaria», no como «exemplum» ni fábula. Tal vez no sea demasiado aventurado pensar que es sintomático, y que resuelve este volumen dentro de un símbolo, que el personaje central del cuento «Fortuna lo que ha querido» sea un artista que, para gran escándalo de sus admiradores en México, está empeñado en hacer pop-art. El pop-art emplea los objetos tradicionalmente marginados de la admiración estética y de la sugerencia poética: carteles de aviso, calcetines viejos, botellas de bebida, etc. Pintándolos fría y exactamente el artista los valora y les da un rango, y así la pintura que reproduce un aviso gigante de Coca-Cola, por ejemplo, nos asegura qué objetos de este tipo constituyen con mucha más exactitud el mundo del ser contemporáneo, su contexto imaginativo y afectivo, que cualquiera de los objetos «poéticos» que el tiempo ha transformado en utilería. Un crítico de arte, al final de «Fortuna lo que ha querido», escribe sobre esta exposición llamándola «la sacralización de lo baladí»: al hacer pop-art, el pintor ha dado la espalda a sus raíces y a su país. Es lo que sin duda muchos dirán sobre este volumen de cuentos de Carlos Fuentes.

Pero al pronunciar la palabra «baladí» hay que hacerlo con cuidado porque tiene más de una dimensión. Es una palabra de origen árabe todavía usada en esos países, donde significa todo «lo casero», lo «propio del país». Así «eisch baladi» es el pan casero, el que comen todos y que no es muy distinto a la tortilla. ¿No será posible que estas cosas incoloras, irrelevantes que nosotros llamamos «baladí» resulten ser, a la postre y soterradamente, las que con más exactitud den, si no una imagen, algo que bien podría llamarse la textura misma de nuestro tiempo?

Solo «La muñeca reina» habla de un mundo que posee un prestigio poético y tiene ciertos puntos de contacto con *Aura* del mismo autor. La niñez y la adolescencia están vistas a través de velos de afectividades enhebradas sobre el tema del retorno imposible. Aquí la composición permanece clásica, planteamiento, nudo y solución, y a pesar de que los personajes no existen más que como reflejos en el yo relator, está poblado de sombras y de ecos que sirven de armadura para el clima.

Porque «La muñeca reina» está bañada en afectividad, nos sirve de veras para medir el descarnamiento emotivo, la crueldad funambulesca de los demás cuentos. El tema común de los otros es el alejamiento del ser humano de los sentimientos básicos, el no reconocerse en las antiguas palabras como «amor», «odio», «hambre», «justicia». Es como si los personajes dijeran que ya no creen en esas entidades, que no sirven esas palabras síntesis porque son previas a sus experiencias personales, y como el niño que rompe el reloj para ver qué lo hace hacer tic-tac, cada palabra debe ser reducida a sus respectivos componentes aun a riesgo de quedarse sin nada. El más cruel, el más descarnado de todos los cuentos es el último, «A la víbora del mar». Una fina solterona mexicana hace un crucero para descansar y cae en las redes de dos individuos que la destruyen. Pero no son ellos los que la destruyen, es ella misma porque tuvo la ingenuidad de creer en la «entidad amor» previa a su experiencia personal y no se atrevió a romper la palabra para buscar dentro de ella y tomar solo lo que le convenía. Isabel Valle es víctima, y alrededor de esta figura Carlos Fuentes traza un mundo de fantoches farsescos, monigotes crueles que complotan. Es tal vez el menos exitoso aunque el más divertido de los cuentos de este volumen. Fuentes tiene demasiado «ingenio» para sentir compasión por su antiheroína, tiene demasiado poco humor para humanizarla identificándose con ella, de modo que en el cuento Isabel no es la encarnación de la inocencia sino apenas una tonta que se dejó engañar. Pero este tema jamesiano tenía más dimensiones.

Isabel Valle sufre el castigo por creer en las emociones básicas. Antes, la vida tenía una finalidad filosófica-religiosa. Cuando esta fue destruida, vino la finalidad económico-social-política. La finalidad, el orden y la estructuración no existen para los personajes de Fuentes, que flotan en un mundo de instantes, de tropismos. El creer lo contrario, que los seres actúan según creencias y convicciones, parece una convención literaria tan añeja como el beso a la hora del crepúsculo. El valor máximo en estos cuentos es el saber salvarse del castigo que sufrió Isabel Valle. El héroe es aquel que goza sin quedar envuelto, y las palabras positivas son «cool», «étranger», «outsider»: el que es capaz de ver las cosas que suceden a su alrededor sin que estas lo afecten. El «yo» en «Vieja moralidad» no se deja destruir por los apetitos de los que es objeto. Al final, cuando está harto y ve que las cosas lo pueden amenazar, el niño le escribe al abuelo para que lo vaya a buscar. Jamás se entrega al amor de Benedick. Al equipararlo con el de la otra tía, destruye su respeto por lo que había sucedido. El niño permanece «cool», triunfante, impera su inteligencia, no su corazón ni sus sentidos.

Es este tal vez el más «mexicano» de los cuentos del volumen. El abuelo provinciano anticlerical, las tías solteronas vestidas de negro, Micaela —la barragana del abuelo—, son elementos que nos sorprende encontrar en un cuento de Fuentes. Pero es curioso observar cómo aquí el significado histórico de la religión y la importancia sociológica del abuelo anticlerical no tienen peso, y que la solución del conflicto del niño «yo» se plantea ajena a la historia, en un plano puramente individual, en que nadie toma posiciones, ni aprende nada, ni cambia el mundo que lo rodea, sino que modifica apenas el individuo mismo.

El personaje central de «Un alma pura» protesta porque «aquí» obligan a tomar posiciones, porque es un país sin libertad de ser uno mismo. El «uno mismo» es lo que importa, aunque esto signifique muerte, como les sucede a los protagonistas de este cuento. Juan Luis abandona su país para ir en busca de «la vida» en Ginebra, en un mundo más internacional y más libre, donde encuentra la muerte. Es que el caos es parte necesaria del deseo de ser uno mismo, y de la búsqueda de la libertad que es el signo hacia el cual tantos personajes de este volumen desarrollan sus tropismos.

Tal vez sea otro mito, este mito moderno de la libertad. El hecho de que aquí Carlos Fuentes no lo examine ni lo analice, sino que sea uno de los tantos «motivos» de sus cuentos, lo colocan fuera de lo que las generaciones anteriores llamarían «escritor serio». No nos proporciona más que atisbos, fogonazos, el «flotsam y jetsam» de la vida que queda prendido a la imaginación y que por un segundo parece, sí, parece que iluminara la realidad y después la luz se extingue. Es suficiente. Estamos cansados de las grandilocuencias que implica estar siempre empeñados en batallas por motivos más grandes que uno mismo, en ordenaciones gigantescas. Ya es batalla suficiente mantenernos vivos.

Y sin embargo, brillante y fascinante como es, *Cantar de ciegos* no es el libro más memorable de Carlos Fuentes. ¿Por qué? ¿Dónde está la falla? Es demasiado fácil decir, como seguramente dirá alguno, que el autor ha traicionado la modalidad épica, la importancia de sus otros libros. Otros querrán ver cierta significación velada detrás de lo trivial. Ninguna de estas dos observaciones señalará lo que para mí constituye la falla esencial del libro. Esta habría que buscarla por otro lado, tal vez por el lado del brillo mismo del libro, que a primera vista tanto seduce. Examinando o recordando a los remotos abuelos de este tipo de literatura, a la Mansfield y a Chejov, nos damos cuenta de que lo más inolvidable de sus cuentos era, justamente, su falta de brillo. Que lo poco que ocurre adquiere en ellos importancia y fuerza porque ocurre debajo de una superficie estilística extremadamente tersa, lisa y poco interesante, y bajo esta tapa fuerte e incolora lo que va debajo adquiere una extraordinaria presión.

Esto no sucede en *Cantar de ciegos*. Es un libro de poca presión. Es que en él Carlos Fuentes sigue en líneas generales la modalidad estilística de sus otras obras, naturalmente temperada. Pero si bien este estilo era perfectamente adecuado al tipo de libro que es *Artemio Cruz* o *La región más transparente*, ya que Fuentes parece haber mamado lo épico y lo barroco, en *Cantar de ciegos* parecen trucos que no concuerdan con lo que es el libro. Las fabulosas enumeraciones de las que Fuentes es maestro, las paradojas limadas, torcidas, manejadas, el color y el calor que a veces se escapan de sus páginas, constituyen un estilo demasiado muscular y somatotónico, demasiado «interesante» para que logre guardar bajo él la presión que estos asuntos parecen requerir. Hay también un titubeo en las estructuras de sus cuentos, que van desde la libertad de «Las dos Elenas» hasta cuentos que parecen ser completamente libres hasta que, al final, uno se da cuenta que el autor no se atreve a terminar en nada y porque sí, e introduce un final que suena mecánico.

En todo caso, es un poderoso e interesante momento de transición de Fuentes. En un país con la fuerza mítica e histórica de México es difícil hacer una literatura de individualidades, como sucede en otros países cuyo pasado es menos fuerte, como Chile, por ejemplo, donde el ser solo se puede refugiar en lo individual y lo cotidiano y lo viene haciendo desde hace tiempo. Pero parece que el polvo y el fulgor de las gestas americanas se comienza a aquietar, y que en el fondo del paisaje de sangre y selva y montañas comienzan a aparecer hombres, seres humanos comunes y corrientes, apenas fragmentos, apenas atisbos o tropismos, que es lo que se salvó de la gran gesta deshumanizadora.

Respuesta a encuesta de *Ercilla*[2]

José Donoso

La novela chilena actual no es inferior a la del resto de Latinoamérica. Esta idea es puro bovarismo de una burguesía especializada que se empeña en que Chile sea «primero» en lo político-económico-social y entonces, ingenuamente, infiere que debe ser también «primero» en novela: pero nada hace por impedir que Chile siga siendo víctima de un grave desangre de material humano de la clase intelectual, y por el mundo andan exiliados más pintores, escritores y profesores chilenos que argentinos de la misma clase, pese a Perón y a Onganía. Chile es atrasado, arrogante, embotellado, provinciano, ahogante, remoto e increíblemente parroquial desde el punto de vista literario, pero es por culpa de las editoriales, del gobierno, de las revistas, de las universidades, de la educación que da tanta primacía a lo técnico que lo demás queda rezagado e inerte.

El milagro es que, a pesar de todo, en Chile se produce buena novela. Se habla de Carlos Fuentes pero Fuentes es un fenómeno completamente aislado en México y en su generación, y no hay nadie allí que ni remotamente se le acerque. Lo mismo en el caso de Vargas Llosa en Perú. En Chile, en cambio, hay una calidad pareja y continua, a pesar

---

[2] *Ercilla*, en los números 1650 y 1651 (18 y 25 de enero de 1967), desplegó una encuesta titulada «¿Qué sucede con la novela chilena?». La pregunta formulada por *Ercilla* fue la siguiente: «Se ha enjuiciado la novela chilena actual, afirmando que estaría rezagada en comparación con la narrativa latinoamericana contemporánea. Por otra parte, hay quienes sostienen que la literatura chilena debe sacudirse del "complejo Vargas Llosa" (o Cortázar o Fuentes) y no existe tal rezago. ¿Qué opina al respecto?».

de todo, que significa vigor. Creo que cuando se habla de la «inferioridad» de la novela chilena no se está hablando de mi generación, que es equivalente a la de Fuentes y está en plena producción, sino de una generación anterior que tuvo sus buenos momentos, es cierto, pero que indudablemente no hizo nada comparable a Cortázar, a Sabato, a Borges, a Onetti ni a Rulfo. Lo que les hace falta a los de mi generación es salir de Chile, para tomar aire.

Prólogo a *La muerte de Artemio Cruz*[3]

JOSÉ DONOSO

No cabe duda que Carlos Fuentes es una de las cuatro o cinco figuras más destacadas de la narrativa hispanoamericana de hoy. Mientras los demás escritores del envidiado y vituperado Boom se mantienen más o menos restringidos a uno o dos campos literarios, Fuentes ha venido produciendo su copiosa obra, desde sus primeros relatos *Los días enmascarados* (1954), invadiéndolo todo y escribiendo cuento, novela, periodismo, crítica, ensayo, teatro, guiones de cine. En todos estos campos —aunque naturalmente más en unos que en otros— tiene algo personalísimo y vibrante que decir. Es lo que hace de él el gran «polígrafo» de su generación —muy al estilo latinoamericano decimonónico— y uno de los hombres-cantera de ideas literarias, aceptables o no, más sobresalientes de su tiempo.

Su personalidad pública de escritor es muy llamativa: mexicano de cultura cosmopolita y polilingüe —adquirida desde niño como hijo de diplomáticos y ampliada más tarde con viajes y residencias en casi todas las capitales del mundo, donde se encuentra como en su casa—, es el ejemplo máximo de que esta cultura cosmopolita, al habituarlo al manejo de las ideas y las literaturas de otros mundos, no alejan al escritor de sus propias raíces como muchos equivocadamente

---

Se publicó en la edición de *La muerte de Artemio Cruz* de la Biblioteca Básica Salvat, 1971. El profesor y crítico Joaquín Marco fue quien encargó el texto a JD, según su testimonio en *Semana de autor sobre José Donoso* (Ediciones de Cultura Hispánica, 1997), p. 111. También fue reproducido como prólogo a la novela en la edición de *Obras completas* (Aguilar, 1974) de CF.

aseguran, sino al contrario, le sirve para forjar un instrumento más agudo con que penetrar en las raíces de su propia historia, de la de su continente y de la de México, donde nació en 1928. Quizá este cosmopolitismo tan criticado no sea más que parte de su característica «impureza» de hombre contemporáneo, lo que lo afirma en lo inestable de este momento y lo contamina como lo contaminan el cine, la política, la música, los idiomas, los encuentros, las amistades, las lecturas. Al fin y al cabo, la «pureza» y la seguridad son arcaísmos, en tanto que la «impureza» y las perplejidades son de ahora, de hoy. Quizá lo que duela a los envidiosos sea suponer a Carlos Fuentes capaz de llevar su «impureza» con un alarde de elegancia, no con disimulo como en otros casos. Y así, marcado por el zarpazo de los engaños y los entusiasmos de todo aquello en que ha participado y dejado de participar, de sus aciertos y equivocaciones, y aceptando las polivalencias y ambigüedades que son la negación del maniqueísmo monolítico y dogmático, Carlos Fuentes transita por el mundo rodeado como de una nube de tormenta, discutidor y discutido, perfumado de lavanda y pólvora, tribuno y sibarita al mismo tiempo, sospechoso, envidiado y admirado.

Nada de esto tendría importancia si no fueran solo cosas adjetivas a una obra literaria notablemente sustantiva. Como novelista su nombre quedará como uno de los creadores de la prosa hispanoamericana contemporánea. Rebelándose contra escritores que en su patria venían ofreciendo novelas realistas de forma tradicional para describir el devenir mexicano —aunque fueran de la categoría de un Mariano Azuela o de un Agustín Yáñez—, acaso impulsado por la influencia de otros dos mexicanos que supieron mirar también hacia otros lados, Octavio Paz y Alfonso Reyes, que sirvieron de levadura para su obra, Fuentes tomó conciencia de dos puntos claves, que habrían de permanecer como polos fijos en casi toda su novelística: en primer lugar, ya no basta retratar, reproducir, documentar para crear una obra de arte, lo literario es distinto y quizá lo contrario de literal; es necesario introducir una oblicuidad para darle significación y rango poético a los datos de la historia y la realidad, y para hacerlo existe el camino de remontarse a los mitos —antiguos o modernos, Coatlicue o la Revolución mexicana, el choque de españoles con indios, de mexicanos con yanquis— en busca de los orígenes. La preocupación con los mitos ancestrales de las viejas culturas mexicanas está presente desde el primer momento en Fuentes, en «Chac Mool», estupendo relato que aparece en *Los días enmascarados*. En segundo lugar, Fuentes se dio cuenta que era necesario inventar un idioma literario y que el camino para inventarlo no era «purificar» el idioma en ningún sentido, pese al ejemplo del castellano elegantísimo (aunque cosmopolita) de su amigo Alfonso Reyes; tampoco era posible desecharlo completamente en pro de un idioma indigenista: así, el idioma de Carlos Fuentes, desde su primera novela *La región más transparente*, sufre un proceso de consciente «impurificación», anegándolo en regionalismos, barbarismos, idiotismos, neologismos, arcaísmos de toda clase, y con este instrumento suyo salpicado con palabras de otros idiomas y adornado con un *collage* de literatura y experiencia, Fuentes armó el mundo fabuloso y ambiciosísimo de su primera novela, *La región más transparente* (1958). Es la gran tentativa imposible que nace derrotada y por eso mismo, por su parcialidad, interesa como novela de abrazar y poseer, de explicar y explicarse su ciudad, México, su raza. Creo no exagerar al afirmar que la resonancia internacional de *La región más transparente* dio un importante empujón de estímulo y esperanza a toda una generación de escritores hispanoamericanos que hasta entonces creíamos que nuestras voces importaban solo dentro del ámbito de nuestros pequeños países. Para el que escribe este prólogo, la lectura de esta novela, en el momento en que la leyó, que fue el de su aparición, significó un gran estímulo al presentar la posibilidad de que uno de nosotros, de los de nuestra generación, osara intentar algo tan audaz como pareció entonces esta novela, pese a sus defectos y excesos. Entre *La región más transparente* y *La muerte de Artemio Cruz* (1962), Carlos Fuentes intentó volver a las formas tradicionales de la novela y escribió *Las buenas conciencias* (1959). Originalmente debía formar parte de una trilogía, luego abandonada por el autor, sobre la vida en Guanajuato. Metido dentro de la forma clásica que eligió para esta novela —Fuentes viajó a Guanajuato, donde permaneció un tiempo para informarse sobre la región, casi como un antropólogo—, un autor de la exuberancia de Fuentes forzosamente tenía que sentirse estrecho. Así, *Las buenas conciencias* padece de cierta asfixia.

Es en su novela siguiente, *La muerte de Artemio Cruz*, donde la fuerza narrativa del autor, nutrida por su apasionada imaginación verbal y su eclecticismo literario que aquí cuaja en un estilo personalísimo, se muestra en su forma más clara y maestra. Al leer esta obra, el lector se da cuenta hasta qué punto las anteriores fueron tentativas. Y acaso se pueda afirmar que hasta hoy —pese al rango del resto de su producción narrativa, *Aura, Cantar de ciegos, Zona sagrada, Cambio de piel* (Premio Biblioteca Breve 1967)— *La muerte de Artemio Cruz* es universalmente considerada como su obra más completa, más perfecta, más personal, más lograda.

La muerte de Artemio Cruz comienza con las sensaciones físicas y los casi-pensamientos o emociones de un millonario mexicano que está agonizando. Alrededor de su lecho de muerte se mueven algunas figuras, su mujer Catalina, una hija no querida y una vaga nieta que está de novia, un yerno borroso, un secretario servil y ambicioso apenas entrevisto. El lector se da cuenta que estas figuras del presente no son protagónicas para el que agoniza: protagonista del presente a punto de extinguirse es solo la mente del enfermo que va a morir, es él mismo. ¿Pero cómo, si su mente está tan endeble? Lentamente, la inteligencia del novelista se va sumando a la endeble visión que le queda al protagonista, y mediante el uso del «tú», Carlos Fuentes, lúcido, verbal, se integra y se incorpora al agonizante Artemio Cruz: ya no es la realidad de la mente de un Artemio Cruz enfermo la que nos queda, sino el monstruo bicéfalo Carlos Fuentes-Artemio Cruz, que es uno solo, lírico, analítico, que poco a poco se va remontando hacia el pasado del hombre que agoniza, buscando allí lo que es significativo hasta llegar a los orígenes que, al final del libro, hacen coincidir el nacimiento con la muerte. Hay momentos en que, de este monstruo bicéfalo, prima la cabeza Fuentes, dueño de una omnisciencia y de una retórica literaria soberbia, capaz de resucitar cualquier escena, dotar de color y vida a cualquier objeto, cosa de la que sería incapaz un Artemio Cruz realista y agonizante; hay momentos, en cambio, en que prima la cabeza Artemio Cruz, y la acción transcurre casi limpia. Es en este juego de alternancias, realidad Artemio Cruz, realidad Carlos Fuentes, realidad Artemio Cruz-Carlos Fuentes, donde se sostiene formalmente la novela y adquiere su mayor riqueza. Así, no hemos conocido solo el mundo interior del protagonista que está muriendo sino su contexto, desconocido para el protagonista pero iluminado por el haz de luz verbal del autor. Es toda la historia mexicana de este siglo que revive en escenas apasionadas, los personajes, las mujeres que Artemio-Fuentes amaron, los lugares, las palabras mismas como ese trozo antológico y tan imitado sobre la palabra «chingada», su mujer Catalina con quien se casó por una mezcla de amor y ambición y que colocó al bastardo sin origen, salido de la polvareda de la revolución, en un sitio donde ayudaría al proceso de corromper ese primer momento de pureza revolucionaria, mediante su propia corrupción. Artemio Cruz, bastardo, soldado, cazafortunas, acaparador de tierras repartidas por la Reforma Agraria, diputado, gestor, empresario de cien sociedades sucias, se contamina definitivamente al prestar su nombre como fachada para los intereses de los yanquis en México.

No todo es negativo, sin embargo, en Artemio Cruz. Es un personaje que llegamos a querer. Esto es posible porque Carlos Fuentes no lo dibuja como un inerte símbolo de la corrupción sino como un ser capaz de odiar de una forma muy particular, y con una forma de querer también muy suya. Quiere a su hijo, a quien, por darle toda la libertad posible, le permite terminar su juventud bajo la metralla nazi en la Guerra Civil española. Quiere a Regina, quiere a Catalina, quiere a Laura y a Lilia, pero quiere incompletamente, como se quiere en la realidad, no con nobleza y altura, sino con el amor que cada uno es capaz de dar.

Todo esto no sería extraordinario si no intervinieran algunos factores que definen la alta calidad de *La muerte de Artemio Cruz*. En primer lugar, el uso del lenguaje riquísimo y quebrado, muy contemporáneo, muy barroco, no es solo un instrumento que sirve para dibujar personajes y situaciones, porque no es un lenguaje transparente. Al contrario, es un lenguaje solo traslúcido, a veces francamente opaco cuando así lo necesita el autor: entonces las palabras se hacen más importantes que la acción y los personajes, son siempre una presencia imposible de pasar por alto porque, al fin y al cabo, el lenguaje es el protagonista del libro. Como el autor no pretende hacer psicologismo ni realismo, el lenguaje lírico y sobrecargado es el líquido nutritivo en que viven personajes, situaciones, lugares y acontecimientos, que no existirían sin ese lenguaje. En segundo lugar, me parece importante señalar la obsesión de Carlos Fuentes por los orígenes. Quizá haya leído mucho a Mircea Eliade y de él aprendió que todo mito es una recreación, en la actualidad, de los orígenes, y comienza en el caos original. *La muerte de Artemio Cruz* es un mito contado al revés, comenzando con la muerte para finalizar con el nacimiento: el que nace es el bastardo, que es corrompido por, y corrompe, un mundo simbolizado por una revolución que se pudre.

La tentación de «interpretar» todo esto es grande. Pero Carlos Fuentes no ha montado una alegoría. El valor de *La muerte de Artemio Cruz* es muy distinto a la intención de «fresco», tan a la mexicana, de *La región más transparente*, lo que constituye la mayor debilidad de la primera novela, quizá demasiado abstracta e intencionada. *La muerte de Artemio Cruz* es profundamente mexicana, profundamente americana, profundamente humana. La intención, que podría ser leída como algo pedagógica, queda anulada porque aquí los símbolos son tanto más poderosos como creación literaria que como continentes de significación. En último término, nos interesa más Artemio como Artemio que como corrompido y corruptor; nos interesa más la revolución como gesta que como símbolo del caos inicial; nos interesa más la niñez de Artemio en tierras calientes en sí misma que como símbolo de la bastardía y el mestizaje del continente americano en su origen. En último término, tampoco nos interesa la «realidad» de estas cosas, ni su «verdad». Nos interesa muchísimo más, en cambio, y esta es la seducción mayor de esta novela notable, ser testigos de cómo un idioma, una forma, la voz de un autor que no tiene vergüenza de hablar con su propia voz y dársela a todos sus personajes, es capaz de fabricar seres que viven situaciones de una realidad mucho mayor que todas las posibles realidades que fueron los ingredientes de este libro.

Breve notita a *El obsceno pájaro de la noche*[4]

CARLOS FUENTES

Leer *El obsceno pájaro de la noche* de José Donoso es entrar a un grabado de Piranessi para convertirse en monstruo vegetal de Arcimboldo; si los padres de estas palabras, en cierto y lejano modo, son Charles Dickens y su omni-inclusión verbal perfectamente coincidente con la profusión anecdótica, menos preocupada por el arte que por el hecho de que todo hecho puede ser noticia, *news*, *nouvelle* y por lo tanto arte, y Henry James que con su aparente distancia es solo la manera de decir que lo monstruoso está a la vista, como la figura del tapete que todos pisan sin darse cuenta de que encierra el enigma que todos buscan —distancia del verbo, cercanía del hecho insoportable—, también es cierto que las obsesiones de esta obsesa novela no son ajenas a ciertas imágenes del delirio fotográfico —piénsese en los *Freaks* de Tod Browning: Drácula, aquí, cuenta o es contado por Mother Goose y Hans Christian Andersen: fábula para niños declarados locos por sus locos padres, locas familias, locas instituciones. Nada de lo que llevo dicho es cierto: *El obsceno pájaro de la noche* es una novela genética, a la vez irrupción primaria del ser y decadente heredad (Chile chileno, pícaro, borracho, astuto, informe, vestido con los trajes usados de una ramplona aristocracia latifundista y salitrera); pero genética, sobre todo, porque todos sus signos son obsesiones de la forma, de la formación y de la deformación:

---

[4] *La Cultura en México* (suplemento de *Siempre!*) n.° 515, 22 de diciembre de 1971. CF la llama «breve notita» introductoria en su carta a JD del 24 de diciembre de 1971.

células cancerosas, genes enloquecidos, saltos suicidas de los cuerpos en el accidente de la evolución: un perro amarillo, un muchacho deforme, un mundo hecho a la medida de las excepciones monstruosas de la forma, la deformidad impuesta como regla de la novedad, la bella forma propuesta como mortal rutina de un creador descuidado y envuelto en un costal de cáñamo.

Saludamos —y discutimos— una de las más extraordinarias obras de la reciente novelística en lengua española.

José Donoso: a dos años de distancia[5]

CARLOS FUENTES

Allá por los años treinta, la más famosa definición de la novela latinoamericana la dio el crítico peruano Luis Alberto Sánchez con una exclamación: América, novela sin novelistas. Bueno, todos hemos vivido, crecido y escrito bajo este lema ominoso en el México actual. Lo he dicho varias veces, ¿cómo es posible que un novelista imagine o supere las andanzas combinadas de Raúl Salinas, La Paca, Chapa Bezanilla y la calavera ambulante de Muñoz Rocha? Es muy difícil imaginar algo superior a esto novelísticamente.

La verdad es que no hubo grandes novelistas hispanoamericanos en el siglo diecinueve. Hay algunos muy interesantes y yo tengo mis propias preferencias, por lo menos tres mexicanos: Fernández de Lizardi y *El Periquillo Sarniento*, *Los bandidos de Río Frío* de Payno y la tetralogía de Rabasa, y en Chile el fresco social de Alberto Blest Gana. Pero si me preguntan ustedes cuáles son para mí los mejores libros

---

[5] Este texto está archivado en los papeles de CF en la Universidad de Princeton y es de presumir que le dio título en 1998, a dos años de fallecido JD y destinado a una charla (CF tenía en esos años compromisos académicos con el Colegio de México y la Universidad de Brown, además de frecuentes participaciones en ferias del libro). CF acostumbraba rehacer sus textos ensayísticos con distintos fines y hemos detectado líneas o párrafos del presente texto en otras publicaciones: su intervención en un homenaje a JD de 1994 en Madrid, luego reproducido en *Semana de autor sobre José Donoso* (Ediciones de Cultura Hispánica, 1997), su artículo «José Donoso, siempre vivo» (*El Mercurio*, 27 de noviembre de 1999), su prólogo al libro póstumo de JD *El escribidor intruso. Artículos, crónicas y entrevistas* (Ediciones UDP, 2004) y su propio libro *La gran novela latinoamericana* (Alfaguara, 2011).

escritos en español en América Latina en el siglo diecinueve, escogería a dos argentinos, el *Facundo* de Sarmiento y el *Martín Fierro* de Hernández. El *Facundo* que tiene una extraordinaria capacidad, la facilidad de romper géneros, de ser a la vez un poema épico y la primera novela de un tirano o de un caudillo latinoamericano; un libro de historia, un libro de sociología, un libro de agricultura. El *Facundo* reúne una multitud de géneros para darnos el más extraordinario libro en prosa de la América española en el siglo diecinueve y luego, claro, el *Martín Fierro*, que resulta ser una epopeya popular narrada por un poeta culto.

Brasil es el país que sí tuvo a un gran novelista: Machado de Assis, porque curiosamente ese novelista había leído a Sterne y a Diderot y, en consecuencia, había leído bien a Cervantes. Él cervantizó nuestra narrativa hispanoamericana mientras nosotros seguimos los modelos románticos realistas y naturalistas. Empezamos con la muerte romántica de la *María* de Jorge Isaacs, terminamos con la muerte naturalista de la *María Luisa* de Mariano Azuela, hasta que vino Borges, que para mí tiene el mérito supremo de haber recuperado todas nuestras tradiciones. «Pierre Menard» es un texto revolucionario de la narrativa latinoamericana que nos enseña la novedad del pasado y que, como toda la obra de Borges, es una incorporación de tradiciones perdidas, de tradiciones olvidadas, la de Cervantes en este caso, porque Pierre Menard reescribe el Quijote de pe a pa, pero también de las tradiciones judías y árabes que habíamos olvidado y que Borges actualiza. Junto con Borges, Asturias y Arguedas recuperan la tradición indígena. Jorge Amado y Alejo Carpentier, la tradición afroamericana. También hay que observar una parte que se nos olvida a veces cuando hablamos de la América Latina, que es la gran literatura negra de Haití. Y dos novelas que yo considero entre las mejores de este siglo en América Latina, *Los gobernadores del rocío* de Jacques Roumain y *Canapé verde* de los Thoby-Marcelin. Las obras que he mencionado recuperan la literatura mediterránea, recuperan las crónicas del siglo dieciséis, amplían el género narrativo en vez de reducirlo. Como Cervantes, convierten a la novela en un género de géneros. En México, *Al filo del agua* y *Pedro Páramo* culminan y clausuran con una especie de agónica claridad la tradición de la novela rural mexicana. En el Río de la Plata, nace la nueva novela urbana de América Latina con Arlt, Macedonio Fernández, Juan Carlos Onetti y Leopoldo Marechal.

Por eso, qué inútiles parecen a la luz de estas tradiciones, de estas realizaciones, las oposiciones simplistas presentadas a los escritores de mi generación. La oposición, por ejemplo, entre nacionalismo y cosmopolitismo. Allá por el año cincuenta, un rabioso nacionalista mexicano declaró ante los escritores de nuestro país que el que leía a Proust se proustituía. Se oponía nacionalismo a cosmopolitismo; se oponía realismo a fantasía; se oponía compromiso a formalismo, y había una tendencia a encerrar los géneros con extraordinaria estrechez en casillas sin derecho al voto: novela de la ciudad, novela agraria, novela indígena, novela de la Revolución mexicana. Estábamos condenados a escribir dentro de estos cubículos. La generación llamada del Boom tuvo la virtud de superar esa estrechez, pero basada en los fundamentos que acabo de evocar en toda esta tradición que he mencionado, que se inicia con Borges, con Asturias, con Carpentier, con Onetti. Yo creo que la generación del Boom, a la que perteneció de pleno derecho José Donoso, logró ampliar el mercado para el libro, para la novela latinoamericana; la internacionalizó. Los libros empezaron a traducirse y a publicarse en muchas lenguas, trayendo un acarreo retroactivo muy importante porque a partir del éxito internacional de las novelas del Boom se redescubrió a Asturias, se redescubrió a Borges, se redescubrió a Carpentier, se asumió y amplió la tradición de una manera extraordinaria.

Yo recuerdo, para volver un poco a los años cuarenta, cuando hubo esa fulgurante aparición en la literatura mexicana de Juan José Arreola y Juan Rulfo, los periodistas se acercaron a Don Alfonso Reyes para preguntarle: ¿Don Alfonso, cuáles son las influencias que usted nota en la obra de Rulfo y Arreola? Don Alfonso, sabio y generoso como era, respondió: dos mil años de literatura. Algo más que puso de relieve la narrativa de mi generación es que la novela no refleja realidad. *Crea* realidad y su efecto social, que existe indudablemente, se da a través del lenguaje y de la imaginación. Estas son las dos aportaciones sociales que toda gran novela le da a su sociedad, y en cuanto a los géneros, asistimos a partir de la generación del Boom a una extraordinaria individualización, a una personalización, a un todo se vale, que se refleja en la novela latinoamericana actual. Nadie superó aquellas oposiciones, o afirmó estas posiciones, de manera más natural, más elegante que, como lo he llamado, el más literario de los escritores del Boom, José Donoso.[6]

Nadie hizo más patentes las rígidas jerarquías sociales en América Latina: la crueldad del sistema clasista en Chile. Pero nadie como él usó la terrible evidencia de la injusticia para asediarla con una imaginación más corrosiva y desestabilizadora, en la que nada es lo que parece ser, todo está a punto de ser otra cosa: el disfraz, la homonimia, el maquillaje, hasta el trasplante de órganos sirven a esta feroz revuelta de Donoso escrita bajo los signos gemelos de la destrucción y de una recreación inestable, pasajera como en la gran poesía barroca de nuestra lengua. El epígrafe de la obra entera de José Donoso podría ser una bellísima y famosísima línea de Quevedo, «soy un fue, y un será, y un es cansado».

---

[6] En textos posteriores, CF atribuirá la frase a Mario Vargas Llosa, quien en efecto la escribió en su obituario «José Donoso o la vida hecha literatura» (*El País*, Madrid, 15 de diciembre de 1996).

Claudio Magris ha dicho que, de las literaturas del mundo, la literatura europea es amenazada por la incapacidad, la literatura norteamericana por la negatividad y la literatura latinoamericana por la totalidad. Y aunque Magris celebre esta dilatación latinoamericana del espacio imaginativo, advierte también una mala conciencia europea para celebrar la celebración latinoamericana. Por eso nos pide a los europeos, y a los latinoamericanos también, que hagamos un esfuerzo por leer a la América Latina en contra de la tentación de la aventura exótica. Europa —dice el autor de *El Danubio*— debe aprender a leer de nuevo a la América Latina. Debemos hacer, dice Magris, la tarea escolar de penetrar en serio una prosa melancólica, difícil, dura. No se puede iniciar este aprendizaje mejor que leyendo a José Donoso. Algo hay en él a veces de aquello que T.S. Eliot le dijo a James Joyce: «Usted ha aumentado enormemente las dificultades de ser novelista». Pero la dificultad de José Donoso es también una invitación y, me atrevería a decir, una incitación; esta es la de dejarnos caer en el mundo olvidado, el mundo mágico, el mundo del origen que palpita en los sueños y memorias más antiguos. Dejarnos caer en ese mundo pero con los ojos abiertos. Dejarnos caer en el mundo original y ahí descubrir que, en contra de todas las utopías de la Edad de Oro, el mundo del principio no es un mundo primigenio ideal, no es una bellísima Edad de Oro sojuzgada luego por la Edad de Hierro. No es un paraíso perdido. El horror presente en las novelas de Donoso es gemelo del horror del origen. Sus perros, sus fetos, sus gigantes cabezones, sus imbunches, sus bebés duplicados, son el espejo de la creación divina, ya estaban allí, son criaturas de la exuberante imaginación fantástica del creador.

No es que Adán al perder el paraíso se haya degenerado o se haya hecho perverso. Nació perverso. Las novelas de Donoso me recuerdan a veces también esta frase de un poema de Blake: «las puertas del paraíso y del infierno son contiguas». Los monstruos de Donoso ya estaban allí en el sexto día del Edén, solo nos separan de ellos un montón de trapos sucios que son los ropajes de la historia. Al contrario de Julio Cortázar, donde las casas son tomadas paulatinamente, en José Donoso las casas ya fueron tomadas desde hace tiempo, desde siempre. En la lectura de José Donoso transitamos por pasillos sin destino, por patios sin uso, por moradas ciegas. No es casual que Humberto Peñaloza, el mudito de la obra maestra de Donoso *El obsceno pájaro de la noche*, haya simultáneamente perdido el habla o fingido que la pierde, o convertido el silencio en la elocuencia misma del origen del ser parlante, como si todos requiriésemos un discurso nuevo, pero también antiquísimo, para caminar entre el bosque de símbolos del que habla Baudelaire para referirse a la relación entre el mundo y el habla.

Y es un bosque de símbolos, en efecto, lo que rodea la *Casa de campo* de Donoso, una de sus novelas ejemplares. José Donoso, gran lector de las letras inglesas desde que éramos jóvenes alumnos en la escuela The Grange en Santiago de Chile, gran lector de Dickens y de James, nos invita más bien a cumplir una y otra vez los requerimientos imaginativos de Coleridge. El escritor debe mediar, ante todo, entre la sensación y la percepción, solo para disipar enseguida cualquier relación razonable entre las cosas, a fin de recrearlo todo como una nueva imaginación despojada de racionalismo, como pide Wittgenstein. En *El obsceno pájaro de la noche* no hay nada que decir salvo lo indecible, la poesía y el mito; por eso el escritor chileno se dio el lujo de cambiar constantemente los géneros y estilos de la narración. José Donoso nos está diciendo esto, hay que pedirle al lector que lea la novela como fue escrita, pero también hay que aprender a leerla como será leída, es decir, hay que aprender a escribirla como será escrita un día por el lector.

Con razón, Luis Buñuel, querido y grande amigo de José Donoso, siempre vio en el autor chileno al maestro de una irracionalidad prodigiosa, natural e inexplicable, muy cercana, si no es que lo trascendía, al surrealismo mismo. Los métodos literarios de José Donoso, su mediación constante entre sensación y percepción, su enorme diapasón de novelista, le permiten lo mismo tocar un delicado y melancólico cuarteto para cuerdas que una ópera wagneriana.

En su *Historia personal del «boom»*, Donoso divide a este en varias categorías: el *cogollo*, el *preboom*, el *protoboom*, el *miniboom* y el *subboom*. Pongan ustedes a las gentes donde quieran en estas categorías. Y añado ahora que Donoso fue también el padre del *boomerang* porque ejerció su maestría en doble sentido. Maestría a partir de la calidad de la propia obra y capacidad magisterial de entusiasmo compartido, de enseñanza. Esta gran generación, esta nueva y gran generación de novelistas chilenos, son muchos de ellos discípulos de los talleres de José Donoso: Arturo Fontaine, Carlos Cerda, Gonzalo Contreras y, desde luego, Marcela Serrano.

Nada interrumpió mi amistad con Pepe y María Pilar Donoso a lo largo de los años. Cartas, telefonazos, una gran alegría cuando nos veíamos, complicidades. Aprovechamos los dos un personaje apócrifo que ya ha sido evocado por Juan Villoro, que es Marcelo Chiriboga. Sentimos que a la República del Ecuador le hacía falta un miembro del Boom, de manera que inventamos este escritor, Marcelo Chiriboga, que aparece en novelas de Pepe, novelas en que lo mata; luego, en novelas mías donde lo resucito. Es un individuo dedicado a seducir señoras gordas, como ustedes saben. Pero una vez le dije: Pepe, ya hay un miembro ecuatoriano del Boom porque dime tú si Marcelo Chiriboga ha escrito una novela mejor que esa insigne castradora que se llama Lorena Bobbitt, que es de nacionalidad ecuatoriana.[7]

---

[7] En 1993, Lorena Bobbitt le cortó el pene a su marido por los abusos que recibía de este. Marcelo Chiriboga ha prolongado su existencia en por lo menos otras dos novelas: *Las segundas criaturas* (2010) del ecuatoriano

Precisamente la última vez que lo vi salía del hospital, estaba muy flaco, muy canoso, muy transparente, pero sus lecturas estaban al día, eran increíblemente juveniles y frescas. Sabía hasta lo último que se había publicado contra la dictadura de Pinochet, pero ahora se sentía bravo y crítico contra las mentiras de la prosperidad neoliberal que disfrazaba la pobreza de las mayorías. Al hipocondriaco lo hemos evocado también, y todos le decíamos que en su tumba se escribiría el clásico «¿No que no, cabrones?». Además, tenía la particularidad de compartir sus enfermedades con su mujer María Pilar, y hay una poesía conmovedora en la muerte casi simultánea de esta pareja adorable de amigos, que en efecto eran inconcebibles el uno sin el otro.

José Donoso era un creador de mundos, un inventor de realidades, que por mucho que se pareciesen a su tema aparente, la decadencia de la aristocracia chilena, eran novelas sobre una realidad fundada en la imaginación. En todas sus obras Donoso le otorgó a la imaginación el privilegio de fundar una realidad que antes de ser escrita *no tenía realidad*. Sí, el más literario de los escritores del Boom también fue el más irónico, el más secreto, el más sociable, el más dañable, acaso el más entrañable.

Creo que, como todo gran creador, Donoso va a seguir escribiendo después de muerto, es decir será descubierto por más y más lectores. Él lo sabía: el lector conoce el futuro, el escritor solo inventa el pasado.

Diego Cornejo Menacho y *El asesinato de Laura Olivo* (2018) del peruano Jorge Eduardo Benavides, además de ser protagonista del documental *Un secreto en la caja* (2016) del ecuatoriano Javier Izquierdo.

Cronología

1924

5 DE OCTUBRE: Nacimiento de JD en Santiago.

1928

11 DE NOVIEMBRE: Nacimiento de CF en Panamá, adonde estaba destacado su padre como embajador de México.

1941-1942

CF llega a Santiago de Chile y coincide con JD en el colegio The Grange, aunque en grados distintos: «Conocí allí a José Donoso, mayor que yo, futura gloria de las letras chilenas. No sé si él me conoció a mí» (*En esto creo*). Ninguno concluye sus estudios en The Grange pero ambos siempre se considerarán *Grangeonians*. CF escribe su primera novela —desaparecida— al alimón con Roberto Torretti, también alumno de dicho colegio, quien será un reconocido filósofo.

1945

OCTUBRE: Gabriela Mistral obtiene el Premio Nobel de Literatura.

1950

Durante las vacaciones de sus estudios en Princeton, JD visita a Gabriela Mistral en Xalapa, México, y a sugerencia suya visita Tlacotalpan, escenario del cuento «El Güero».

1954

Se publica en Chile *Antología del nuevo cuento chileno,* editada por Enrique Lafourcade, donde JD publica su primer cuento, «China».

11 DE NOVIEMBRE: CF publica en México *Los días enmascarados.* Cuentos.

1955

JD publica en Santiago como autoeedición *Veraneo y otros cuentos.*

1957

24 DE DICIEMBRE: JD publica en Santiago *Coronación.* Novela.

1958

29 DE MARZO: CF publica en México *La región más transparente.* Novela.

1959

16 DE OCTUBRE: CF publica en México *Las buenas conciencias.* Novela.

1960

JD publica en Santiago *El charleston*. Cuentos.

1962

ENERO: JD y CF entablan amistad en el tren que los lleva de Santiago al Encuentro de Escritores de Concepción, Chile.

10 DE MAYO: CF publica en México *La muerte de Artemio Cruz*. Novela.

30 DE MAYO: CF publica en México *Aura*. Novela.

7 DE AGOSTO: Nace Cecilia Fuentes Macedo, hija de Rita Macedo y CF.

1964

29 DE JULIO: CF, «La nueva novela latinoamericana», en *La Cultura en México*, suplemento de *Siempre!*, n.º 128. Ensayo sobre *Rayuela*, *La ciudad y los perros* y *El siglo de las luces*, con menciones a JD, García Márquez, entre otros.

4 DE NOVIEMBRE: Viaje de los Donoso a México. Su visita de dos semanas se convierte en una estadía de varios meses. Alquilan un espacio en la casa de CF.

NOVIEMBRE: Evento de Chichen-Itzá que motiva el viaje de los Donoso a México.

7 DE DICIEMBRE: CF publica en México *Cantar de ciegos*. Cuentos. «La muñeca reina» dedicado a María Pilar y JD.

1965

ENERO: JD concluye *El lugar sin límites*, empezado el mes anterior.

Marzo: JD y CF coinciden en Nueva York, para la presentación en inglés de *Coronación* y la filmación de *Un alma pura*, basada en un cuento de CF.

1 de julio: JD pasa unas semanas en Cuernavaca, y luego viaja a enseñar a la Universidad de Iowa. En estas ciudades escribe *Este domingo*, que concluye en noviembre.

Julio: CF parte de México hacia Europa. Regresará en 1969.

1966

Mediados de 1966: Se publica en Chile *Los mejores cuentos de José Donoso*.

Junio: CF asiste al XXXIV Congreso Internacional del PEN Club en Nueva York.

Noviembre: JD publica en México *El lugar sin límites*. Novela. Dedicada a Rita y CF.

Noviembre: JD publica en Santiago *Este domingo*. Novela.

1967

1 de marzo: CF obtiene el Premio Biblioteca Breve por *Cambio de piel*.

9 de marzo: CF publica en México *Zona sagrada*. Novela.

11 de mayo: CF propone a Mario Vargas Llosa un libro grupal (nunca concretado) sobre dictadores latinoamericanos, con el título tentativo «Los Padres de las Patrias». JD es incluido con un perfil sobre el boliviano Mariano Melgarejo.

25 de agosto: CF publica en México y Buenos Aires *Cambio de piel*. Novela prohibida en España hasta 1974.

30 de agosto: Nace Pilar Donoso Serrano.

19 DE OCTUBRE: Miguel Ángel Asturias, primer novelista latinoamericano en obtener el Premio Nobel de Literatura. JD había conocido a Asturias al coincidir con él en Buenos Aires, en 1958, y CF empezó a tratarlo en La Habana, en 1960, y luego en París.

1968

JULIO: CF publica en México *París: La revolución de mayo.* Ensayo.

SEPTIEMBRE: CF y JD se encuentran en Pollensa después de tres años de no verse en persona.

2 DE OCTUBRE: Masacre de Tlatelolco en México.

1969

ENERO-FEBRERO: CF regresa a México después de cuatro años.

1 DE JULIO: CF publica en México *La nueva novela hispano-americana.* Ensayo.

28 DE NOVIEMBRE: CF, publica en México *Cumpleaños.* Novela.

1970

14 DE AGOSTO: Se presenta *El tuerto es rey*, de CF, en el Festival de Teatro de Avignon. Asisten JD, Juan Goytisolo, Julio Cortázar, Gabriel García Márquez, Mario Vargas Llosa.

15 DE AGOSTO: El grupo visita la casa de Julio Cortázar en Saignon. «Una gran rejunta latinoamericana que terminó en una pachanga espasmódica» (Cortázar a Eduardo Jonquières —amigo común de JD—, 25 de agosto de 1970).

4 DE SEPTIEMBRE: Salvador Allende —conocido de JD en los años cincuenta— obtiene la primera mayoría en las elecciones presidenciales en Chile. El 24 de octubre es proclamado presidente por el Congreso.

28 DE SEPTIEMBRE: «La puerta cerrada» de JD y *Aura* de CF son incluidos por Mario Benedetti y Antonio Benítez Rojo en *Quince relatos de la América Latina* (La Habana, Casa de las Américas).

DICIEMBRE: JD publica en España *El obsceno pájaro de la noche*. A partir de esta novela, sus libros se publicarían fundamentalmente en España o en Chile, a veces de modo simultáneo.

1971

25 DE FEBRERO: Muere el padre de CF, Rafael Fuentes Boettiger.

20 DE MARZO: Heberto Padilla y Belkis Cuza Malé son detenidos en La Habana. Días después se difunde la primera carta de intelectuales sobre el llamado «caso Padilla». CF firma las dos cartas de protesta. JD se exime de cualquier participación política.

MAYO: Segunda carta sobre el caso Padilla.

SEPTIEMBRE: Se publica el número 1 de la revista *Libre* (septiembre-octubre-noviembre de 1971), con un artículo de CF y una entrevista a JD. Ambos forman parte del comité de colaboración.

OCTUBRE: Pablo Neruda obtiene el Premio Nobel de Literatura.

La muerte de Artemio Cruz se edita con prólogo de JD (Biblioteca Básica Salvat)

1972

FINES DE 1972: JD, *Historia personal del «boom»*. Ensayo autobiográfico. El rol de CF ocupa un lugar central.

31 DE DICIEMBRE: JD y CF reciben el Año Nuevo en Barcelona junto a García Márquez y Vargas Llosa.

Se publica *Triple Cross*, que reúne en inglés *Zona sagrada* de CF, *El lugar sin límites* de JD y *De donde son los cantantes* de Severo Sarduy.

1973

MAYO: JD, *Tres novelitas burguesas*. Novelas cortas.

Matrimonio de CF y Silvia Lemus

22 DE AGOSTO: Nace Carlos Rafael Fuentes Lemus, hijo de Silvia Lemus y CF.

11 DE SEPTIEMBRE: El presidente chileno Salvador Allende es derrocado por un golpe militar.

1974

José Donoso hace la primera entrega de su material de archivo a la Universidad de Princeton

31 DE AGOSTO: Nace Natasha Fuentes Lemus, hija de Silvia Lemus y CF.

1975

1 DE FEBRERO: CF es nombrado embajador de México en París, cargo que asume en abril de 1975 y desempeña hasta el 17 de junio de 1977.

NOVIEMBRE: CF publica en México y España *Terra nostra*. A partir de esta novela sus libros aparecerían a menudo en simultáneo en varios países. En los «Reconocimientos» se menciona «a María del Pilar y José Donoso, Mercedes y Gabriel García Márquez, Patricia y Mario Vargas Llosa, por muchas horas de extraordinaria hospitalidad en Barcelona». El último capítulo reúne a personajes de Cortázar, García Márquez, Vargas Llosa y, de JD, a Humberto el Mudito de *El obsceno pájaro de la noche*.

NOVIEMBRE: JD vuelve a Chile por primera vez desde 1964 para asistir al funeral de su madre.

20 DE NOVIEMBRE: Muere Francisco Franco.

1977

ABRIL: CF, *La cabeza de la hidra*. Novela.

25 DE JULIO: CF recibe el Premio Rómulo Gallegos por *Terra nostra*.

DICIEMBRE: JD vuelve a Chile por segunda vez desde 1964 y participa del estreno del documental «Pepe Donoso» de Carlos Flores.

1978

NOVIEMBRE: JD, *Casa de campo*. En febrero del año siguiente obtiene con esta novela el Premio de la Crítica española.

1980

ABRIL: JD, *La misteriosa desaparición de la marquesita de Loria*. Novela.

MAYO: CF, *Una familia lejana*. Novela.

Mayo: JD y CF coinciden en México, en reuniones con Buñuel, Elena Poniatowska, entre otros. No se habían visto al parecer desde el Año Nuevo de 1973.

Fines de 1980: JD y familia vuelven a Chile, donde se instalan de modo permanente.

1981

Abril: JD, *El jardín de al lado*. Novela. En ella, CF es una referencia del mundo del escritor ficticio Marcelo Chiriboga, el ecuatoriano más exitoso del Boom.

Julio: JD, *Poemas de un novelista*.

1982

21 de octubre: García Márquez se convierte en el segundo novelista latinoamericano en obtener el Premio Nobel de Literatura.

Noviembre: JD, *Cuatro para Delfina*. Novelas breves.

1985

Julio: CF, *Gringo viejo*. Novela.

1986

Octubre: JD, *La desesperanza*. Novela.

1987

24 de enero: CF, *Cristóbal Nonato*. Novela en que hace un guiño al célebre y ficticio escritor ecuatoriano del Boom Marcelo Chiriboga, personaje de JD de *El jardín de al lado*.

OCTUBRE: María Pilar Donoso publica en Madrid *Los de entonces*. Memorias.

24 DE NOVIEMBRE: CF obtiene el Premio Cervantes.

1989

14 DE DICIEMBRE: En Chile es elegido presidente de la república Patricio Aylwin de Concertación de Partidos por la Democracia. Fin del régimen de Pinochet.

1990

MARZO: CF, *Constancia y otras novelas para vírgenes*. Novelas cortas.

MAYO: JD, *Taratuta/Naturaleza muerta con cachimba*. Novelas cortas.

JUNIO: JD obtiene el Premio Mondello (Italia).

AGOSTO: JD obtiene el Premio Nacional de Literatura (Chile).

NOVIEMBRE: CF, *La campaña*. Novela.

1991

NOVIEMBRE: JD obtiene el Premio Roger Caillois (Francia).

DICIEMBRE: CF visita Chile por primera vez desde 1962.

1992

ABRIL: CF, *El espejo enterrado*. Ensayo.

1993

ABRIL: CF, *El naranjo*. Cuentos.

14 DE NOVIEMBRE: CF recibe la Orden al Mérito de Chile en la embajada chilena en México.

1994

MAYO: CF, *Diana o la cazadora solitaria*. Novela. Hace otro guiño al Marcelo Chiriboga creado por JD: «Yo había ido a visitar a mi amiga y agente literaria, Carmen Balcells, con un propósito caritativo. Quería pedirle que apoyara al novelista ecuatoriano Marcelo Chiriboga, injustamente olvidado por todos salvo por José Donoso y por mí. Ocupaba un puesto menor en el Ministerio de Relaciones en Quito, donde la altura lo sofocaba y el empleo le impedía escribir. ¿Qué podíamos hacer por él?».

28 DE NOVIEMBRE-2 DE DICIEMBRE: Semana de autor en Casa de América de Madrid dedicada a JD con participación de CF. JD no pudo asistir. Se publicó un libro sobre el evento en 1997.

1995

MARZO: JD, *Donde van a morir los elefantes*. Novela. Vuelve a aparecer CF como referencia constante en esta nueva visita al mundo de Marcelo Chiriboga.

NOVIEMBRE: CF, *La frontera de cristal*. Novela en nueve cuentos.

1996

ABRIL: JD, *Conjeturas sobre la memoria de mi tribu*. Memorias.

Noviembre: JD publica en Chile *Nueve novelas breves (1972-1989).*

7 de diciembre: Muerte de JD en Santiago de Chile.

1997

CF asiste al homenaje a JD que se celebra en el Palacio de Bellas Artes de la Ciudad de México.

Abril: JD, *El mocho.* Novela póstuma.

1998

Diciembre: JD, *Artículos de incierta necesidad.* Crónicas.

1999

Febrero: CF, *Los años con Laura Díaz.* Novela.

2000

2 de julio: En México es elegido presidente de la república Vicente Fox del PAN, poniendo fin a setenta años ininterrumpidos de gobierno del PRI.

2001

Mayo: CF, *Instinto de Inez.* Novela.

Agosto: Se anuncia al poeta José Emilio Pacheco como ganador de la primera edición del Premio Iberoamericano de Letras José Donoso.

2003

ABRIL: CF, *La Silla del Águila*. Novela.

2004

MARZO: CF visita Chile como jurado del Premio Iberoamericano Pablo Neruda.

OCTUBRE: JD, *El escribidor intruso*. Recopilación de sus columnas en *Ercilla* con prólogo de CF titulado «José Donoso: Maestro de un irracionalismo prodigioso».

2007

OCTUBRE: JD, *Lagartija sin cola*. Novela inédita escrita en 1973.

2009

JUNIO: JD, *Diarios, ensayos, crónicas. La cocina de la escritura*.

DICIEMBRE: Pilar Donoso, hija de JD y María Pilar, publica en Santiago *Correr el tupido velo*. Memorias con transcripciones de diarios y cartas de JD.

2010

OCTUBRE: Mario Vargas Llosa, tercer novelista latinoamericano en obtener el Premio Nobel de Literatura. Hace una mención en su discurso a JD y CF: «Allí [en Francia] leí a Borges, a Octavio Paz, Cortázar, García Márquez, Fuentes, Cabrera Infante, Rulfo, Onetti, Carpentier, Edwards, Donoso y muchos otros, cuyos escritos estaban revolucionando la narrativa en lengua española».

2011

Julio: CF, *La gran novela latinoamericana*. Ensayo. Dedica unas páginas a la obra general de JD.

2012

Marzo: CF y Ricardo Lagos, *El siglo que despierta*. Diálogo.

Mayo: CF visita Chile de vuelta de la Feria del Libro de Buenos Aires.

15 de mayo: Muerte de CF en Ciudad de México.

Junio: CF, *Federico en su balcón*. Novela póstuma.

Octubre: Se anuncia a Mario Vargas Llosa como ganador de la primera edición del Premio Internacional Carlos Fuentes a la Creación Literaria en Idioma Español.

2016

Junio: CF, *Aquiles o el guerrillero y el asesino*. Novela póstuma.

Julio: JD, *Diarios tempranos. Donoso in progress, 1950-1965*.

2017

CF, *Luis Buñuel o la mirada de la Medusa (un ensayo inconcluso)*.

2021

Agosto: JD, *Jane Austen y la elegancia de la mente*. Ensayo que había permanecido inédito, escrito para graduarse BA en Princeton.

2023

JUNIO: CF, *Las cartas del Boom* (con Julio Cortázar, Gabriel García Márquez y Mario Vargas Llosa).

DICIEMBRE: JD, *Diarios centrales. A Season in Hell 1966-1980.*

2024

SEPTIEMBRE: JD y CF, *Correspondencia*, publicada en forma simultánea en Chile y México.

Índice de cartas

348

Índice de nombres citados en las cartas

Esta obra se terminó de imprimir
en el mes de septiembre de 2024,
en los talleres de Litográfica Ingramex S.A. de C.V.,
Ciudad de México.